Zwischenrufe in satirisch-politischen Variationen

Über den Autor

In seinen Büchern soll der Charakter des Schriftstellers zum Ausdruck kommen.

Joachim Endemann ist am 26. Oktober 1953 in Mülheim an der Ruhr geboren. Es begann schon in der ersten Schulzeit, zuerst noch aus einem Gefühl heraus, sich zu äußern, wenn „etwas nicht zu stimmen" schien — ob in der Schulklasse oder im Verhalten von Menschen untereinander. Dann, mit wachsendem Bewußtsein, waren es insbesondere die Diskussionen während der weiterführenden Schulzeit (Fachhochschulreife), die zur Artikulation seiner eigenen Sichtweise beitrugen: es zählte das bessere Argument. Diese Entwicklung setzte sich fort während der beruflichen (Schaufenstergestalter; Krankengymnast) und der (primär fernuniversitären) Studienzeit (*zuerst 4 Semester an der Fernuniversität Hagen, u.a. Sozialwissenschaften, dann in den 80er Jahren 2 Semester Kunstgeschichte, mit dem Schwerpunkt „Ikonographie", an der Universität Santiago de Compostela und, nochmals Jahre später, d.h. in den 90er Jahren, 4 Semester Études germaniques* [*inkl. „Histoire contemporaine allemande"*] *im Rahmen eines Fernstudiums am „Mirail" in Toulouse, d.h. zu der Zeit, als der Autor in seinem Haus in den franz. Pyrenäen oft lange Monate des Jahres verbringen konnte*). Unter anderem wurden diese Studien von Übersetzungsarbeiten begleite, wodurch sich das Verständnis von Themenkomplexen und ihrer mehr oder weniger guten Ausleuchtung durch die jeweiligen schriftlich verfaßten Darlegungen festigte. Denn, wie sagt der Autor so treffend: *Geschichte ist das eine, die Schreibung von Geschichte, die Geschichtsschreibung also, ist das andere. Das heißt „Geschichte" und „Geschichtsschreibung" sind zwei verschiedene Paar Schuhe.*

Ein wesentlicher Ausdruck seines Charakters ist, daß für den Autor in seinem Leben nie „Karrieremachen" von Bedeutung war, sondern statt dessen ein besseres Verständnis von den anderen Menschen und von sich selbst (__las man einst nicht ohne Grund am Apollon-Tempel in Delphi: *Gnothi sauton* [„Erkenne dich selbst"]?__) — daß sich jenes erschließen möge, was *Anthropos* bedeuten _*kann*_: wozu dann allerdings auch das Wissen von den Bedingungen gehört, daß sich das jedem Menschen innewohnende Potential *tatsächlich* entfalten kann. _*Hierin*_ liegt der Ansatz zum Verständnis seiner Bücher, die in der *Edition !_scheuklappenfrei_!* erscheinen

In der Edition !_*scheuklappenfrei*_! sind bisher erschienen:

Bände 1-4:
Es werde m e h r Licht! Mehr Demokratie wagen in der Lobbykratie? Untersuchung über die Konsequenzen der bürgerlichen Real-Demokratie, Juni 2016; 2., revidierte Neuauflage April 2018.

Band 5:
Zwischenrufe in satirisch-politischen Variationen oder Reale Betrachtungen dadaistisch-surrealer Phänomene in der Lobbykratie, Dezember 2016; 2, revidierte Neuauflage April 2018.

Band 6 (__6.1 + 6.2__):
„Ich stimme nicht zu!" — Gesellschaftspolitische Lesungen über den Neowilhelmoliberalismus und seine Konsequenzen, Januar 2018.

Editorische Notiz

Da thematisch in direktem Zusammenhang stehend, tragen diese genannten Bücher die Übertitelung: *Die tri_logische Sezierung des lobbykratischen Zeitalters.*

Joachim H.E. Endemann

Die *tri*_logische Sezierung des lobbykratischen Zeitalters

Band II

Zwischenrufe in satirisch-politischen Variationen
oder
Reale Betrachtungen dadaistisch-surrealer Phänomene in der Lobbykratie

Edition !_scheuklappenfrei_! _ Bande 5
EndemannVerlag

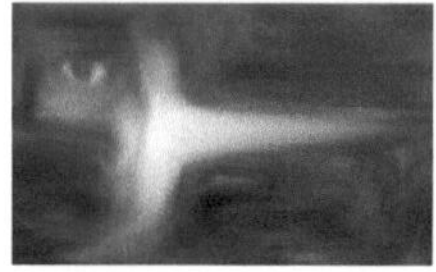

Die *tri*_logische Sezierung des lobbykratischen Zeitalters
Band II

1. Auflage, Dezember 2016
2., revidierte Auflage, April 2018

Gestaltung: Joachim Endemann
(__Schriftsatz in 9 + 11 pt Corbel__)

Herstellung: BoD — Books on Demand GmbH, Norderstedt

(__Das für dieses Buch verwendete Papier stammt aus nachhaltiger Waldwirtschaft. Aus drucktechnischen Gründen ist der Aufdruck des diesen Sachverhalt dokumentierenden Siegels des Forest Stewardship Councils FSC® nicht abgebildet.__)

ISBN 978-3-9819719-0-3

Die Deutsche Nationalbibliothek verzeichnet diese Publikation in der Deutschen Nationalbibliographie; detaillierte bibliographische Daten sind im Internet über: https://portal.dnb.de abrufbar.

Die autorische Sorge um den Leser wie die Leserin ...

Zu ihrem besseren, also lediglich *restrisiko*_behafteten Durchsteigen, weisen die diesen zweiten Band der

Tri_logische Sezierung des lobbykratischen Zeitalters

durchziehenden, gefährlichen Gedankengänge eine den Leser sichernde Layout-Struktur auf, so daß ihm die nicht unrealistische Chance bleibt, aus ihnen (__u.U.__) relativ unversehrt herauszukommen — was nicht gegen den Autor spricht, immerhin geht sie auf seine Initiative zurück.

Vorne weg

Auch die Ihnen vorliegende, zweite, revidierte Auflage des zweiten Bandes der

*Tri*_logischen Sezierung des lobbykratischen Zeitalters

zeichnet sich durch einige Besonderheiten aus, die im folgenden aufgedeckt werden sollen.

Mit diesem, die Bände I und III der *Tri*_logischen Sezierung des lobbykratischen Zeitalters verbindenden Band II werden die auf bisher nicht dagewesene Art und Weise schon in den beiden genannten Bänden sichtbar gemachten Gedankengänge des Autors fortgesetzt freigelegt, so daß dem lesenden Menschen die Verästelungen des komplex Erfaßten stets erkennbar bleiben und sich in ihrem Zusammenhang erschließen lassen. Immerhin ist dieser Ihnen vorliegende Band, das den eröffnenden und den beendenden Band verbindende Glied dieser Sezierung.

Es hat etwas Faszinierendes, den Begriff „Gedankengang" wörtlich zu verstehen und sich ein Buch als ein Kontinuum von Gedankengängen vorzustellen, dessen Inhalt mittels dieser Technik Ausdruck gegeben wird.

Es ist also selbstverständlich, daß Sie auch

in dem Ihnen vorliegenden Buch auf umfangreiche Satzgefüge stoßen werden, deren Inhalt sich über eine gedankengangfreilegende Layout-Struktur leserfreundlich erschließt.

Auf diese Weise wird der Autor seinem Anspruch gerecht: komplexen Sachverhalten gerecht zu werden, ohne sie zu versimpeln und ohne den lesenden Menschen beim Durchsteigen der Gedankengangverästelungen ohne Möglichkeit zu lassen, der in ihnen gelegten Spur so erfolgreich wie erkenntnisfördernd zu folgen.

Denn das Verwenden solcher Elemente erlaubt, einen den Zusammenhang fördernden Gedankennebengang optisch abgesetzt einzuflechten,

*ohne*

den Gedankengangverlauf zu verwirren, was der Fall wäre, bliebe eine solche *gedanken*_nebengangliche Einflechtung _*ohne*_ optische Absetzung vom Gedankenhauptgang.

* * *

Leider gilt es als „modern“, Bücher mit möglichst vielen kurzen Sätzen zu schreiben. Zwar kann es sein, daß ein kurzer Satz einem Text Dynamik und/oder Stringenz verleiht. Kommt es aber zur Aneinanderreihung von kurzen Sätzen, werden mitunter Begriffswiederholungen notwendig, daß dem lesenden Menschen die Subjekt-Prädikat-Objekt-Beziehung der Rede deutlich bleibe. Da aus meiner Sicht eine quasi ausschließliche Verwendung solcher Sätze zudem die Fragmentierung des Denkens befördert, erscheint mir ein solcher

Gebrauch insbesondere dann als wenig geeignet, soll eine gewisse thematische Weitläufigkeit verschriftet werden, denn dazu bedarf es der entsprechenden, in einem Gedankengangkomplex aufgehobenen Erläuterung, die, wenn schon nicht in einen einzigen, so doch möglichst in wenige Sätze gehört, die dann als Verästelungen dieses Komplexes zu verstehen sind — der mittels der oben angesprochenen Text-Layout-Struktur dem lesenden Menschen ein relativ gefahrloses Durchsteigen erlaubt, so daß er aus der thematischen Weitläufigkeit des verschrifteten Gedankengangkomplexes (__u.U.__) nicht nur relativ unversehrt, sondern (__u.U.__) auch erkenntnisbereichert wieder herauskommt.

* * *

Die Verwendung der alten Sprachregeln

findet übrigens nicht darin ihren Grund, sich aus einem nostalgischen Reflex heraus davon nicht lösen zu können, sondern darin, daß ich es nicht akzeptiere, daß vorhandene grammatische Regeln nicht von Schriftstellern und Sprachwissenschaftlern, sondern von Kulturbürokraten verändert werden, wobei von diesen noch vorgegeben wird, die Zielsetzung sei eine „Vereinfachung" solcher Regeln.

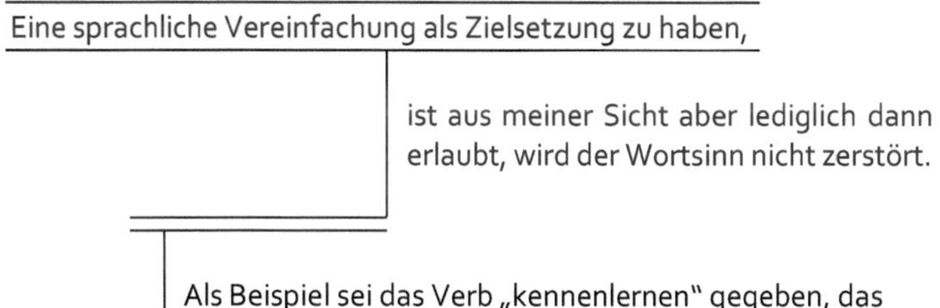

Eine sprachliche Vereinfachung als Zielsetzung zu haben,

ist aus meiner Sicht aber lediglich dann erlaubt, wird der Wortsinn nicht zerstört.

Als Beispiel sei das Verb „kennenlernen" gegeben, das

man irgendwann einmal zwar auch nicht zusammengeschrieben verwendet, dann aber nach reiflicher Überlegung einst klar erkannt hatte, daß das Kennenlernen eines Menschen lerntechnisch nicht möglich ist, sondern es sich dabei um einen Annäherungsprozeß handelt, der u.U. ein ganzes Leben währen kann, also nichts mit „lernen", sondern alles mit einer besonderen Art und Weise des Begreifens, des Verstehens und des Akzeptierens zu tun hat.

Es ist nämlich kein Ausweis von Fortschritt, daß diese hier exemplarisch angemerkte Erkenntnis wieder rückgängig gemacht worden ist, indem man durch eine bürokratisch verursachte Rechtschreibreform verfügt hatte, daß man nun nicht mehr „kennenlernen", sondern „kennen" „lernen" zu schreiben habe, da das „leichter" zu lernen sei. Wer dann in einem zweiten „Reformschritt" noch verfügte, daß sowohl die Schreibung „kennenlernen" als auch „kennen" „lernen" richtig wäre, kann nur als Verschlimmbesserer bezeichnet werden.

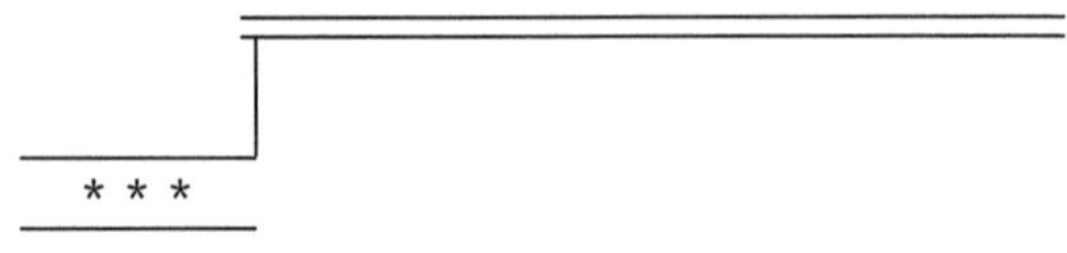

* * *

Eine weitere Besonderheit aller, in der Edition *!_scheuklappenfrei_!* erscheinenden Bände, liegt in der Verwendung der Abkürzung „u.f.Z.". Diese Abkürzung steht aus dem Grunde für „unsere fragliche Zeitrechnung", da weder durch die gewohnte Verwendung der Phrasen: „unsere Zeitrechnung" noch: „nach Christi Geburt" ein tatsächlich korrekter zeitlicher Fixpunkt benannt wäre, sondern einst allein durch den Zusammenbruch des Römischen Reiches zeitliche Unklarheiten und Lücken entstanden sind, die Bezeichnungen wie „unsere Zeitrechnung" oder „nach Christi Geburt" zu einer Glaubensangelegenheit werden lassen und dem Versuch entsprechen, „Sicherheit“ und „Klarheit“ zu suggerieren, kann es lediglich Vermutungen geben.

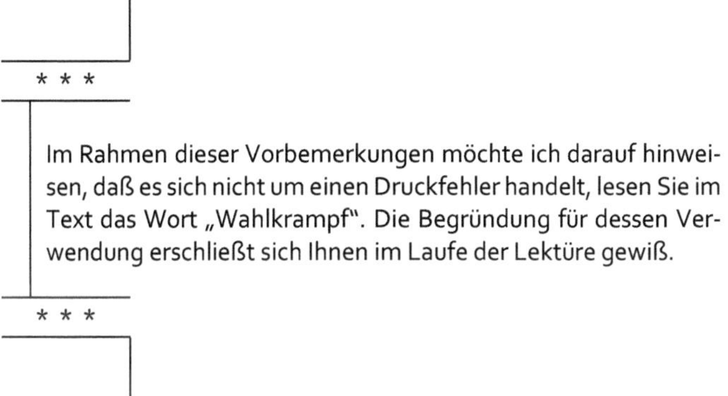

* * *

Im Rahmen dieser Vorbemerkungen möchte ich darauf hinweisen, daß es sich nicht um einen Druckfehler handelt, lesen Sie im Text das Wort „Wahlkrampf“. Die Begründung für dessen Verwendung erschließt sich Ihnen im Laufe der Lektüre gewiß.

* * *

Abschließend möchte ich Ihre Aufmerksamkeit noch auf zwei bemerkenswerte Menschen lenken.

Zu nennen ist einmal Prof. Dr. Heiner Flassbeck, dessen Bücher sowie Artikel und Vorträge mir erlaubt haben, ein tatsächlich gesichertes Verständnis von dem zu bekommen, was jeder andere per se zu verstehen scheint: Wirtschaft.[1]

Der andere Mensch ist meine Frau Kirsten Grunau. Sie ist es, mit der ich mein Leben teile, mit der ich meine Studienreisen unternehme, mit der ich meine schriftstellerische Arbeit

---

[1] Meine Empfehlung an den Leser dieser vorliegenden Untersuchung ist jedenfalls die, sich über Wirtschaftsfragen auf der Internet-Seite des von Heiner Flassbeck und Paul Steinhardt herausgegebenen Wirtschaftsmagazins *Makroskop — Kritische Analysen zu Politik und Wirtschaft aus einer gesamtwirtschaftlichen Perspektive* zu informieren, dessen Internet-Adresse folgende ist: *makroskop.eu*.

bespreche, die meine zu veröffentlichenden Schriften korrekturliest, mit der ich die Perspektiven für die in der *Edition !_scheuklappenfrei_!* erst noch erscheinenden Bücher entwickle und die mir, last but not least, als hervorragende Anglistin erlaubt, meine in die deutsche Sprache gefaßten Gedanken in ein angemessenes Englisch zu übersetzen, wovon in absehbarer Zeit die Leser im englischsprachigen Raum auch in Print-Ausgaben profitieren können.

Joachim Endemann
Il Piano
März 2018

Die *tri*_logische Sezierung des lobbykratischen Zeitalters

Band II

Zwischenrufe in satirisch-politischen Variationen

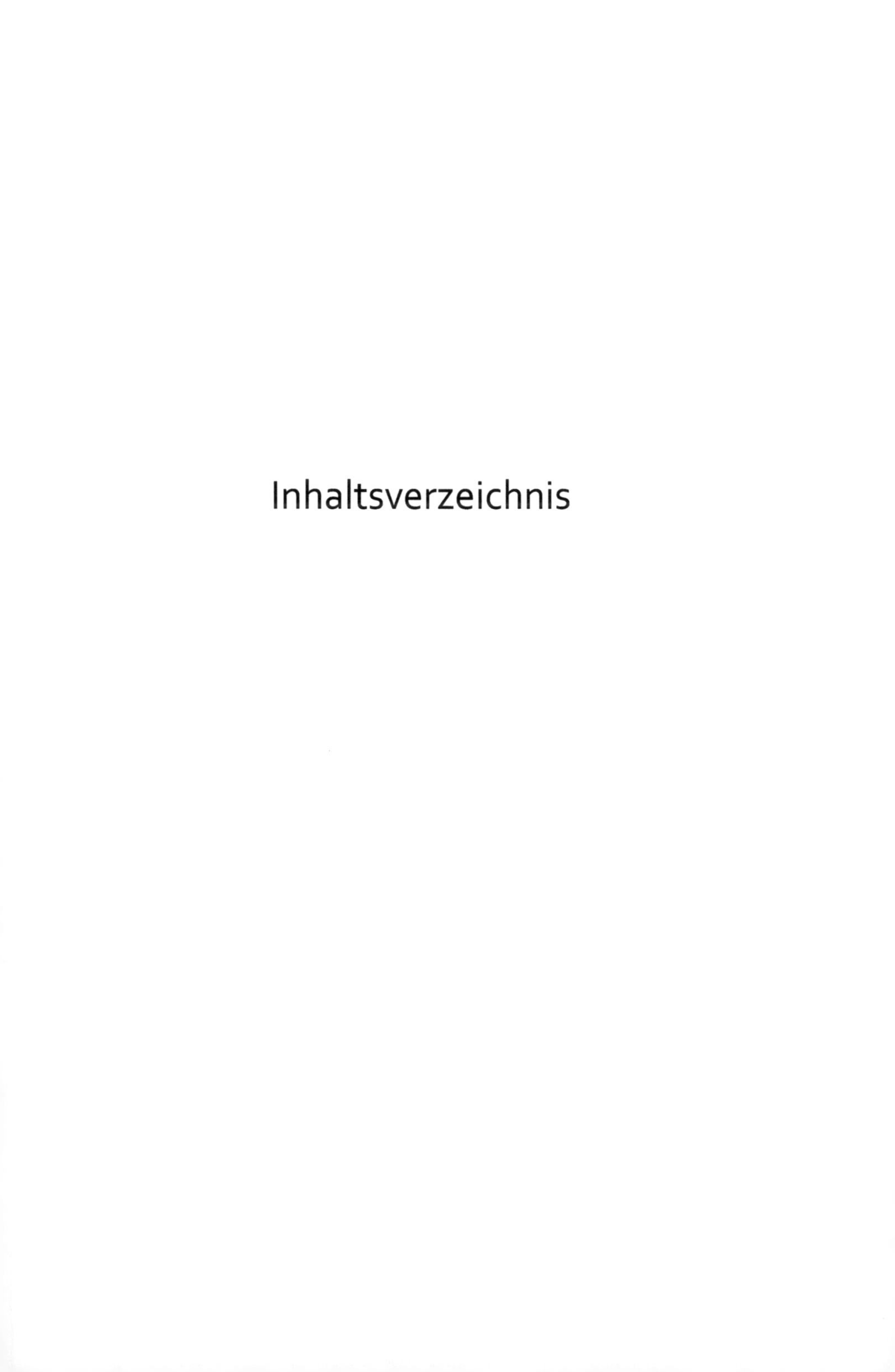

Inhaltsverzeichnis

Anstatt einer Einführung

Ein *An*_Ruf

Unaufrichtig gestellte Fragen wie:

> *Müssen wir weniger Flüchtlinge aufnehmen?*

oder:

> *Müssen wir mehr Flüchtlinge aufnehmen?*

— fordern was? Nun, sie fordern eine schlüssige Antwort, die da lautet:

> Wir brauchen eine andere Politik, denn ohne die praktizierte falsche, ergäben sich die Gründe fürs Stellen dieser Fragen nicht.

Wie der Titel dieses Buches schon verrät, wird das Surreale, oder wenn Sie so wollen: das Dadaistische dieser Gründe, in den folgenden Zwischenrufen aus verschiedenen Perspektiven beleuchtet.

> Was die Ursache dieser Gründe selbst anbelangt, sei auf den Band I der *Tri*_logischen Sezierung des lobbykratischen Zeitalters: „Es werde mehr Licht

mehr Licht! Mehr Demokratie wagen in der Lobbykratie? Untersuchung über die Konsequenzen der bürgerlichen Real-Demokratie"[1], erstmals im Juni 2016 in der Edition !_scheuklappenfrei_! erschienen. Denn dort findet sich alles Wesentliche ausgedrückt, dem nichts hinzuzufügen ist, soll es sich nicht um eine Wiederholung handeln:

Alles aktuell politisch sich Ereignende findet nämlich seine Ursachen in jenem, das dort umfassende Erläuterung erfahren hat.

Dieses, die neoliberale Doktrin betreffend Ursächliche, taucht die Ihnen nun vorliegende Schrift in ein angemessenes Licht, so daß deutlich werde, wie *_real_* das surreale Treiben von Figuren ist, die der „Elite" angehörig sind.

„Elite"? Gewiß — es ist jene der Lobbykratie.

Nun, selbstverständlich muß sich,

bei dem, was diese lobbykratische Elite *auch* aus diesen Bewegungen gemacht hat,

jeder aufrichtige Dadasoph bzw. Surrealist persönlich angegriffen fühlen:

So bspw. aus Dada einen „Dadaismus".

[1] Bei der Zitierung dieses Buches wie folgt abgekürzt: „Die *tri*_logische Sezierung [...], Band I".

Dies eine Begriffsbildung, die lediglich in der Verbindung mit der neoliberalen Ideologie sinnhaltig sein kann:

Als Ausdruck der ihren Ideologen selbst unbewußt bleibenden Basis ihrer Theorie.

Aus diesem Grund könnte man das lobbykratische Zeitalter als „Zeitalter des Dadaismus'" bezeichnen — vorausgesetzt, man versteht darunter nichts, das der _*ursprünglichen*_ Dada-Bewegung eigen war.

Dadaismus ≠ Dada = Neoliberalismus

Unglücklicherweise nennen Leute, von denen andere wiederum abschreiben, die Dada-Bewegung auch „Dadaismus". Das aber ist ein Widerspruch in sich. Denn *Dada* ist vor allem die *un_bewußte* Reaktion des menschlichen Wesens auf die durch die bürgerliche Gesellschaft verursachten und mit dieser Gesellschaftsformation einhergehenden zerstörerischen sozialen Prozesse — als Ausdruck und Ergebnis der Reduzierung des menschlichen Wesens auf die Bedürfnisse des „Marktes", der nichts in eine Gesellschaft organisch Eingebettetes ist, sondern der nach einem künstlich gesetzten Prinzip funktioniert, und dessen Hohepriester von den Menschen fordern, gleicherweise funktionierend, sich „marktkonform" zu verhalten.[2]

(__Allein aus diesem Grund kann eine solcherweise strukturierte Gesellschaft nicht einmal mehr ansatzweise etwas mit Demokratie zu tun haben.__)

[2] Vgl. in: Die *tri*_logische Sezierung [...], Band I, die Seiten 69-74, beginnend mit: „Die wesentlichen Beeinflussungselemente des Neoliberalismus' sind der ...".

Erstmals im ersten Teil des großen Krieges des zwanzigsten Jahrhunderts offensichtlich geworden, wurden diese gesellschaftlichen und zugleich selbstzerstörerischen Prozesse dann in seinem zweiten Teil zur Perfektion gebracht. Deswegen ist es richtig, bezeichnet man die mit _*diesen*_ Prozessen einhergehende, unbewußte *Inter*_Aktion von Gesellschaft und Individuum als Dada; wobei diese besondere *Inter*_Aktion ihren ersten Ausdruck in einer künstlerischen Bewegung fand, die als Dada-Bewegung deshalb zu bezeichnen ist, da es die mit feinen Antennen ausgestatteten Dadaisten waren, die erstmals das mit diesem quasi global sich auswirkenden gesellschaftlichen Zerstörungsprozeß einhergehende, sozusagen eruptiv kollektiv auftretende, unbewußt bleibende „Unbehagen" zum Ausdruck brachten.

Nun,

da dieses Dada sich in der Folge nicht lediglich von dem Bewußtsein der Dadaisten abschilferte und mählich zum kollektiven, unbewußt steuernden Prinzip der sich faschisierenden bürgerlichen Gesellschaft wurde, sondern wegen des nicht nur Anhaltens dieser selbstzerstörerischen Prozesse, sowie wegen ihres wieder Zunehmens seit dem Ende des Kalten Krieges,

und _*überdies*_ das *spin*_doktorische Theoretisieren, das neoliberal *ver*_ideologisierte Schreiben der Mitarbeiter der Medien_*Konzerne* sowie das entsprechende Politisieren von Polit_*Figuren* offenbar wesentlich _*unbewußt*_ bestimmend[3],

[3] Vgl. den Zwischenruf 19: „Randständige Anmerkung zu Wahlkrämpfen und Müdigkeit".

ist es berechtigt, das Fortdauern Dadas

(__also _*ohne*_ seine ursprüngliche Intention__)

als „*gegen*_wärtiges Zeitalter des Dadaismus'" zu bezeichnen.

(__*Die Ideologie des Neoliberalismus' ist der sichtbare, Politik und Kultur dominierende Ausdruck seiner unbewußten Grundlage, die sich hinter der Benennung „Dadaismus" verbirgt, nämlich etwas nicht Theoretisierbares behaupteterweise theoretisiert zu haben. Dementsprechend können die sich daraus ergebenden Phänomene als dadaistisch-surreale gelten — was durch das Reden der Apologeten und das praktizierte Tun der politischen Entscheidungsträger der Lobbykratie eindrucksvoll bestätigt wird.*[4]__)

Das heißt die Verwendung des an sich widersinnigen Begriffs „Dadaismus" kann als adäquate, wenn auch bewußt_*los* bleibende Bezeichnung des „*gegen*_wärtigen lobbykratischen Zeitalters" gelten, so er für die, behauptet richtig theoretisiert daherkommende, hohepriesterliche Ideologie der marktkonformen Gesellschaft synonym steht.

Das heißt:

Dadaismus ≠ Dada — _*hingegen*_ Dadaismus = Neoliberalismus.

Also findet die bewußte Modell_*Vorgabe* der marktkonfor-

[4] Siehe die Zwischenrufe 16, 17 und 23. Vgl. auch a.a.O., Teil 1: „Hintergrundausleuchtung zweier ideologischer Begriffe, zu denen zwar jeder etwas meint ...", sowie in: Die *tri*_logische Sezierung [...], Band III, Teilband 1, Lesung 6: „Von Demokratie-Rettern und anderen Lobbykratie-Blüten".

men Gesellschaft mit ihrem Ideal vom marktkonformen Menschen, dem *Homini oeconomico novo*, die ihr selbst *un*_bewußt bleibende Entsprechung im Dadaismus. —

Suggeriert dieser Begriff doch

etwas theoretisiert zu haben,

das nicht theoretisierbar ist, nämlich die spontane,

vom *Un*_bewußten herrührende, *in*_dividuelle Reaktion auf politisch initiierte gesellschaftliche Prozesse hin —

was direkten Einfluß auf das Reden, das Tun und das Theoretisieren der Verantwortlichen im (__*lobbykratischen*__) Zeitalter (__*des Dadaismus'*__) ausübt.

Erster Zwischenruf

Können Menschen an Demokratie-Verdrossenheit leiden, « leben » sie in einer Lobbykratie?

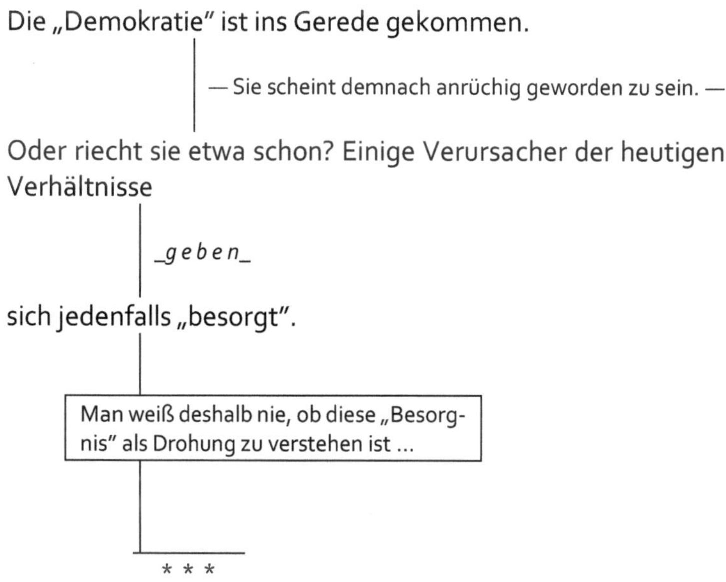

Die „Demokratie" ist ins Gerede gekommen.

— Sie scheint demnach anrüchig geworden zu sein. —

Oder riecht sie etwa schon? Einige Verursacher der heutigen Verhältnisse

_g e b e n_

sich jedenfalls „besorgt".

Man weiß deshalb nie, ob diese „Besorgnis" als Drohung zu verstehen ist ...

* * *

Es wird von „Demokratie" geredet, auch davon, daß viele Menschen in Europa nichts „mehr" mit „Demokratie" anfangen könnten, ja, daß sie die ablehnten. Wovon gehen dabei die Verursacher der heutigen gesellschaftlichen Verhältnisse aus? Nun, „begründet" wird

*diese*

Form von „Verdrossenheit" mit der aktuell dominanten Herrschaftsform in Europa.

Entweder aber sind die Fragen bei

(__*später dann veröffentlichten*__),

diesen „Demokratie_*Verdruß*" feststellenden Umfragen falsch gestellt —

z.B. von fragwürdigen Forschungsinstituten der neoliberal organisierten Wirtschaft, deren Vertreter immer dann etwas von „Freiheit verstehen", handelt es sich um jene partikularer Interessen.

Woran mag es also liegen, daß diese neoliberalen Vertreter _*solche*_ Freiheit politisch stets zu befriedigen verstehen?

Immerhin sind es die gesellschaftlichen Machtgruppen

(__*zusammengefaßt als „Machtelite" eines Staates*__),

die die politische Richtung vorgeben — wenn die sich auch nie mit _*ihrem*_ Grad an „Freiheit", sprich: mit ihren *Sonder*_Rechten zufrieden geben können.

Etwa daran, daß wir in einer „Demokratie" lebten?

Oder nicht eher daran, daß wir tatsächlich in einer „Lobbykratie" leben?[5]

*_O d e r_*

die vermeintlich demokratie_*verdrossenen* Menschen gehen zwar schon von dem aus,

was sie als „Demokratie" vorgesetzt bekommen,

und assoziieren das mit „Demokratie",

da sie weder einen wirklichen Begriff davon haben, was „Demokratie" zu heißen *_hat_* noch wie sich das in der Praxis *an_*fühlen würde

— also *im Gegensatz* zur aktuellen Herrschaftsform,

die zwar als „Demokratie" verkauft wird, aber ausschließlich den Namen Lobbykratie verdient.

Wenn es aber so ist

(*__und genauso ist es!__*),

daß etwas Falsches

[5] Vgl. auch in: Die *tri_*logische Sezierung [...], Band I, Kapitel 6: „Mehr Demokratie wagen in der Lobbykratie".

(__Lobbykratie__)

für etwas Richtiges

(__Demokratie__)

genommen wird, dann forderten all jene, die angeblich nichts mehr mit „Demokratie" anzufangen wüßten, daß etwas nicht Existierendes abzuschaffen sei.

Die tatsächlich existierende, lediglich mit dem Label „Demokratie" versehene Lobbykratie, versuchen übrigens moralisch wie politisch fragwürdige Figuren den Menschen mit _*dem*_ Trick zu verkaufen, diese Herrschaft sei nun einmal eine „marktkonforme Demokratie".[6]

Von solchen Trickserereien rührt

(__*zumindest unbewußt*__)

auch der eigentliche Verdruß bei den Menschen her, denn richtig müßte es ja heißen: „demokratiekonforme Marktwirtschaft"

Zudem wäre in einer tatsächlichen Demokratie eine andere Bezeichnung als diese gar nicht denkbar.

Auf diese Weise könnte dann jenes,

[6] Vgl. zur „marktkonformen Demokratie" in: Die *tri*_logische Sezierung [...], Band III, Teilband 1, Seiten 242-45, beginnend mit: „Wir müssen die Demokratie marktkonform machen".

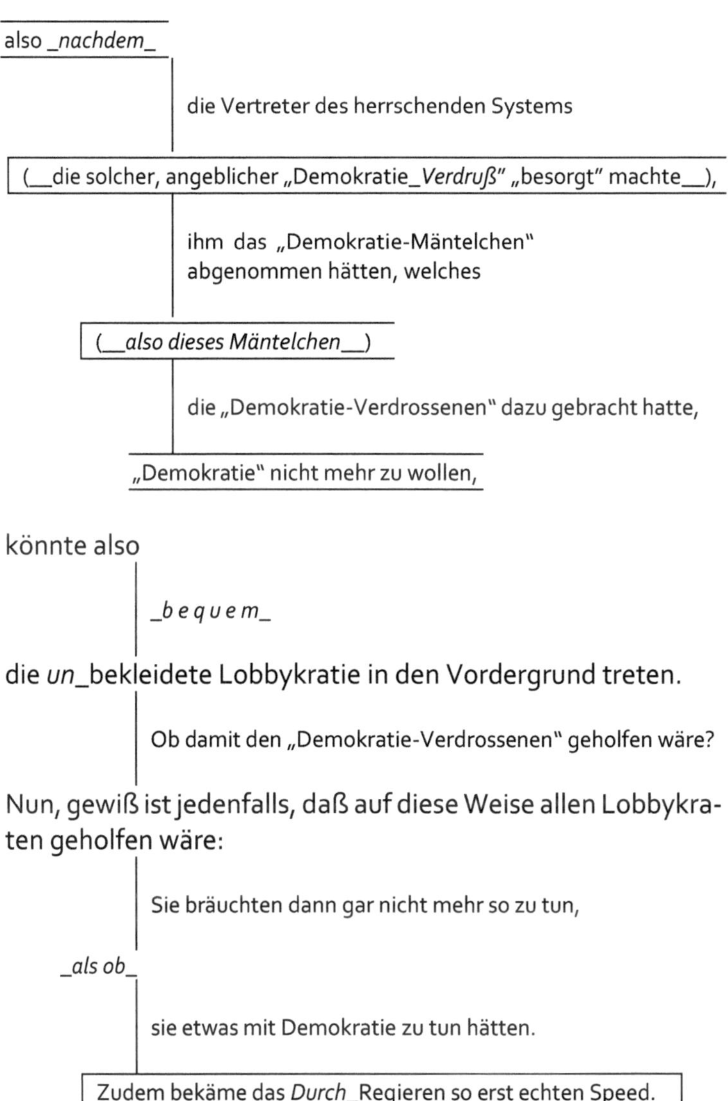

also *_nachdem_*

die Vertreter des herrschenden Systems

(__die solcher, angeblicher „Demokratie_*Verdruß*" „besorgt" machte__),

ihm das „Demokratie-Mäntelchen"
abgenommen hätten, welches

(*__also dieses Mäntelchen__*)

die „Demokratie-Verdrossenen" dazu gebracht hatte,

„Demokratie" nicht mehr zu wollen,

könnte also

*_b e q u e m_*

die *un*_bekleidete Lobbykratie in den Vordergrund treten.

Ob damit den „Demokratie-Verdrossenen" geholfen wäre?

Nun, gewiß ist jedenfalls, daß auf diese Weise allen Lobbykraten geholfen wäre:

Sie bräuchten dann gar nicht mehr so zu tun,

*_als ob_*

sie etwas mit Demokratie zu tun hätten.

Zudem bekäme das *Durch*_Regieren so erst echten Speed.

(__Vermutlich sind in diesem marktkonformen Sinne Vorschläge zu verstehen, wie bspw. jener einer politischen Figur der SPD, die im Juli des Jahres 2015 u.f.Z. symptomatisch meinte, zukünftig auf einen eigenen Kanzlerkandidaten verzichten zu sollen.[7]__)

Auf Grund dieser politischen Faktenlage (__u.a. in Europa__) sei an dieser Stelle ein _*kleines*_ Beispiel für Demokratie gegeben:

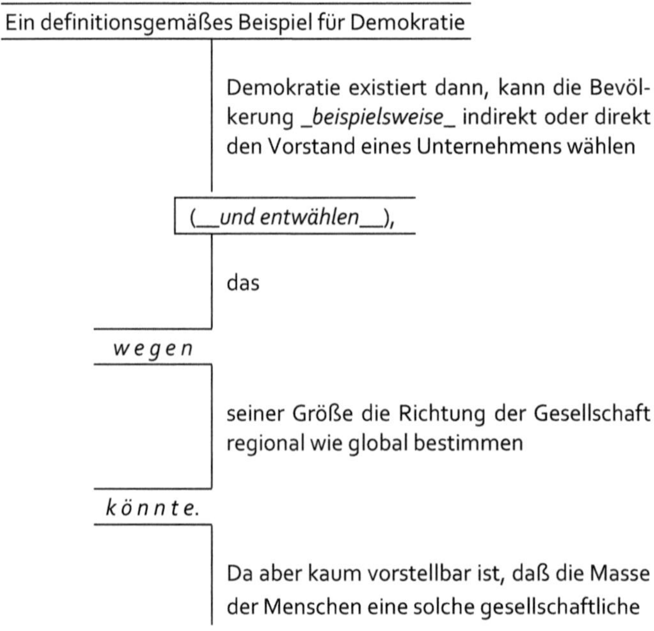

[7] Quelle: „Laßt das mal die Merkel machen, die macht das 'ganz ausgezeichnet'"; der nachfolgende Internet-Pfad ist am 17. Februar '18 erneut geprüft worden: http://www.spiegel.de/politik/deutschland/torsten-albig-spd-braucht-keinen-kanzlerkandidaten-a-1045090-druck.html.

Einflußmöglichkeit abgeschafft sehen wollte, wird behauptet, diese Masse sei „demokratie_*verdrossen*".

Was wird daraus ersichtlich?

Nun, daß die Menschen zwar behaupten „demokratie_*verdrossen*" zu sein

(__da sie diese Verdrossenheit auf das herrschende System beziehen, das ihnen von Lobbykraten als „Demokratie" verkauft wird__),

tatsächlich jedoch mit dem

*_bestehenden_*

System nicht einverstanden sind. Das heißt aber:

*_D a_*

dieses System lobbykratisch ist, sind die Menschen „lobbykratie_*verdrossen*". —

Demokratisch gesinnte Politiker

(__*in der real existierenden Lobbykratie*__)

zögen übrigens daraus sofort die richtigen Schlüsse.

Das Problem

für die derartig verdrossenen Menschen besteht nun

leider darin, daß sie es meist nicht mit solchen Politikern, sondern immer dann mit lobbykratischen zu tun haben, geht es um wirkliche Entscheidungsprozesse,

und diese Prozesse ereignen sich nicht in den Parlamenten.

Von solchen lobbykratischen Politikern gibt es offenbar sogar eine ganze Reihe, deren ausschließliche Aufgabe darin zu bestehen scheint, die Menschen zu täuschen.

Lediglich

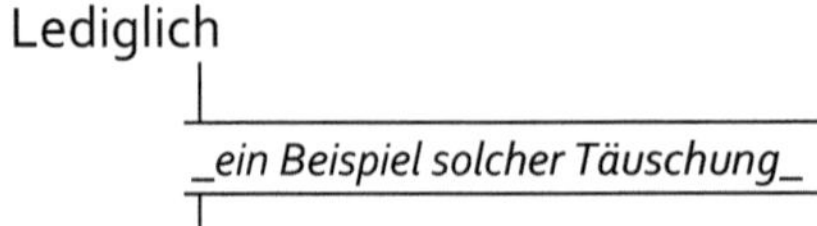

erleiden die Griechen seit Januar 2015 mit der Wahl der aus sogenannten „linken" Splitterungen bürgerlicher Parteien hervorgegangenen SYRIZA.

SYRIZA bedeutet soviel wie „Koalition der radikalen Linken" und ist eine klassische Mogelpackung sogenannter linker Tamtam-Parteien, bzw. bürgerlicher „linker" Parteien.[8]

Aus dieser politischen Faktenlage müssen die Menschen

---

[8] In den Zwischenrufen sechs: „Ist es eine Frage, ob Herr Tsipras sich zum Knecht der Macht macht?" und sieben: „Herr Tsipras und die «Schutzbefohlenen»", wird insbesondere darauf eingegangen. Zu „linken Tamtam-Parteien" siehe in: Die *tri_*logische Sezierung [...], Band I, Teilband 4, auf den Seiten 156-60: „Kleiner politischer Aufguß aus dem neoliberalen Jetzt". Vgl. auch am a.a.O., Teilband 3, Kapitel 19: „Zeit der Illusionisten" und a.a.O., Teilband 4: „Anstatt eines Nachworts: Griechenland in der Chancenlosigkeit oder Das bürgerliche 'Projekt Europa' ist tot".

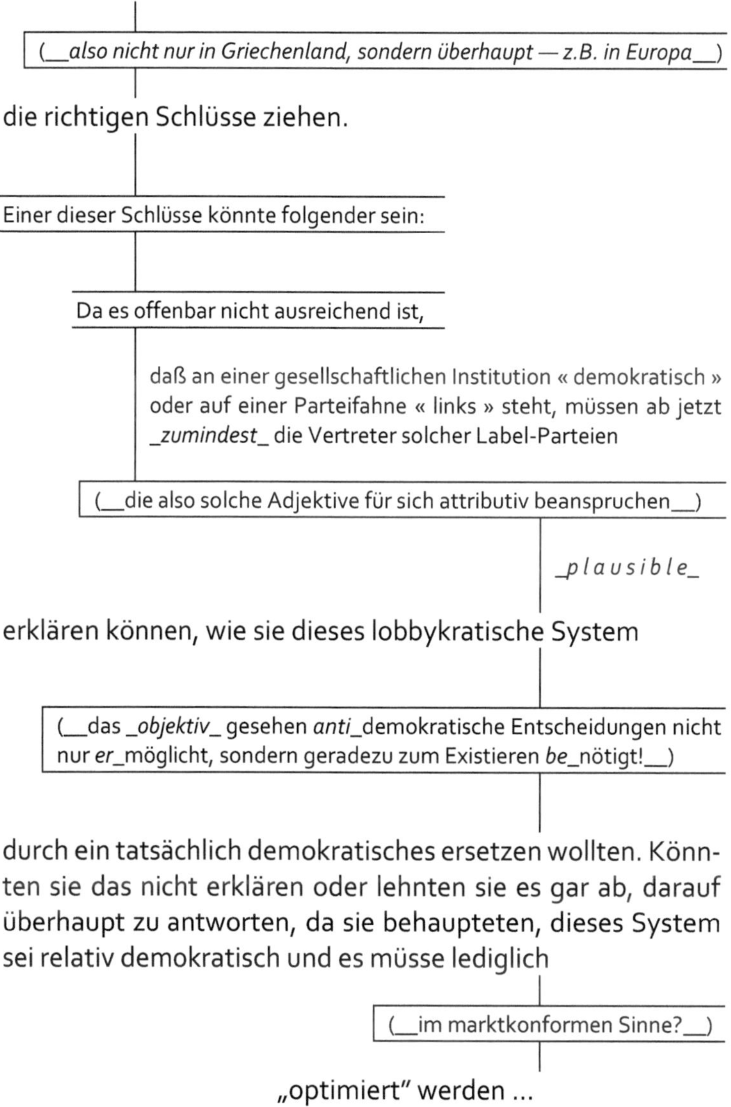

(__*also nicht nur in Griechenland, sondern überhaupt — z.B. in Europa*__)

die richtigen Schlüsse ziehen.

Einer dieser Schlüsse könnte folgender sein:

Da es offenbar nicht ausreichend ist,

daß an einer gesellschaftlichen Institution « demokratisch » oder auf einer Parteifahne « links » steht, müssen ab jetzt _*zumindest*_ die Vertreter solcher Label-Parteien

(__die also solche Adjektive für sich attributiv beanspruchen__)

*plausible*

erklären können, wie sie dieses lobbykratische System

(__das _*objektiv*_ gesehen *anti*_demokratische Entscheidungen nicht nur *er*_möglicht, sondern geradezu zum Existieren *be*_nötigt!__)

durch ein tatsächlich demokratisches ersetzen wollten. Könnten sie das nicht erklären oder lehnten sie es gar ab, darauf überhaupt zu antworten, da sie behaupteten, dieses System sei relativ demokratisch und es müsse lediglich

(__im marktkonformen Sinne?__)

„optimiert" werden ...

Übrigens ist eine in solchen Kreisen beliebte Redewendung die, daß jemand auf Kritik an der Verfaßtheit neoliberaler Gesellschaften antwortet, wir hätten eben eine „repräsentative Demokratie".

Nun weiß ich aber, was eine „repräsentative Demokratie" *be*_nötigt:

Eine „repräsentative Demokratie" funktioniert lediglich dann, sind _*alle*_ politischen Entscheidungsprozesse transparent, hingegen nicht, werden die Entscheidungen hinter verschlossenen Türen getroffen und von Lobbyisten bestimmt.

... Wobei das Optimieren dieses politischen Systems lediglich wie üblich zu erfolgen habe — also nachdem solche politischen Vertreter entsprechender Label-Parteien dann (__*wieder*__) gewählt worden wären?

Könnten diese Vertreter also nicht erklären wie das existierende durch ein tatsächlich demokratisches System zu ersetzen wäre,

sollte man solche Label-Parteien und
deren Politiker nicht mehr wählen —

hängt doch der behauptete „Demokratie-Verdruß"

u.a. _*direkt*_ mit solchen Figuren zusammen.

Und so wird man insbesondere gut _*daran*_ tun,

*jenen* politischen Figuren _*grundsätzlich*_ nicht zu trauen, die von Zeit zu Zeit heftigst links blinken. Dies bspw. in Sprüchen zum Ausdruck kommend wie:

„Wir schaffen den Neoliberalismus ab".

Derartig von einem Herrn Gabriel im Frühling des Jahres 2016 formuliert, also lange nachdem dieser und seine Freunde die sogenannte *Agenda 2010* mit dem sozialen Knebelungsmittel „HARTZ IV" eingeführt hatten, dann verteidigten und weiterhin verteidigen. Bei der Partei „Die Linke" ist diese Tendenz vergleichbar ausgeprägt[9]. Nicht anders bei den Grünen.[10]

Mit anderen Worten:

Bürgerliche Parteien sind das lobbykratische System abstützende Organisationen, die sich wohl, ob sich rechts, in der „Mitte" oder „links" verortend, in ihrer Rhetorik und der Art des Tamtams unterscheiden mögen.[11]

Oder, um auf die Eingangsfrage zurückzukommen:

Die lobbykratische Elite schließt von sich auf andere, behaupten ihre Vertreter, die Menschen seien demokratieverdrossen — denn:

„Können Menschen an Demokratieverdrossenheit leiden, « leben » sie in einer Lobbykratie?"

[9] Exemplarisch verdeutlicht in: Die *tri*_logische Sezierung […], Band I, Teilband 4, die Seiten 156-60, und in: a.a.O., Band III, Teilband 1, Seiten 298-307.

[10] Verwiesen sei auf: a.a.O., Band I, Teilband 3, das Kapitel 14: „Die Politik bürgerlicher Nichtversteher".

[11] Siehe bspw. auch in: a.a.O. Band III, Teilband 1, Lesung 2: „Das Gerede vom Postfaktischen dient der Verschleierung des Lobbykratischen".

Zweiter Zwischenruf

In der Ferne der Bildung oder Die Schwarze Null

* * *

Bildungsferne
In der Ferne der *Bil*_dung
*Bil*_dung in der Fern_*e*
Ferne Bildung
Bildung in_*so*_fern
Fern *ge*_bil_*det*
Fern-*ge*_steuerte *Bil*_dung
Bild_*fern*_ung
Bild_*leit*_ung
Umlei_*tung* in den Bild_*Dung*
Bildungs_*Dung*
*Besser* fern stin_*kend_e Fehl_bil_dung*

* * *

Fern von „*Bildungskanon*" bedeutet nicht *un*_gebildet, sondern bildungskanon_*los* zu sein — oder *ab*_seits von

(__*ver*_*?*__)

leitender Bildung.

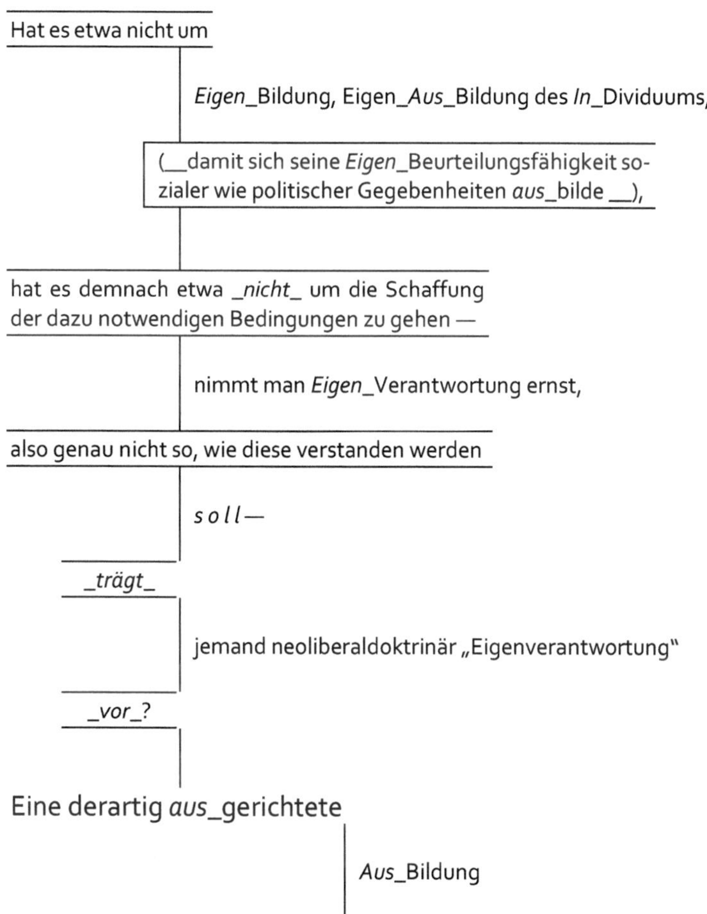

Hat es etwa nicht um

*Eigen*_Bildung, Eigen_*Aus*_Bildung des *In*_Dividuums,

(__damit sich seine *Eigen*_Beurteilungsfähigkeit sozialer wie politischer Gegebenheiten *aus*_bilde __),

hat es demnach etwa _*nicht*_ um die Schaffung der dazu notwendigen Bedingungen zu gehen —

nimmt man *Eigen*_Verantwortung ernst,

also genau nicht so, wie diese verstanden werden

soll—

*trägt*

jemand neoliberaldoktrinär „Eigenverantwortung"

_*vor*_*?*

Eine derartig *aus*_gerichtete

*Aus*_Bildung

ist aus meiner Sicht eine der vornehmen Aufgaben von Bildungspolitik. Denn in einer Wirtschaftsgesellschaft braucht man weitgefächert *eigen*_gefächert Gebildete, die in der Lage sind, sich auf sich verändernde Anforderungen einzustellen und sich _*dann*_ erst zu spezialisieren und _*dennoch*_ stets zur _*Gesamtsicht*_ fähig zu bleiben —

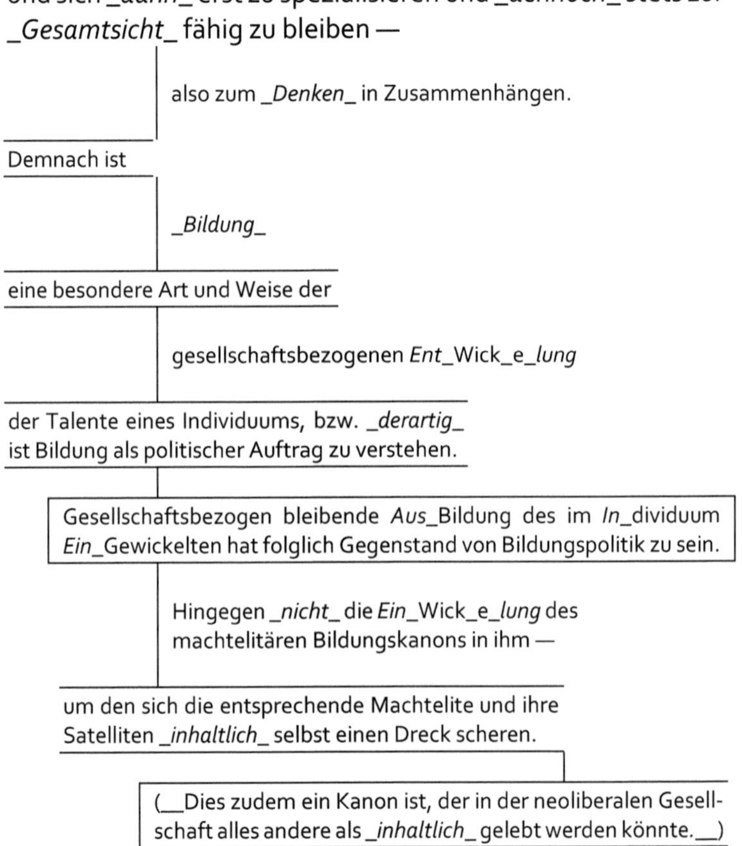

also zum _*Denken*_ in Zusammenhängen.

Demnach ist

*Bildung*

eine besondere Art und Weise der

gesellschaftsbezogenen *Ent*_Wick_e_*lung*

der Talente eines Individuums, bzw. _*derartig*_
ist Bildung als politischer Auftrag zu verstehen.

Gesellschaftsbezogen bleibende *Aus*_Bildung des im *In*_dividuum *Ein*_Gewickelten hat folglich Gegenstand von Bildungspolitik zu sein.

Hingegen _*nicht*_ die *Ein*_Wick_e_*lung* des
machtelitären Bildungskanons in ihm —

um den sich die entsprechende Machtelite und ihre
Satelliten _*inhaltlich*_ selbst einen Dreck scheren.

(__Dies zudem ein Kanon ist, der in der neoliberalen Gesellschaft alles andere als _*inhaltlich*_ gelebt werden könnte.__)

Und der Begriff *„bildungsferne Schichten"* selbst, ist zumindest dessen Gebrauch für eine Gesellschaft nicht etwas seltsam, die von sich behauptet eine demokratische zu sein, beruht der doch selbst auf *seltsamer* Annahme von Bildung, deren Inhalt keinen Niederschlag im gesellschaftlichen Leben findet?

Zumal dies eine „Bildung" ist, der in dieser real existierenden lobbykratischen Gesellschaft selbst die _*Begründung*_ fehlt.

Oder kann man _*hier*_ die Menschen etwa deshalb als mehrheitlich bildungs_*nah* bezeichnen, da diese wesentlich mit dem neoliberalistischen Bildungs_*Dung* massenmedial versorgt werden?

Allerdings böte der Begriffsgebrauch „bildungsferne Schichten" die Möglichkeit, sich darüber Gedanken zu machen, in was Bildung zu bestehen habe:

*Bildung* ist in der Tat *Aus*_Bildung der auf die Gesellschaft bezogen bleibenden *in_dividuellen* Qualitäten eines Menschen.

Wird jedoch von „Bildungsferne" gesprochen, so soll tatsächlich _*was*_ zum Ausdruck kommen?

Etwa eine Charakterbildung, die fern einer speziellen oder eine, die fern einer allgemeinen Bildungsmatrize wäre?

Die Frage ist folgende:

Bildung bezogen auf was?

Oder:

Gebildetsein bezogen auf was?

_ *Bildung bezogen auf „Technisches"?*
_ *Bildung bezogen auf „Kulturkanon"?*
_ *Bildung bezogen auf den einzelnen Menschen?*
_ *Bildung bezogen auf die Gesellschaft?*
Oder etwa
Bildung als Kenntnis von dem, was das
_*W e s e n*_
des Menschen als
_*S p e i s e*_
benötigt?
„Bildungsferne" demnach,
bezogen auf eine bestimmte Kultur,
bspw. nicht die Gepflogenheiten eines Small-Talks zu kennen,
oder über solchen _*Talk*_ ein bißchen hinauszugehen,
also daß einem nicht ein paar auswendig gelernte „Bildungsbröckchen" abzusondern möglich wäre —
fallen *Namen*?
_*H i n g e g e n*_

jemand etwas *Eigentliches* zwar könnte: Nämlich, bspw. in einem Gespräch

ohne Nennung,

kantisch oder gar marxsch zu argumentieren —

was dann schon den aufpodestierten Bildungskanon drohte ins Schwanken zu bringen,

denn „Bildungskanon" heißt aller Erfahrung nach:

nicht gelebt, sondern eingeflochten „zitiert" —

zur Abgrenzung.

D e n n,

würde „argumentiert",

im heutigen „Leben" ginge es doch nicht um stets bloß

_*s o*_

verstandenes, von jemandem in Sonntagsreden abgesondertes „Bildungskanonisches", hingegen *darum*, daß

_„w i r"_

die _„*Schwarze Null*"_ zu feiern hätten —

also etwa _„u n s"_?

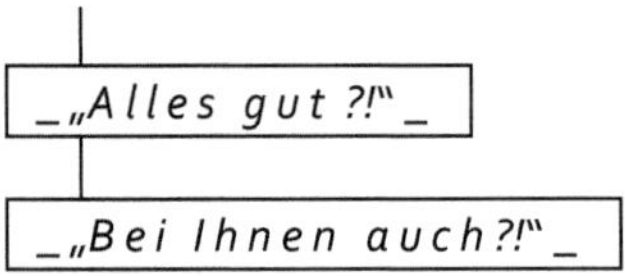

Aus meiner Sicht könnte lediglich in _*diesem*_ Sinne „Bildungsferne" zu verstehen sein, denn

*_fern_*

von charakterlicher *Aus*_Bildung sind zumindest _*sehr*_ viele der Verantwortlichen in dieser lobbykratischen Gesellschaft — und _*das*_ ist es, was bis _*tief*_ in die Gesellschaft hinein Kreise zieht.

* * *

Nun gut, und gewiß, um meine Sicht geht's dabei nicht:

Bildungsferne soll suggerieren, daß da jemand nicht den Bildungskanon einer bestimmten Kultur kennt, die von sich behauptet, Wert auf individuelle Freiheit zu legen.

In einer marktkonformen Gesellschaft?

Wie fern doch vom

Da_Sein

der Menschen die Bildungskanonisten der lobbykratischen „Fassadenkultur" daherquatschen!

Dritter Zwischenruf

Merkeleskes Land

Wer ist eigentlich verantwortlich für die praktizierte deutsche Politik? Wir wissen es nicht — müßte die Antwort lauten. Nun, zwar ist es so, daß ein Bundeskanzler, bzw. eine Bundeskanzlerin dafür verantwortlich zeichnet

— d.h. offiziell zumindest.

Festzustellen ist aber, daß eine Frau Merkel irgendwelchen, von, in unbekannt bleibenden Hinterzimmern tagenden Kungelrunden ausgekungelten politischen Vorgaben insbesondere dann gern nachkommt, so ihr diese von den Lobbyisten der Exportindustrie, wozu auch die Rüstungsindustrie gehört, oder von jenen des Dienstleistungssektors

(__*vorausgesetzt, daß es sich dabei um jenen als privaten Finanzmarkt bezeichneten Teil handelte* — wo es ja meist „verbrieft" zugeht__)

zugesteckt wurden. —

„Weiß"

sie doch, daß man lediglich den Lobbyisten machtvoller wirtschaftlicher Einzelinteressen nachzugeben habe. Folglich, zumindest sinngemäß, nicht anders als ein Herr Schröder es bereits in der Übergangszeit vom zwanzigsten auf das einundzwanzigste Jahrhundert u.f.Z. zu wissen meinte und

*deshalb* glaubte,

es reiche, Sprüche abzusondern wie:

„ich werde niemals etwas gegen die Wirtschaft tun",

als er dabei war

(__in Ermangelung eigener Überlegungsmöglichkeiten__),

eine von der Bertelsmann Stiftung zur Verfügung gestellte, mit dem Label „Agenda 2010" versehene, aktualisierte Blaupause des sogenannten Lambsdorff-Papiers in praktische Politik umzusetzen, und ansonsten der Glaube an die mysteriöse *unsichtbare Hand des Marktes* ausreichend sei.[12] — Sowie der

(__*dann reflexhaft durchaus folgerichtige*__)

Glaube an die „Austerität". Dies ein Begriff, den Frau Merkel vor einiger Zeit für sich entdeckt hat, d.h. sie findet allein schon das Wort „schön" ...

[12] Vgl. zur „unsichtbaren Hand" in: Die *tri*_logische Sezierung [...], Band I, Teilband 4, die Seiten 134 f., beginnend mit: „Als kindisch ist derjenige zu bezeichnen ...".

Daß für Frau Merkel das Wort „Austerität“ einen so „schönen“ Klang hat, könnte u.a. etwas mit ihrem Aufwachsen in einem protestantischen Haushalt zu tun haben: persönliche „Sparsamkeit“, persönliche „Kargheit“ und persönlicher „Verzicht“, sowohl materiell als auch gefühlsmäßig, spielen in protestantischen Haushalten nicht nur eine besondere Rolle, sondern gelten auch als Bedingung für Erfolg, der dann als Ausdruck glaubensmäßig richtigen Verhaltens gewertet wird.

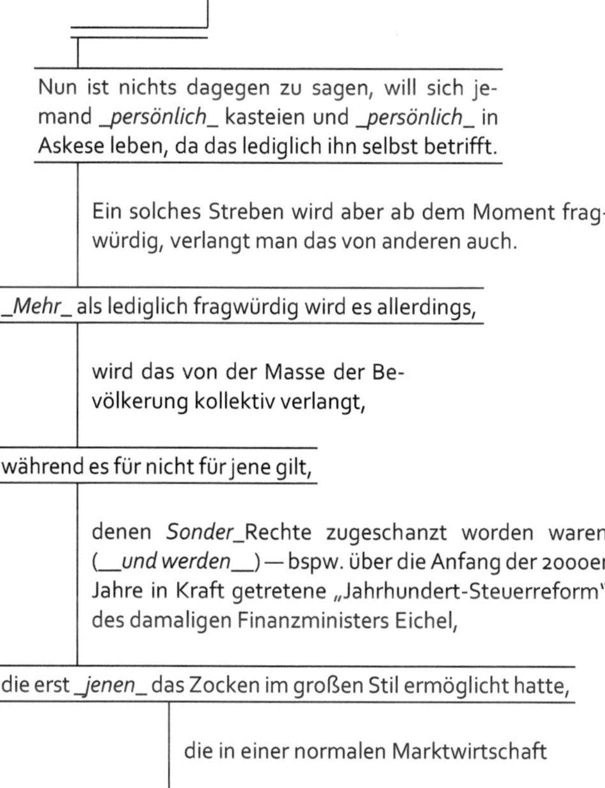

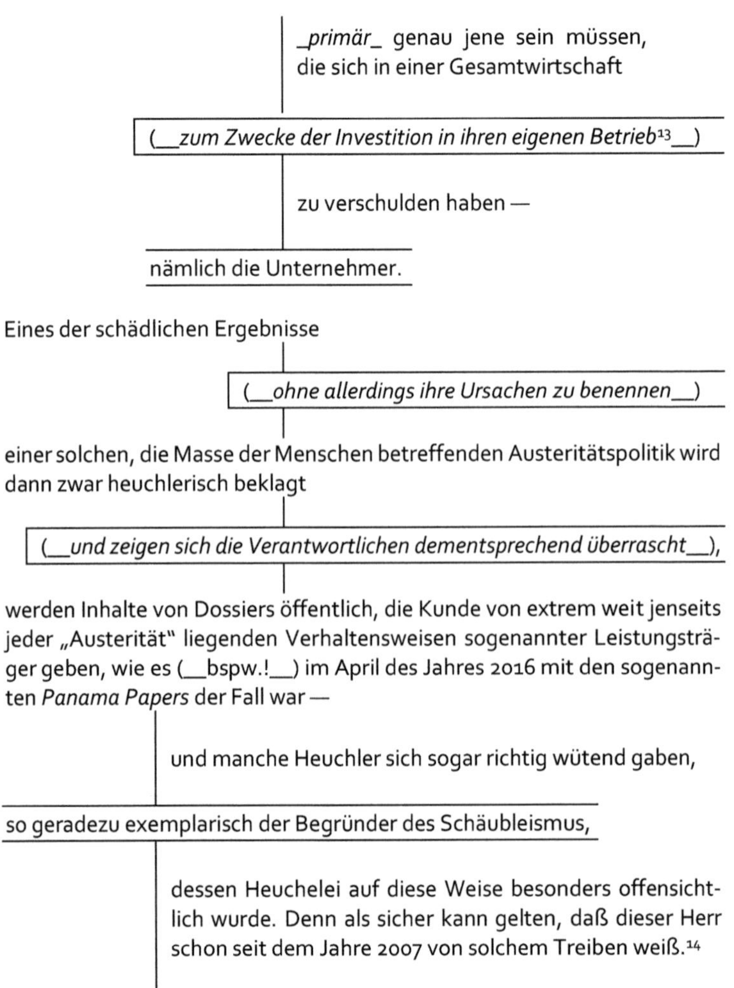

primär genau jene sein müssen, die sich in einer Gesamtwirtschaft

(__*zum Zwecke der Investition in ihren eigenen Betrieb*[13]__)

zu verschulden haben —

nämlich die Unternehmer.

Eines der schädlichen Ergebnisse

(__*ohne allerdings ihre Ursachen zu benennen*__)

einer solchen, die Masse der Menschen betreffenden Austeritätspolitik wird dann zwar heuchlerisch beklagt

(__*und zeigen sich die Verantwortlichen dementsprechend überrascht*__),

werden Inhalte von Dossiers öffentlich, die Kunde von extrem weit jenseits jeder „Austerität" liegenden Verhaltensweisen sogenannter Leistungsträger geben, wie es (__bspw.!__) im April des Jahres 2016 mit den sogenannten *Panama Papers* der Fall war —

und manche Heuchler sich sogar richtig wütend gaben,

so geradezu exemplarisch der Begründer des Schäubleismus,

dessen Heuchelei auf diese Weise besonders offensichtlich wurde. Denn als sicher kann gelten, daß dieser Herr schon seit dem Jahre 2007 von solchem Treiben weiß.[14]

---

[13] Siehe hierzu die rahmensetzende Erläuterung in: Die *tri*_logische Sezierung [...], Band I, Teilband 3, die Seiten 224 f.: „Austeritäts-Spirale".

[14] Vgl. a.a.O., Teilband 1, die Seiten L-LII. Dort ist auch vermerkt, wo sich die Definition des „Schäubleismus'" findet.

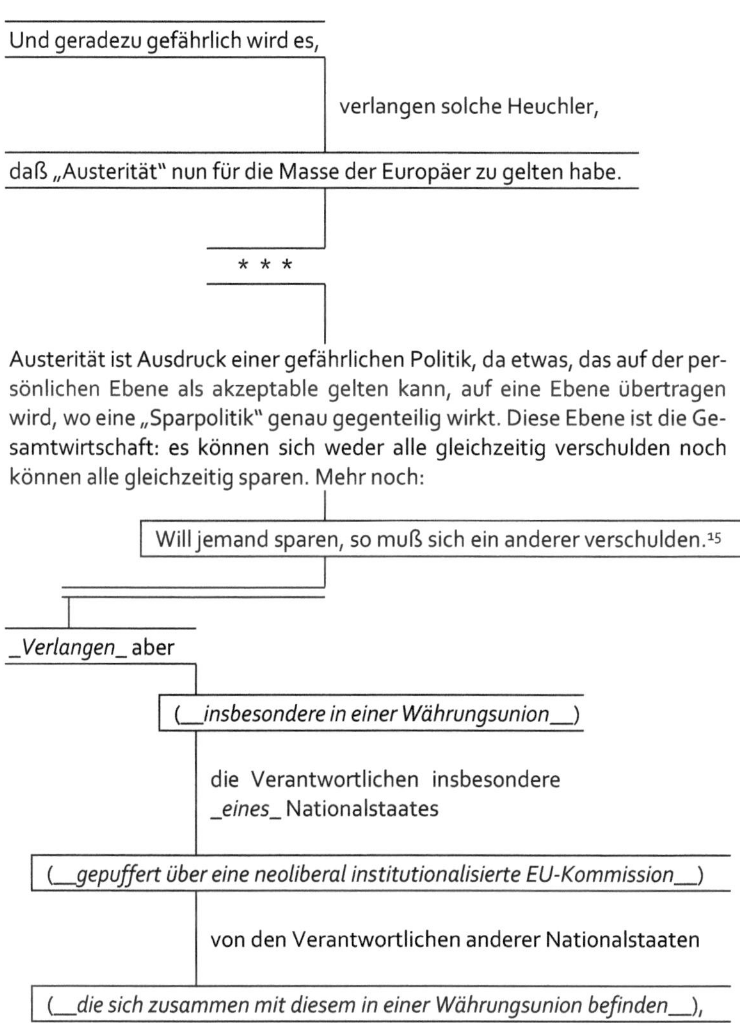

Und geradezu gefährlich wird es,

verlangen solche Heuchler,

daß „Austerität" nun für die Masse der Europäer zu gelten habe.

* * *

Austerität ist Ausdruck einer gefährlichen Politik, da etwas, das auf der persönlichen Ebene als akzeptable gelten kann, auf eine Ebene übertragen wird, wo eine „Sparpolitik" genau gegenteilig wirkt. Diese Ebene ist die Gesamtwirtschaft: es können sich weder alle gleichzeitig verschulden noch können alle gleichzeitig sparen. Mehr noch:

Will jemand sparen, so muß sich ein anderer verschulden.[15]

Verlangen aber

(__*insbesondere in einer Währungsunion*__)

die Verantwortlichen insbesondere _eines_ Nationalstaates

(__*gepuffert über eine neoliberal institutionalisierte EU-Kommission*__)

von den Verantwortlichen anderer Nationalstaaten

(__*die sich zusammen mit diesem in einer Währungsunion befinden*__),

---

[15] Vgl. in: a.a.O., Teilband 3, die Kapitel 8+9.

daß diese sparen müßten

(__wollen aber zugleich _*jene*_ Verantwortlichen von ihrem zwanghaften Sparen partout nicht lassen — wollen sie also weiterhin unverdrossen mehr exportieren als importieren__),

geht das sowohl über ein tiefgreifendes Mißverständnis als auch über eine kaum zu toppende Heuchelei hinaus — denn es zeigt sich darin ein strukturell unverträglicher Charakter.[16]

* * *

Der Begriff „Austerität" kommt übrigens aus dem Französischen und wird dort einmal adjektivisch (__*austère*__) verwendet, will man bspw. das Verhalten oder den Charakter eines Menschen bezeichnen:

- „(__*Sitten*__)streng" lebend,

das allerdings meist lediglich von anderen fordernd, selbst hingegen braucht ein „Sittenstrenger" das nicht

*sooo*

genau zu nehmen, denn er ist ja schon streng „sittenstreng" — mitunter liest man von solchen Heuchlern in der Zeitung.

[16] Zu dieser Unverträglichkeit siehe die Seiten 386-89: „Die Steilvorlagen des Establishments".

- „Strenge Disziplin“ übend.

Auch dies allerdings meist lediglich von anderen fordernd — selbst braucht der Sittenstrenge das nicht

sooo

genau zu nehmen, denn wer anderen „strenge Disziplin“ auferlegt, beweist ja allein dadurch, daß er sich selbst „strenger Disziplin“ unterwirft — mitunter ist auch von solchen Heuchlern in der Zeitung zu lesen.

Oder es wird im Sinne

- „strenger Sitten“ verwendet,

die, Sie wissen schon, für die Propagandisten solcher „Sitten“ i.d.R. selbst keine Gültigkeit haben — aus den oben angesprochenen Gründen.

Oder das Adjektiv *austère* meint:

- „strenge Erziehung“,

in der allerdings nicht unbedingt eine

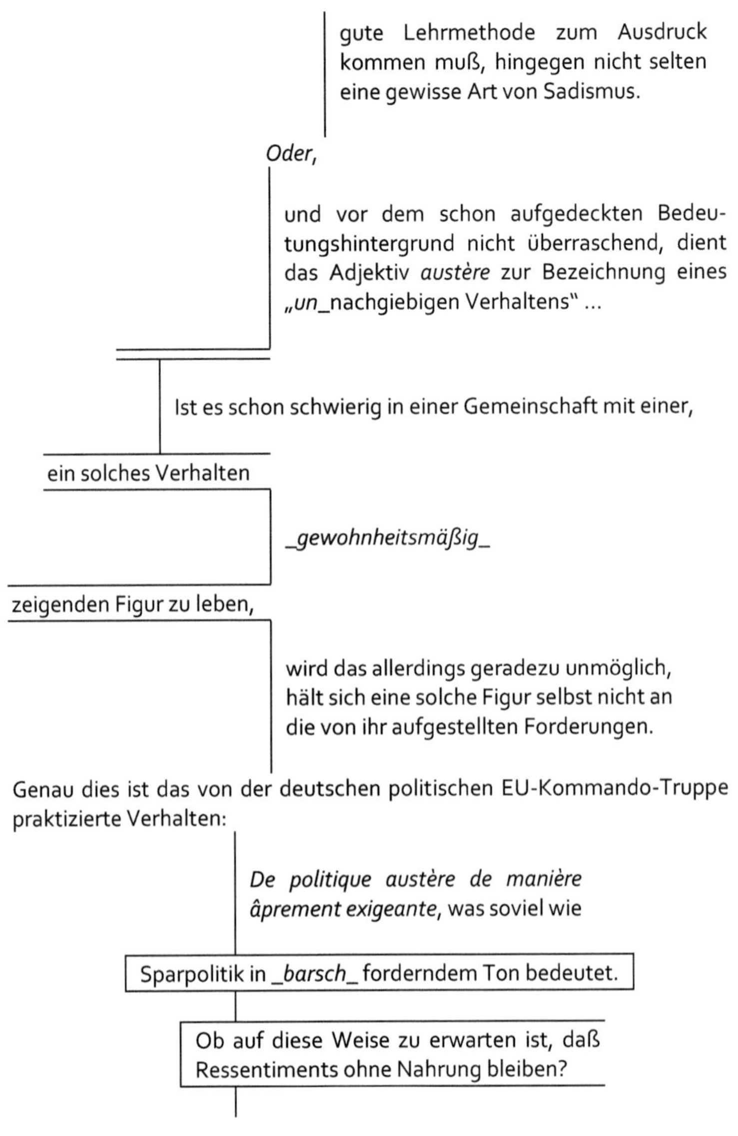

gute Lehrmethode zum Ausdruck kommen muß, hingegen nicht selten eine gewisse Art von Sadismus.

Oder,

und vor dem schon aufgedeckten Bedeutungshintergrund nicht überraschend, dient das Adjektiv *austère* zur Bezeichnung eines „*un*_nachgiebigen Verhaltens" …

Ist es schon schwierig in einer Gemeinschaft mit einer,

ein solches Verhalten

*_gewohnheitsmäßig_*

zeigenden Figur zu leben,

wird das allerdings geradezu unmöglich, hält sich eine solche Figur selbst nicht an die von ihr aufgestellten Forderungen.

Genau dies ist das von der deutschen politischen EU-Kommando-Truppe praktizierte Verhalten:

De politique austère de manière âprement exigeante, was soviel wie

Sparpolitik in _*barsch*_ forderndem Ton bedeutet.

Ob auf diese Weise zu erwarten ist, daß Ressentiments ohne Nahrung bleiben?

Aber auch in der bildenden Kunst, wie bspw. in der Architektur, oder in der darstellenden Kunst, wie bspw. im Bereich des Theaters, spricht man mitunter von einem *style austère*, bei dem es sich demnach um einen „nüchternen", einen „schmucklosen" oder sogar um einen „strengen" Stil handelt.

Aber der Bedeutungshorizont des Adjektivs *austère* gilt vergleichbar ebenso fürs Nomen *austérité* (f.), das insbesondere in _*dem*_ Sinne verwendet wird, wie Frau Merkel es schön findet:

La politique d'austérité.

Eine solche „Sparpolitik" ist aber für jede Währungsunion tödlich: sie führt zu gesellschaftlichem Siechtum, nicht zu Prosperität. —

Und wer den heute jungen Leuten erzählt, daß eine gesamtwirtschaftliche Sparpolitik gut für _*ihre*_ Zukunft sei, der lügt ihnen auf _*arglistige*_ Weise etwas in die Tasche, für das sie keine Verwendung haben werden.

Jenes, das die „nachwachsenden Generationen" tatsächlich benötigen, ist nicht über eine gesamtwirtschaftliche „Sparpolitik" zu leisten, sondern über eine Politik, wie sie im Band I der *Tri*_logischen Sezierung des lobbykratischen Zeitalters erläutert ist.[17]

Übrigens, wie so oft,

findet auch der Begriff „Austerität" seinen tatsächlichen Ursprung im Griechischen, ist aber über das Lateinische zu uns gekommen, wo er insbesondere

[17] Siehe dort in Teilband 4 die Seiten 126-29, beginnend mit: „Aus den bisher dargelegten Überlegungen ...".

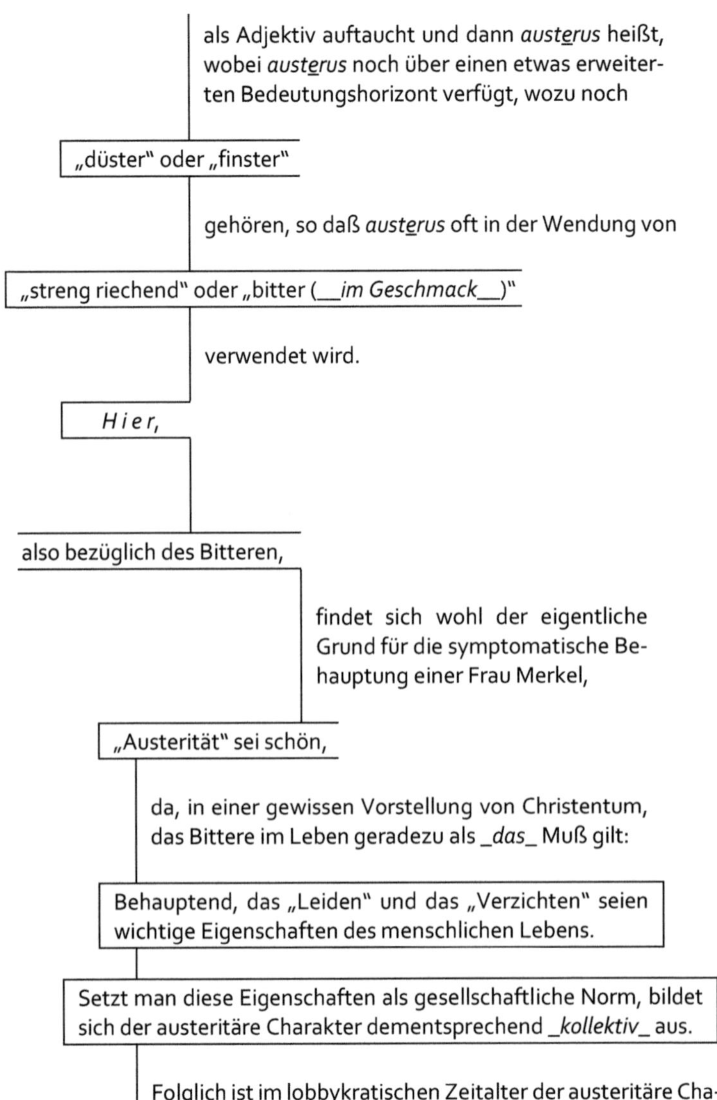

als Adjektiv auftaucht und dann *austerus* heißt, wobei *austerus* noch über einen etwas erweiterten Bedeutungshorizont verfügt, wozu noch

„düster" oder „finster"

gehören, so daß *austerus* oft in der Wendung von

„streng riechend" oder „bitter (__*im Geschmack*__)"

verwendet wird.

Hier,

also bezüglich des Bitteren,

findet sich wohl der eigentliche Grund für die symptomatische Behauptung einer Frau Merkel,

„Austerität" sei schön,

da, in einer gewissen Vorstellung von Christentum, das Bittere im Leben geradezu als _*das*_ Muß gilt:

Behauptend, das „Leiden" und das „Verzichten" seien wichtige Eigenschaften des menschlichen Lebens.

Setzt man diese Eigenschaften als gesellschaftliche Norm, bildet sich der austeritäre Charakter dementsprechend _*kollektiv*_ aus.

Folglich ist im lobbykratischen Zeitalter der austeritäre Charakter Ausdruck dieser gesellschaftlichen Normsetzung.

Diese _„wichtigen Eigenschaften des menschlichen Lebens"_ gewinnen allerdings erst dadurch ihre herausragende Bedeutung, daß man _*vorher*_ das Lebendige getötet hat:

Beispielsweise in sich selbst — mag man
auch biologisch noch _*lebend*_ sein.

Nun, das Lateinische *austerus* geht auf das Griechische *austeros* zurück,

das soviel wie „herb, „sauer", „streng", „hart" oder auch „unfreundlich" bedeuten kann.

Folglich ist die ursprüngliche Verwendung
des lateinischen Nomens *austería* (f.)

keine andere:

„Herbheit", „Ernst", „Strenge", „Unfreundlichkeit".

Nicht ohne Interesse ist nun, daß *austeros* auf *hauros* zurückgeht,

das soviel wie „trocken" bedeutet.

Also könnte man sagen:

Das Problem an der „Austerität" besteht darin,
daß ihr die _*Feuchte des Lebendigen*_ fehlt.

Wie jemand so etwas _„schön"_ finden kann, erschließt sich mir nicht. Der Grund scheint mir aber darin zu liegen, daß es dazu einer persönlichen Prägung bedarf, die ich als austeritären Charakter bezeichne. Da sich diese Prägung aber in Frau Merkel exemplarisch zeigt, deren die deutsche Politik entscheidend negativ geprägt habender Stil von mir als merkelesk bezeichnet wird, ist das Merkeleske als Ausdruck des austeritären Charakters zu verstehen.

Zeigt also ein in politischer Verantwortung stehender Mensch ein merkeleskes Verhalten, läßt das auf einen austeritären Charakter schließen.[18]

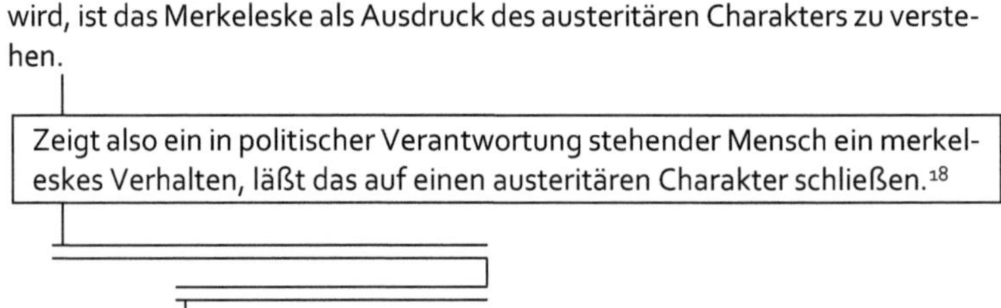

Ende dieser Anmerkung: „Über den austeritären Charakter"

Nun, verwendet Frau Merkel den Begriff Austerität, handelt es sich vermutlich um ihren eigenen Reflex auf ihre eigene Bemerkung hin:

> „Wir haben über unsere Verhältnisse gelebt"[19],

was auch als Ausdruck eines Denkens verstanden werden kann, dessen Gedanken den Charakter von Reflexen haben.

Offenbar eignet sich Austerität bestens als Label für sogenannte Strukturreformen in ganz Europa, die von den Machteliten der anderen neoliberalen Nationalstaaten Europas gutgeheißen werden — solange jedenfalls, bis dort je die

---

[18] Zum Merkelesken siehe in: Die *tri*_logische Sezierung […], Band III, Teilband 2, die Seiten 791-800: „Das Merkeleske am Merkelesken ist stets".

[19] Vgl. in: a.a.O., Band I, Teilband 3, die Seiten 229-32: „Der michelige Satz: 'Wir haben über unsere Verhältnisse gelebt'…", denn dort wird angemessen erläutert, was von einem solchen *Reflex*_Denken tatsächlich zu halten ist — und insofern kein gutes Licht auf all jene wirft, die das Merkeleske daran nicht erkennen, geschweige praktizieren.

Bevölkerung anfängt zu merken, daß sie kollektiv verschaukelt wird. Dann werden diese Eliten nämlich, zur Ablenkung der sich bedrohlich gegen sie richtenden Wut

(__*wie es in machtelitären Kreisen so üblich ist*[20]__)

auf die Verursacher des nun Kauderwelsch sprechenden Europas weisen.

Zwar Deutsche, sind es vor allem jene sich charakterlich durch ihr an die wilhelministische Tradition Gebundensein „auszeichnenden" Politiker, die ein solches Kauderwelsch als: „Europa spricht Deutsch" bezeichnen. Übrigens aus dem Grund: „zwar Deutsche" bemerkt, da jene Annahme, die wilhelministische Tradition sei per se Ausdruck für „Deutschsein", lediglich auf ein kollektives falsches „Selbst"-Bewußtsein weist. Denn die zu dieser Tradition gehörende Mentalität ist erst durch das _*Hineinpressen*_ des an sich vielfältigen deutschen Individuellen in den preußischen _*Einheitsstaat*_ entstanden.[21] — Das heißt ich bin wohl Deutscher, aber kein Preuße.

* * *

[20] Vgl. a.a.O., die Seiten 375-84, dort die Erläuterungen, beginnend mit: „Man muß sich vor Augen halten ...", zu dem, das mit der Bemerkung richtig umschrieben ist: „Bevor die Machteliten die Macht teilen, hetzen sie eher die Völker aufeinander".

[21] Vgl. hierzu insbesondere in: a.a.O., Band III, Teilband 2, Lesung 16: „Die Ursprünge des Wilhelminismus' und seine Konsequenzen".

Nun, dies war lediglich ein kleiner, durch die eingangs dieses Zwischenrufs gestellten Frage veranlaßter Ausflug:

> Wer ist eigentlich verantwortlich für die praktizierte deutsche Politik?

und der zu keiner Klärung beigetragen habenden Antwort darauf:

> Wir wissen es nicht, müßte die Antwort lauten.

Beziehungsweise in dieser Antwort liegt insofern etwas Klärendes, da auf diese Weise auf die Fragen aufwerfende, von der deutschen Kommando-Truppe praktizierten Politik _*angespielt*_ wird.

So läßt sich bspw. fragen, wie groß der Anteil dieser Politik an den Fluchtursachen in Ländern oder gar in ganzen Teilen von Kontinenten war (__*und ist*__), als die jahrzehntelange Frontex-Praxis kurzzeitig nicht mehr *un*_beobachtet vollzogen werden konnte — nachdem es Mitte des Jahres 2015 im Mittelmeer zu

> _*u n ü b e r s e h b a r e m*_

Massensterben von Menschen auf der Flucht gekommen war?

> Am 22. September 2016 nannte das UNHCR die Zahl der bis zu _*diesem*_ Datum allein für das Jahr 2016 im Mittelmeer umgekommenen Menschen auf der Flucht: 3.358. Im _*ganzen*_ Jahr 2015 waren es: 3.771.[22]

[22] Vgl. den Zwischenruf 28.

Menschen auf der Flucht, die primär nämlich aus vom „Westen" bewußt destabilisierten Ländern kommen.

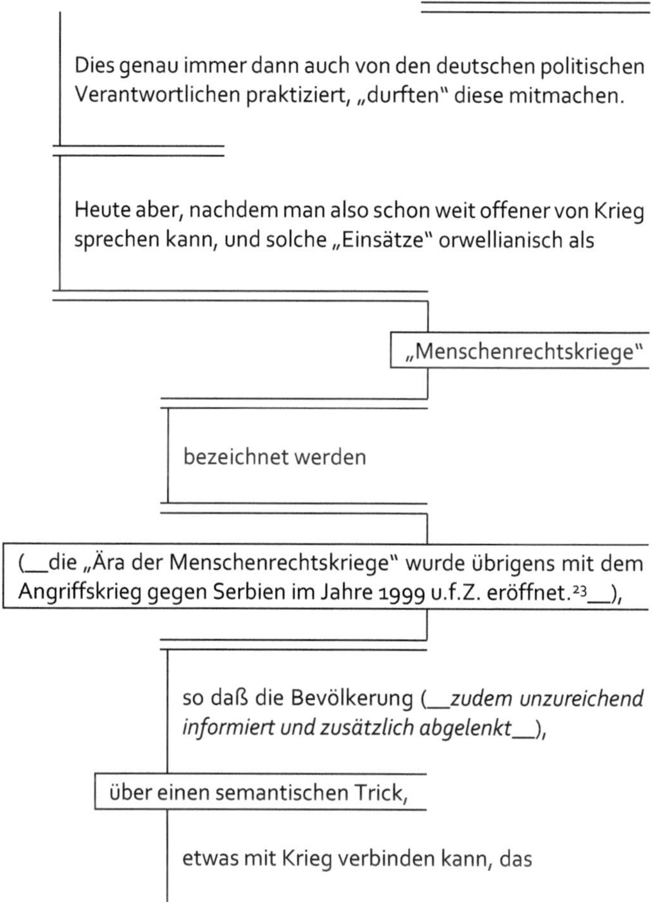

Dies genau immer dann auch von den deutschen politischen Verantwortlichen praktiziert, „durften" diese mitmachen.

Heute aber, nachdem man also schon weit offener von Krieg sprechen kann, und solche „Einsätze" orwellianisch als

„Menschenrechtskriege"

bezeichnet werden

(__die „Ära der Menschenrechtskriege" wurde übrigens mit dem Angriffskrieg gegen Serbien im Jahre 1999 u.f.Z. eröffnet.[23]__),

so daß die Bevölkerung (__*zudem unzureichend informiert und zusätzlich abgelenkt*__),

über einen semantischen Trick,

etwas mit Krieg verbinden kann, das

[23] Vgl. in: a.a.O., Band I, Teilband 3, Kapitel 14: „Die Politik bürgerlicher Nichtversteher".

nach „Einsatz für Menschenrechte" aussieht, kann das deutsche Führungspersonal schon weit „freier" über den Begriff „Krieg" verfügen:

Es ist noch so viel zu tun, damit es möglich werde, daß der „neoliberale Friede" über die _*ganze*_ Welt komme.

Oder Menschen auf der Flucht aus Ländern, die sozusagen

nation_*modelling*_mäßig

aus der Taufe gehoben worden waren — und zwar aus niederen Beweggründen.

Dieser Prozeß wird oft irreführenderweise als *nation_building* bezeichnet, geht es bei diesem Prozeß doch genau _*nicht*_ um einen wie auch immer zu verstehenden „Volksbildungsprozeß" (__*als sei der mal eben so auszulösen*__), sondern es geht um das „Modellieren" von sozialen Gebilden, die im Sinne der neoliberalen Doktrin funktionieren und die globale nationalstaatliche Kleingartenanlage „ergänzen" sollen — als neoliberale Protektorate. [24]

Wie groß mag also der Anteil solcher Politik daran sein, daß Menschen massenhaft flüchten müssen? Wie bspw. aus dem

[24] Vgl. in: a.a.O., Teilband 3, Kapitel 13: „Die Welt als 'Hinterhof' der Machteliten oder Der Nationalstaat als grundsätzliches Problem für Frieden — dokumentiert am Beispiel der 'Sicherheitspolitik' der USA seit dem Ende des Kalten Krieges"; vgl. in diesem Zusammenhang dort insbesondere die Seiten 314 f., beginnend mit: „'Nation-Modelling' wird übrigens von großen Ex-Straßenkämpfern und anderen neoliberalen Politikern ...".

Kosovo? Von dem schon bei seiner Anerkennung im Jahre 2008 bekannt war, daß es sich um einen Mafiastaat handeln würde[25]: anerkannt übrigens von einer Regierung, die genauso von Frau Merkel angeführt worden ist, wie es bei Drucklegung der revidierten Auflage des Ihnen vorliegenden Buches unverändert galt (_*hie und da personell gewechselt*_) und sie gewiß auch weiterhin „ihre" Partner finden wird. Oder der Anteil an kollektiven Fluchtbewegungen von Menschen, bspw. aus Syrien? — Nun, primär verursacht durch die Politik der „Elitestaaten" der Welt (_*wozu sich Deutschland unbedingt zählt*_), sind heute auch dort große Teile der Bevölkerung mit dem Überleben auf der Flucht beschäftigt. — Oder aus dem politisch kaputten Nordafrika? Aus Mali? Aus Usbekistan? Oder aus der Ostukraine?

Nun, _*diese*_ letzte Frage läßt sich sogar bezogen auf diese Fluchtbewegung beantworten:

> Die Menschen aus der Ostukraine sind vor allem nach Rußland geflohen — kaum jedenfalls in die Ukraine des Marionettenregimes des „Westens" in Kiew.[26]

Oder wie groß ist der Anteil insbesondere junger Griechen an

---

[25] Vgl. in: a.a.O., Band I, Teilband 3, Kapitel 14: „Die Politik bürgerlicher Nichtversteher", dort insbesondere die Seiten 345-49, beginnend mit: „Es ist an dieser Stelle noch einmal auf das Kosovo zurückzukommen".

[26] Vgl. a.a.O. insbesondere den Hinweis, wo u.a. auf zwei Untersuchungsergebnisse hingewiesen wird, die den heutigen desolaten Zustand der ukrainischen Gesellschaft belegen. Ein Zustand übrigens, der deutlich schlechter ist als jener _*vor*_ dem, auch von der deutschen Seite geförderten und gewollten Putsch in Kiew bestanden habende. Diesen Hinweis finden Sie a.a.O. auf der Seite 334, beginnend mit: „Zu meinen, daß ein solches Beobachten nicht legitim …".

solchen Fluchtbewegungen, die Griechenland deshalb verlassen, da sie dort ohne Perspektive sind —

> kaputtgemacht wie dieses Land nun ist vom „Kauderwelsch sprechenden Europa"?

Und wer ist eigentlich verantwortlich für die Situation in

> *_d i e s e m_*

Land, wo der soziale Druck seit Jahren steigt — wegen seit schon fast Jahrzehnten unzureichenden Lohnsteigerungen für die Masse der Menschen, maroder Infrastruktur, Kappung sozialer Leistungen, der Unmöglichkeit, eine Altersvorsorge zu betreiben, die den Namen auch verdient?[27]

Nun, *ver*_antwortlich

> für die praktizierte deutsche Politik können die bürgerlichen Parteien und ihre Vertreter sowie die von

[27] Lesen Sie dazu den Artikel von Stefan Dudey: „Heute ist Deutschland wieder ein erfolgreiches und starkes Land". Diesen Artikel von Stefan Dudey finden Sie im Archiv des Online-Wirtschaftsmagazins *Makroskop* unter folgender, am 19. Februar '18 erneut geprüfter Internet-Adresse:

https://makroskop.eu/2013/09/heute-ist-deutschland-wieder-ein-erfolgreiches-und-starkes-land/#_ftn1. Dieser Artikel stammt aus dem Jahre 2013, falls Sie die *_aktuelle_* Entwicklung recherchieren wollten, sollten Sie also nicht überrascht sein, stellten Sie eine sich fortsetzende Verschlechterung fest, die Sie übrigens auch in: Die *tri*_logische Sezierung [...], Band III, Teilband 1, Lesung 9: „Von Altersarmut und Niedriglöhnern", verdeutlicht finden.

ihnen genutzten Institutionen wie bspw. Verfassungsschutz, andere Geheimdienste, Polizei, jedenfalls nicht sein, sondern lediglich

*un*_verantwortlich,

denn _*diese*_ sind es, die diese *in*_akzeptable Politik betreiben bzw. umsetzen.

*Lediglich ein Ergebnis*

*in*_akzeptabler Politik sind dann aber solche Widerlichkeiten, wie geschehen im August des Jahre 2015 in der sächsischen Kleinstadt Heidenau.[28]

Allerdings sollte man die nicht abtun als schockierende Zufälligkeiten. Nein, da steckt weit mehr dahinter. Man muß sogar von behördlicher Absicht ausgehen, denn, abgesehen von der *Un*_Verantwortlichkeit, ein marodes Gebäude mit völlig unzureichender sanitärer Einrichtung als Unterkunft für Flüchtlinge zu wählen und der Fragwürdigkeit der Wahl einer Gemeinde mit stark vertretener NPD im Rat, war die Polizei kaum aus Fahrlässigkeit nur so schwach vertreten[29], denn eine

---

[28] Siehe bspw. in: Der Tagespiegel: „Polizei greift durch, auch gegen Antifa"; der Internet-Pfad ist am 19. Februar '18 erneut geprüft worden: http://www.tagesspiegel.de/politik/heidenau-randale-gegen-fluechtlinge-polizei-greift-durch-auch-gegen-die-antifa/12222388.html.

[29] Knapp 140 Polizisten gegen 1.000 anerkannte Rechtsextreme — die zahllosen verkappten Sympathisanten im ganzen Land sind hingegen nicht so leicht zu zählen.

Verquickung zwischen rechtsextremen Kräften und (__*wahrscheinlich nicht nur*__) der sächsischen Politik und ihren Institutionen, müßte wohl festgestellt werden — wollte man das nur recherchieren. Wer von den schreibenden Mitarbeitern der Medien_*Konzerne* wollte das aber noch leisten

(__und sogar angemessen veröffentlichen[30] __),

steckt hinter dieser „Politik" die Absicht, vom Bankrott des bürgerlichen Systems abzulenken? Da unterstützt man lieber die offizielle Politik,

und pocht (__*etwas merkelesk*__) zugleich auf Unabhängigkeit der „Vierten Gewalt", sollte das kritisiert werden,

oder / und gibt der offiziellen Politik Ratschläge, deren Inhalt sie sowieso praktizieren will —

also als „Ratschläge" verpackte Geneigtmachung der Masse der Bevölkerung.[31]

* * *

Nun, was in diesem Zwischenruf lediglich zum Ausdruck zu bringen war, ist der schlichte Hinweis darauf, daß es mich

---

[30] … wäre *die Karriere dann wohl geknickt* …

[31] Bezüglich der Manipulation der öffentlichen Meinung, siehe in: Die *tri*_logische Sezierung […], Band III, Teilband 1, Teil 1: Von *Pen*_Pushern und *Spin*_Doktoren, insbesondere die Lesung 3: „Über den Mißbrauch der Freiheit der Meinung".

nicht überzeugt, zeigt sich eine Frau Merkel

(__als Hauptverantwortliche der praktizierten deutschen Politik, ob in Deutschland oder in Europa, und überall dort, wo die deutsche Politik ihre Fingerchen mit drin haben will__)

empört über soziale und politische Auswirkungen neoliberaler Politik in jenen Gegenden, aus denen so viele Menschen fliehen.

Nun, andererseits, und glaubt man den offiziellen Verlautbarungen, soll die „Freiheit" am Hindukusch schon erfolgreich verteidigt worden sein — schaut man als Journalist nicht so genau hin ... denn das genaue Hinschauen und das genaue Berichten gehören ja nicht zu den Aufgaben von Journalisten, oder?

Ist aber, also weiterhin andererseits, in einer Situation der sich immer mehr chaotisierenden nationalstaatlichen Strukturen

(__als eine weitere Konsequenz aus der praktizierten neoliberalen Doktrin__),

folgt man der von Herrn Gauck in seiner damaligen Eigenschaft als Bundespräsident anläßlich der Münchener Sicherheitskonferenz im Jahre 2014 abgesonderten Aussage

(__als Ausdruck der von entsprechenden Kreisen geforderten, nun forciert zu betreibenden politischen Linie__),

von deutscher Seite jetzt nicht _*endlich*_ „mehr Verantwortung" zu übernehmen?

Ist es nicht seltsam, daß stets dann von chaotisierten Weltgegenden und von „Verantwortung übernehmen" gesprochen wird, wollen die Verursacher von sozialer Chaotisierung, die daraus resultierenden Konflikte militärisch „befrieden"?[32]

Muß der *deutsche militärische Arm des Neoliberalismus'*

(__als „Bundeswehr" läßt sich ein solches Gebilde jedenfalls nicht mehr bezeichnen — ich kann das beurteilen: da war ich nämlich selbst mal drin__)

jetzt nicht aktiv werden am Ort der Entstehung von Flüchtlingsbewegungen selbst — ausgestattet mit einem „robusten Mandat"

(__damit den Menschen Krieg wieder als „normaler Teil der Politik verkauft werden kann — selbstverständlich dann „richtig" als Menschenrechtskriege geführt__),

und, genauso selbstverständlich, nicht allein, sondern mit den *militärischen Armen* anderer Länder in einer „Koalition der Willigen" o.ä.?

[32] Vgl. auch in: a.a.O., Band I, Teilband 3, Kapitel 18: „Eine kurze Beschäftigung mit der Frage nach der neoliberalen Strategie des 'Westens' und der Funktion seiner Medien bei der Vermittlung dieser Strategie".

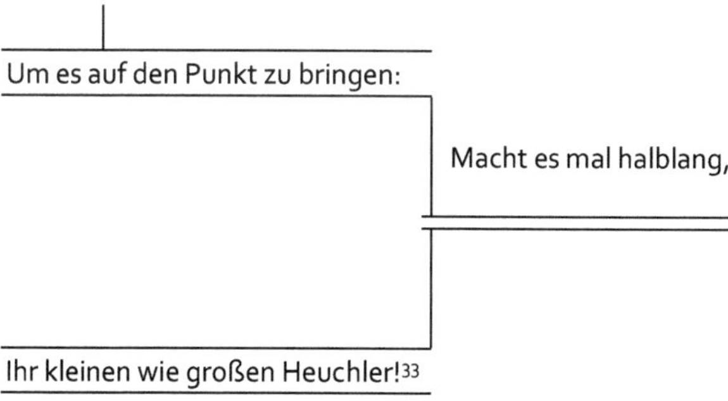

Editorische Notiz:

Dieser Text ist am 27. August 2015 erstmals auf der deutschsprachigen BlogSite des EndemannVerlages: *NetzKolumnist.com* erschienen, als direkte Reaktion auf die als „Willkommenskultur" verpackte und gewiß von vielen in der Bevölkerung so gemeint gewesene „Flüchtlingspolitik", die aber offenbar genau anders herum zu interpretieren ist. Im Rahmen der Abfassung dieses Buches wurde dieser Text vollständig überarbeitet.[34]

---

[33] Vgl. a.a.O., Kapitel 14-17.

[34] Vgl. Zwischenruf 28: „Wie das fürchterliche Wort 'Flüchtlingspolitik' erst seine eigentliche Bedeutung bekommt".

Vierter Zwischenruf

Satirische Reflexion über eine als Satire daherkommende, andere verdummende Dämlichkeit

Heiner Flassbeck stellt in einem seiner auf *Makroskop.eu* erschienen Artikel die folgende rhetorische Frage:

ZITAT

[…] Wie weit muß ein Sender (und ein Land) von der Bereitschaft entfernt sein, sich offen mit einem entscheidenden Punkt seiner Wirtschaftspolitik auseinanderzusetzen, wenn einfache logische Zusammenhänge, die kein vernünftiger Mensch auf der ganzen Welt bestreiten würde […], satirisch behandelt werden? Ist das die letzte Form, sich vor der Logik drücken und auf Beifall vom Publikum hoffen zu können?

ZITATENDE[35]

---

[35] Quelle: Heiner Flassbeck: *Ben Bernanke und der Deutschlandfunk — klares Denken versus verwirrte Satire*; dessen folgender Pfad zum Archiv des wirtschaftspolitischen Internet-Magazins *Makroskop — Kritische Analysen zu Politik und Wirtschaft* führt und der am 19. Februar '18 erneut geprüft worden ist:

https://makroskop.eu/2015/07/ben-bernanke-und-der-deutschland-funk-klares-denken-versus-verwirrte-satire/. Die Zitierung erfolgt mit freundlicher Genehmigung der Makroskop-Redaktion.

Nein, das sieht lediglich nach Satire aus, ist aber

*_a n d e r e_*

verdummende Dämlichkeit. (*__Die man GEZ-mäßig auch noch bezahlen muß!__*)

Nun wird zwar behauptet, daß der Mensch dächte, Gott aber lenke. Insofern es also gar nicht erheblich wäre, ob jemand *_tatsächlich_* dächte, sondern es schon reiche, meinte er das.

Was also, wenn jemand

_ als potentiell vernunftbegabtes *W E S E N _*

d e n k t,

er habe gedacht, als er tatsächlich lediglich etwas gemeint hatte?

*_B l i e b e_*

dann die Hoffnung, Gott möge den daraus resultierenden Trugschuß

*u m*_lenken?

Und was wäre, dächte der sich aber:

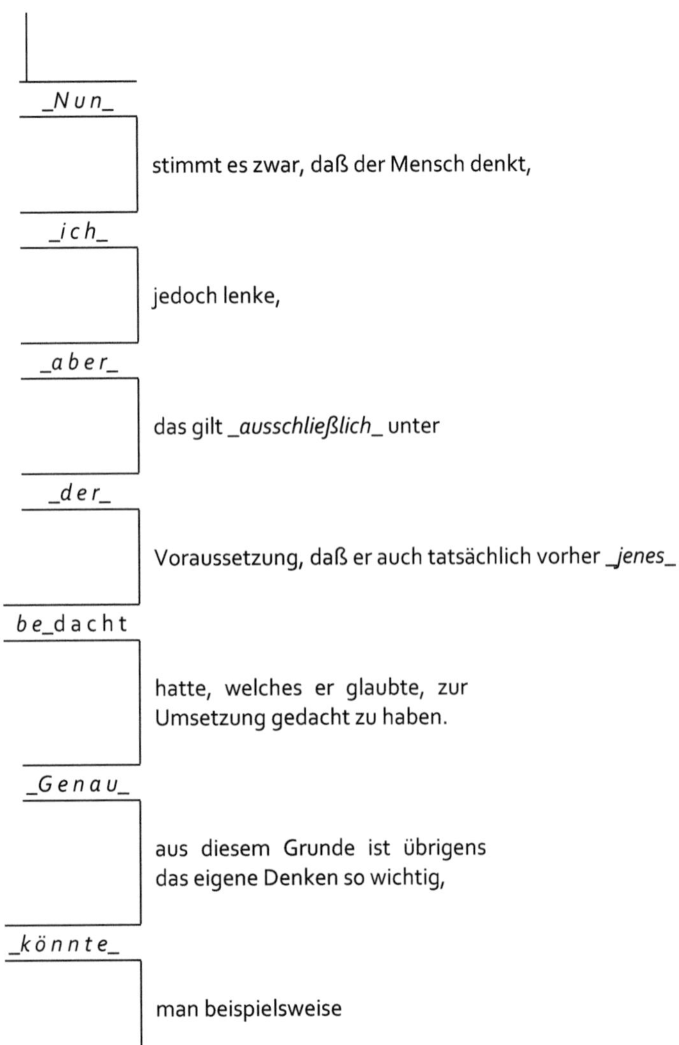

Nun
stimmt es zwar, daß der Mensch denkt,
ich
jedoch lenke,
aber
das gilt _*ausschließlich*_ unter
der
Voraussetzung, daß er auch tatsächlich vorher _*jenes*_
be_dacht
hatte, welches er glaubte, zur Umsetzung gedacht zu haben.
Genau
aus diesem Grunde ist übrigens das eigene Denken so wichtig,
könnte
man beispielsweise

(__*und leider auch nur stellvertretend, denn sie, die „Macher" des „Deutschlandfunks" allein, wären ja noch nicht das massenwirksam die öffentliche Meinung setzende Problem*__)

satirisch erwidern.

_*A l l e r d i n g s*_

darf man _*nicht*_ denken, daß mit dieser kleinen Satire schon die Voraussetzung dafür geschaffen worden sei, daß eine, von vielen Menschen als zuständig vorgestellte, aber gänzlich unbekannte Größe nun mal eben das aus

_*n a c k t e m*_

Gemeinten resultierende *Po*_litische[36] _*bzw.*_ *Di*_Lemma[37]

*um*_lenkte.

[36] Vgl. den Zwischenruf 16.

[37] Vgl. den Zwischenruf 27.

Fünfter Zwischenruf

LEIT-Kultur — _*nicht*_ „Leidkultur"
Die Symbolik der verborgenen LEIT-Idee echter LEIT-Kultur

Ein wahrer Künstler, der die verborgene Symbolik wahrhaftiger *LEIT*_Idee echter *Leit*_Kultur darzustellen schaffte, die

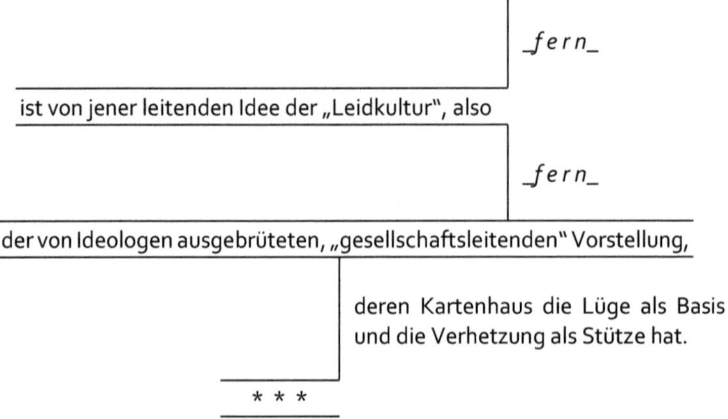

Der *Gebrauch* des Begriffs „*LEIT-Kultur*" ist m.E. lediglich dann erlaubt, konstruktiv zielführend und letztlich stimmig, liegt ihm folgender

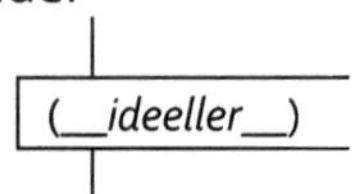

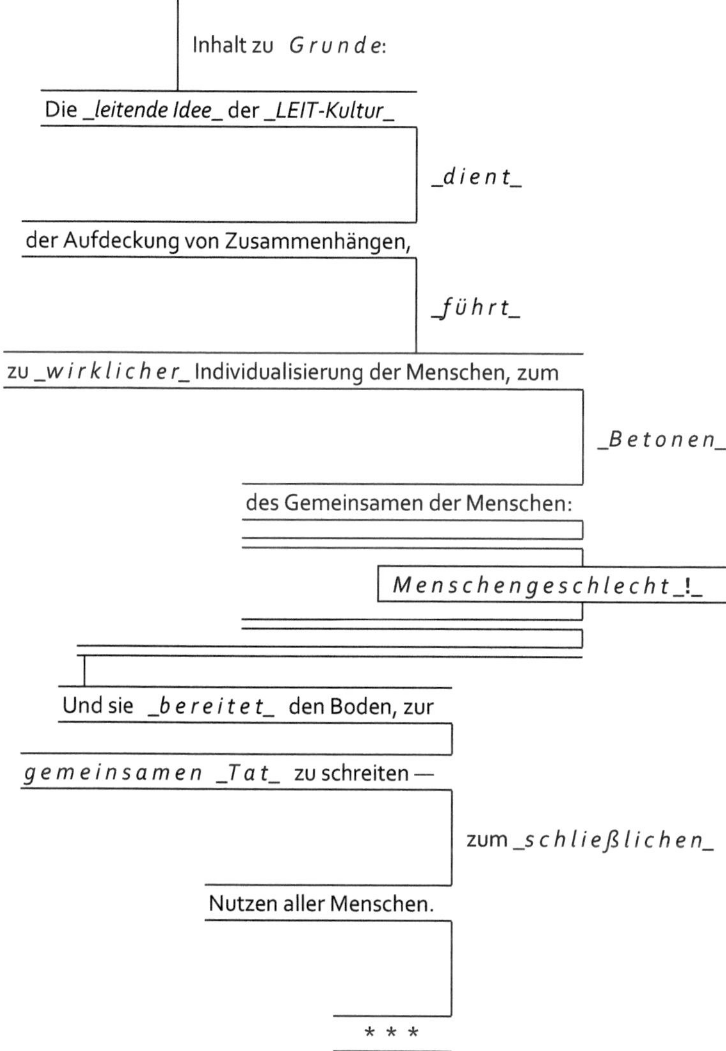

Inhalt zu *G r u n d e*:

Die *_leitende Idee_* der *_LEIT-Kultur_*

*_d i e n t_*

der Aufdeckung von Zusammenhängen,

*_f ü h r t_*

zu *_w i r k l i c h e r_* Individualisierung der Menschen, zum

*_B e t o n e n_*

des Gemeinsamen der Menschen:

M e n s c h e n g e s c h l e c h t _!_

Und sie *_b e r e i t e t_* den Boden, zur

*g e m e i n s a m e n _T a t_* zu schreiten —

zum *_s c h l i e ß l i c h e n_*

Nutzen aller Menschen.

* * *

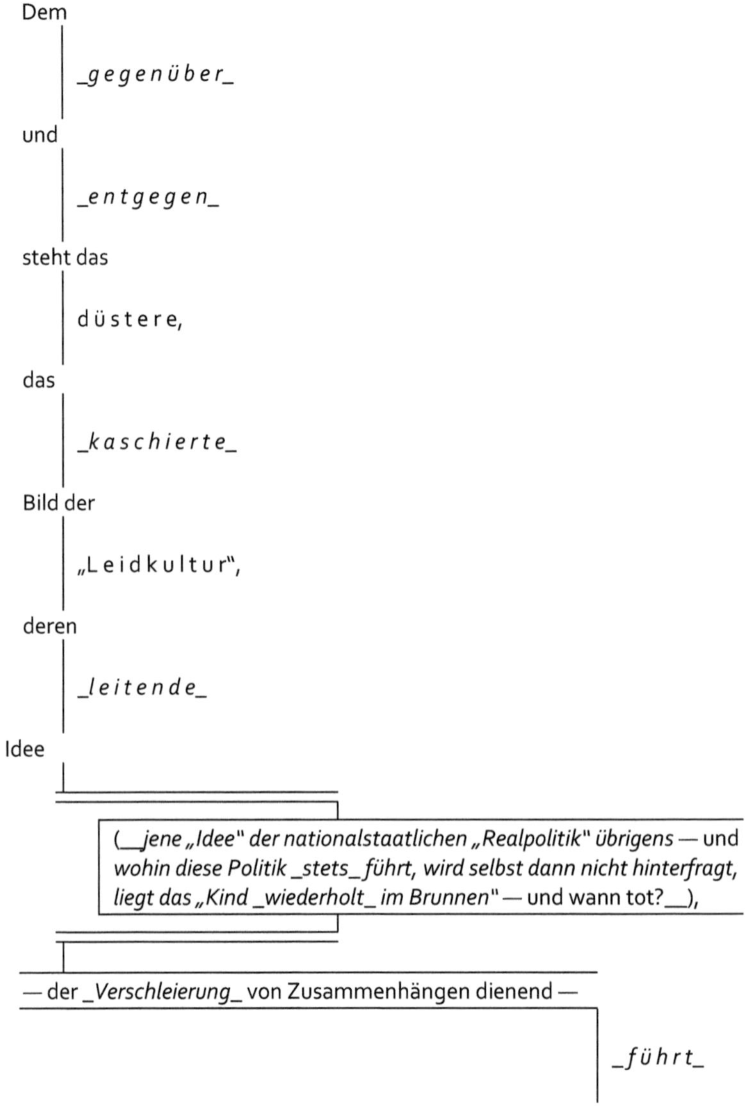

Dem

*_gegenüber_*

und

*_entgegen_*

steht das

düstere,

das

*_kaschierte_*

Bild der

„Leidkultur",

deren

*_leitende_*

Idee

(__*jene „Idee" der nationalstaatlichen „Realpolitik" übrigens* — und *wohin diese Politik _stets_ führt, wird selbst dann nicht hinterfragt, liegt das „Kind _wiederholt_ im Brunnen"* — und wann tot?__),

— der _*Verschleierung*_ von Zusammenhängen dienend —

*_führt_*

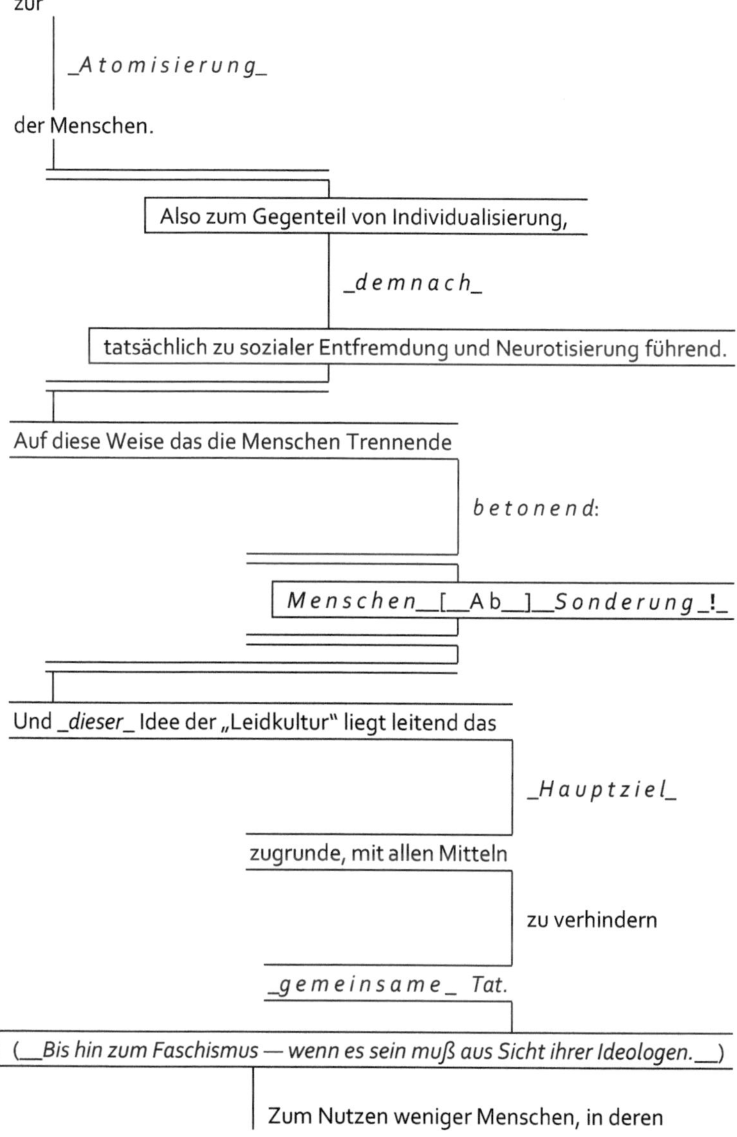

zur

_A t o m i s i e r u n g_

der Menschen.

Also zum Gegenteil von Individualisierung,

_d e m n a c h_

tatsächlich zu sozialer Entfremdung und Neurotisierung führend.

Auf diese Weise das die Menschen Trennende

b e t o n e n d:

M e n s c h e n__[__A b__]__S o n d e r u n g _!_

Und _*dieser*_ Idee der „Leidkultur" liegt leitend das

*_H a u p t z i e l_*

zugrunde, mit allen Mitteln

zu verhindern

_g e m e i n s a m e_ Tat.

(__*Bis hin zum Faschismus — wenn es sein muß aus Sicht ihrer Ideologen.*__)

Zum Nutzen weniger Menschen, in deren

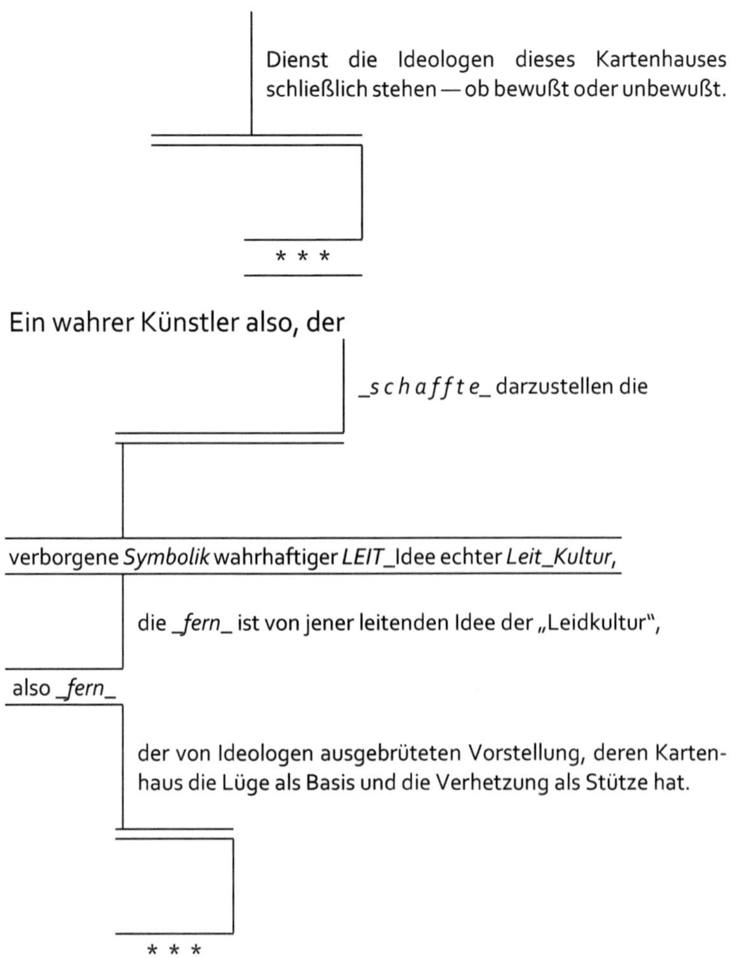

Dienst die Ideologen dieses Kartenhauses schließlich stehen — ob bewußt oder unbewußt.

* * *

Ein wahrer Künstler also, der

*_s c h a f f t e_* darzustellen die

verborgene *Symbolik* wahrhaftiger *LEIT_*Idee echter *Leit_Kultur*,

die *_fern_* ist von jener leitenden Idee der „Leidkultur",

also *_fern_*

der von Ideologen ausgebrüteten Vorstellung, deren Kartenhaus die Lüge als Basis und die Verhetzung als Stütze hat.

* * *

Vorbemerkung zu den folgenden Zwischenrufen 6 und 7

In den beiden folgenden Zwischenrufen wird _*exemplarisch*_ eine vollkommen *un*_demokratische, in erster Linie von der deutschen Politik bestimmte, für die ganze Europäische Union geltende neoliberale Struktur_*Vorgabe* verdeutlicht.[38] Übrigens wird an diesem exemplarischen Beispiel gezeigt, was von den Aussagen der sich als „links" oder als „fortschrittlich" verstehenden bürgerlichen Politiker (__*egal in welchem Nationalstaat jetzt*__) zu halten ist, die von großen Teilen der Bevölkerung gewählt worden waren, da die Menschen hofften, sie würden sie vor den gesellschaftlich zerstörerischen Auswirkungen der neoliberalen Doktrin schützen.

Nun, was man diesen Menschen vorwerfen kann, ist ihre Leichtgläubigkeit. Denn es waren gerade solche Politiker, die dem Neoliberalismus erstmals _*voll*_ zum Durchbruch verholfen hatten. So insbesondere in Deutschland geschehen, als dort von den politischen Vertretern bürgerlicher Parteien, die von sich zumindest behaupten, links bzw. fortschriftlich zu sein, die sogenannte *Agenda 2010* eingeführt worden ist, die, selbst eine aktualisierte Blaupause der, beginnend in den

---

[38] Was unter „neoliberaler Struktur_*Vorgabe*" zu verstehen ist, finden Sie erläutert in: Die *tri*_logische Sezierung [...], Band I, Teilband 1, Teil 1: „Die Benennung — Hintergrundausleuchtung zweier ideologischer Begriffe, zu denen zwar jeder etwas meint ...".

zwanziger Jahren, *vor*_formulierten neoliberalen Doktrin, seit den 2010er Jahren als Modell für die ganze EU gilt. Denn es zeigt sich jetzt, nachdem nun in allen Staaten Europas diese Doktrin

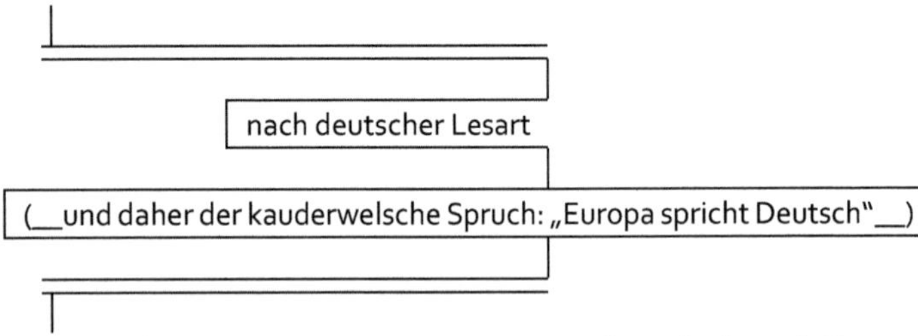

dominierende Regierungspraxis zu werden droht, daß zur Aufrechterhaltung und zur politischen Führung marktkonform zugerichteter Gesellschaften früher oder später eine „diktatorisch-politische Methode" notwendig wird, die ich als Neowilhelmoliberalismus bezeichne.[39]

[39] Vgl. in: a.a.O., Band III, Teilband 2, Teil 4: „Der Neowilhelmoliberalismus".

Sechster Zwischenruf

Ist es eine Frage, ob Herr Tsipras sich zum Knecht der Macht macht?

Mag sein, daß Herr Tsipras, und offenbar andere mit ihm, das _*nicht*_ glaubt.[40] Daß er aber nicht einfach nur politisch unerfahren und naiv zugleich sein kann, zeigt sich jedenfalls daran, daß er

(__als „linker Politiker" — nach Selbsteinschätzung__)

eine Entscheidung des griechischen Volkes ignorierte, das sich am 5. Juli 2015 mit großer Mehrheit gegen weitere „Reformen" ausgesprochen hatte.

---

[40] Vgl. hierzu den auf der InternetSite *Nachdenkseiten.de* erschienenen Artikel von Jens Berger: „Ich bin ein Tsipras-Versteher!". Der zugehörige Internet-Pfad ist am 19. Februar '18 erneut geprüft worden:

http://www.nachdenkseiten.de/wp-print.php?p=26879.

Zur erleichterten Beantwortung der eingangs gestellten Frage, vgl. hingegen das Interview, das Jens Wernicke mit Prinz Chaos II. geführt hat und das seit dem 24. Juli '15 auf *Telepolis* zu lesen ist: „Das dritte Memorandum ist eine Garantie für eine rasch zunehmende Verelendung", und dessen folgender Internet-Pfad ebenfalls am 19. Februar '18 erneut geprüft worden ist:

http://www.heise.de/tp/druck/mb/artikel/45/45523/1.html.

Diese forcierte Fortsetzung _sogenannter_ Reformen wurde nicht nur mehrheitlich von der Bevölkerung, sondern sogar von um die 80% der jungen Griechen _nicht_ gewollt, folgt man den glaubwürdigen Aussagen Costas Lapavitsas'.[41]

Was übrigens von den sogenannten deutschen Demokraten und insbesondere den sogenannten linken Politikern sowie der Masse der Intellektuellen Deutschlands zu halten ist, wurde nach dem 23. Juni 2016 einmal mehr exemplarisch deutlich, als auf das Votum der britischen Bevölkerung hin, aus der Europäischen Union austreten zu wollen, eine Kampagne sondergleichen gestartet worden war, in der die deutsche europäische Kommando-Truppe und ihre, die öffentliche Meinung beeinflussenden Helfer, nicht einmal davor zurückschreckten, den jungen Briten, die vermeintlich mehrheitlich für einen Verbleib Großbritanniens in der EU gestimmt hatten, eine „deutsche Staatsbürgerschaft" anzubieten.[42]

Diese Kampagne setzte schon kurz nach diesem

[41] Vgl. das YouTube-Video, dessen nachfolgend angegebener Internet-Pfad am 19. Februar '18 nicht nur erneut geprüft worden, sondern auch derartig eingestellt ist, daß Sie direkt zu der diesbezüglichen Aussage gelangen:

https://www.youtube.com/watch?v=8vTTUcaYEWs&feature=youtu.be&t=937.

[42] Vgl. hierzu die Meldung: „Nach Brexit-Votum: Gabriel fordert deutschen Paß für junge Briten", deren nachfolgender Internet-Pfad ebenfalls am 19. Februar '18 erneut geprüft worden ist:
https://www.focus.de/politik/ausland/unruhe-nach-brexit-votum-gabriel-wir-muessen-auf-junge-briten-zugehen_id_5690830.html

Votum ein, was mich am 25. Juni 2016 veranlaßte, u.a. folgendes zu schreiben:

Die britische Bevölkerung hat sich am 23. Juni 2016 für den Austritt aus der Europäischen Union entschieden.

(__Nach Aussage der neoliberalen Verantwortlichen der EU, müsse Europa nun „zusammenstehen". — Demnach gehören lediglich dann Länder und ihre Bevölkerungen zu Europa, verhalten diese sich im Sinne der neoliberalen Ideologie_*Vorgabe.*__)

Was hätte aber ein „remain" bedeutet?

Ein neoliberales Weiterso.

Was bedeutet möglicherweise ein „leave"?

Ein neoliberales Weiterso auf nationaler Ebene — angereichert mit einer „nationalistischen Nationalstaats-Komponente".

Beide Richtungen ändern an der praktischen Umsetzung der falschen Ideologie des Neoliberalismus' nichts, bzw. eine „Leave-Bewegung" konnte überhaupt erst _*wegen*_ der neoliberalen Doktrin entstehen:

Es ist der Versuch, das neoliberale Projekt auf nationalstaatlicher Ebene fortzusetzen — scheitert es auf der Ebene der EU.

(__*Das heißt eine AfD, o.ä., dient genauso diesem Zweck.*__)

Also unterscheiden sich „Remainisten" und „Leaveisten" im neoliberal-doktrinären Sinne nicht.

Wer allerdings glaubte

man könne hingegen _*mal eben*_ mit sogenannten linken Parteien bzw. mit solchen, die von sich in Anspruch nehmen, „fortschrittlich" zu sein,

und deren Führungspersonal, das im entscheidenden Moment doch bei Fuß steht, geht es um die Rettung dieser Ideologie,

ein in der Tat demokratisches Europa schaffen, wäre ein politischer Illusionist und machte den Menschen Hoffnungen, wählten sie in kommenden Wahlkrämpfen solche linken Tamtam-Parteien und deren Vertreter oder Vertreterinnen.

(__Denn auf welcher Basis sollte das dann „geschaffen" werden? Nun, letztlich _*doch*_ auf der Basis der neoliberalen Vorgabe, von der deren Denken und politisches Tun geprägt bleiben — lediglich angereichert mit einer „*verbal*_sozialen Nationalstaats-Komponente".__)

Es ist nämlich gewiß,

wie die politische Erfahrung lehrt,

daß diese, früher oder später Richtung neoliberaler Ideologie_*Vorgabe* abschwenken würden — in einer mehr oder weniger großen „politischen Linkskurve". Und hätten (__*und haben*__) dann keine Probleme damit, aufkommenden, tatsächliche Demokratisierung Europas fordernden Protest niederzuschlagen — wie dies aktuell von einer politischen Mogelpackung in Griechenland praktiziert wird, und in Frankreich von sogenannten Sozialisten nicht anders.

(__Ende des eigenen Zitats.__)

Diese zitierte (__*zuerst auf NetzKolumnist.com veröffentlichte*__) Aussage bezieht sich einmal auf die von der Regierung Tsipras in Griechenland praktizierte Politik, insbesondere nach dem Referendum Mitte 2015, die sich nun offen gegen die Masse der griechischen Bevölkerung richtet, sowie auf die große, in der ersten Jahreshälfte des Jahres 2016, lange Monate andauernde Streikwelle in Frankreich, die sich unter den Bedingungen des seit dem 13. November 2015 auf unbefristete Zeit geltenden Ausnahmezustands ereignete

(__*offiziell wegen andauernder Terrorgefahr*[43]__)

und die sich insbesondere gegen das neue Arbeitsrecht richtete, das allen Lohnabhängigen, egal auf welcher Ebene beschäftigt, _*die*_ Rechte nehmen wird, die in den letzten zweihundert Jahren erkämpft worden sind.

(__Es war vor allem der jetzige französische Präsident, der sich wesentlich für das als Reform bezeichnete, praktisch alle Wirtschaftsbereiche negativ betreffende, nach der damaligen Arbeitsministerin Myriam El Khomri benannte neue Arbeitsrecht eingesetzt hatte.[44]__)

---

[43] Und selbst bei Revidierung des Ihnen vorliegenden Buches im Februar 2018 noch geltend.

[44] Zu jener Zeit, also zur Zeit der Präsidentschaft von François Hollande, war Emmanuelle Macron Wirtschaftsminister im Kabinett Valls II. Siehe zu Macron auch in: Die *tri*_logische Sezierung [...], Band III, Tb 2, Anhang V: „Herr Macron hat die französischen Präsidentschaftswahl 2017 gewonnen — aber auf welcher Basis?"

Die Loi El Khomri, die nach dem „deutschen Modell" der *Agenda 2010* gestrickt ist, wurde 2016 in der parlamentarischen Sommerpause in vorerst abgeschwächter Form von der Regierung verabschiedet, also _*ohne*_ vorherige Abstimmung in der Nationalversammlung — letztlich überhaupt nur wegen des Ausnahmezustands möglich geworden.

Übrigens ist dieses sich gegen die lohnabhängige Bevölkerung als Ganzes richtende, Frankreich für irgendwelche Geschäftsleute attraktiv machen sollende Arbeitsgesetz, von den Vertretern der Gewerkschaftsseite mit ausgehandelt worden, wodurch einmal mehr deutlich wird, wo diese Figuren tatsächlich stehen: nämlich auf der falschen Seite.[45]

Umfragen belegen, daß die Masse der französischen Bevölkerung dieses Gesetz ablehnt.

Am 16. September 2016

kam es landesweit erneut zu insgesamt knapp 170 Demonstrationen, an denen sich Franzosen aus allen sozialen Schichten beteiligten, und in denen nicht nur die ungebrochen bestehende Ablehnung dieses Arbeitsgesetzes zum Ausdruck kommt, sondern überhaupt die Ablehnung der praktizierten neoliberalen Politik deutlich wird, wie von Teilnehmern an der Haupt-Demonstration in Paris einhellig zu vernehmen war.

Das heißt genauso wie hier in Deutschland, ist die Politik in Frankreich, egal von

[45] Vgl. diesbezüglich in: Die *tri*_logische Sezierung [...], Band III, Teilband 1, Teil 2: „Von neoliberalen Ideologen, marktkonformen Arbeitnehmervertretern und einigen exemplarischen Konsequenzen", dort insbesondere die Lesung 8: „Vom heiligen Zeremoniell der Tarifautonomie und anliegenden Chosen".

welcher der existierenden Parteien aktuell praktiziert, _*gegen*_ die Interessen der Masse der Bevölkerung gerichtet.

Übrigens ist in Artikel 2 der Constitution de la République française u.a. folgendes zu lesen:

« Gouvernement du peuple, par le peuple et pour le peuple » (__„Regierung des Volkes, durch das Volk und für das Volk"__).

Erst in Artikel 20, 2 des Grundgesetzes liest man Vergleichbares: „Alle Staatsgewalt geht vom Volke aus. Sie wird vom Volke in Wahlen und Abstimmungen und durch besondere Organe der Gesetzgebung, der vollziehenden Gewalt und der Rechtsprechung ausgeübt."

Die Staatsgewalt _*mag*_ also vom Volke ausgehen ...

Wobei daran insbesondere deshalb Zweifel anzumelden sind, da die zur Wahl aufgestellten „Vertreter" des Volkes erst nach einem langen Ausleseprozeß tatsächlich dazu aufgestellt werden — letztlich bestimmt von der entsprechenden Parteiführung, wenn auch über eine, nach einem demokratischen Prozeß aussehende „Absegnung" durch einen Parteitag. Dies tatsächlich ein Prozeß, der in sich völlig intransparent ist.

Sind dann aber auf diese Weise die ausgeguckten Abgeordneten gewählt,

sehen die sich von Lobbyisten umstellt, die ihnen ihre Blaupausen auch ungefragt zustecken.

Die marktkonform zugerichteten neoliberalen Gesellschaften zeichnet also jenes aus, welches ich als

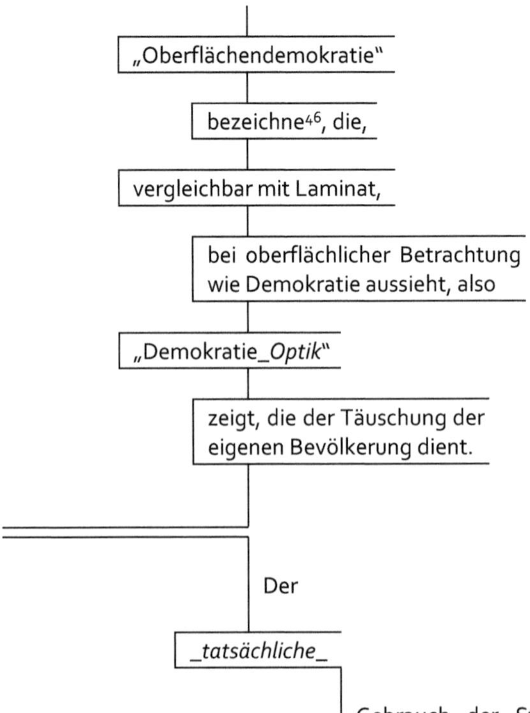

„Oberflächendemokratie"

bezeichne[46], die,

vergleichbar mit Laminat,

bei oberflächlicher Betrachtung wie Demokratie aussieht, also

„Demokratie_*Optik*"

zeigt, die der Täuschung der eigenen Bevölkerung dient.

Der

*_tatsächliche_*

Gebrauch der Staatsgewalt erfolgt aber nicht durch das Volk, also nicht über seine Vertreter, sondern in den entscheidenden Fragen über Lobbyisten der großen Einzelinteressen, und dient i.d.R. der Verfolgung machtpolitischer Ziele — folglich *_mag_* die Staatsgewalt, u.U., im Sinne des Vol-

[46] Zur „Oberflächendemokratie" siehe in: a.a.O., Band I, Teilband 2, die Seiten 131-34, beginnend mit: „Die Frage ist nun ...".

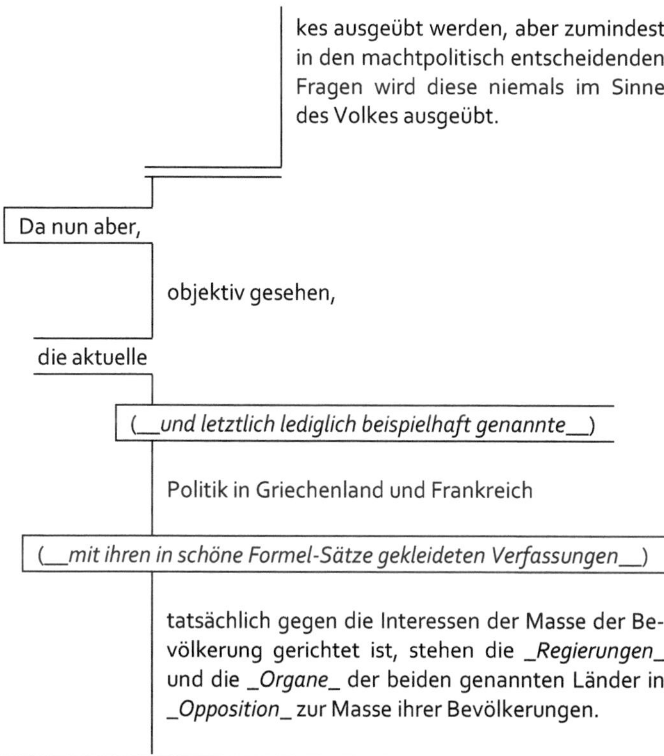

Daß diese Ungeheuerlichkeit bezogen auf diese beiden Länder benannt worden ist, hängt selbstverständlich damit zusammen, daß die dort praktizierte, antidemokratische Politik augenfällig geworden ist — denn diese Ungeheuerlichkeit wird dadurch potenziert, daß dies praktisch für _*alle*_ nationalstaatlichen Regierungen auf der Welt gilt.[47]

[47] Zwei auf Deutschland bezogene Beispiele sind Gegenstand in: a.a.O., Band III, Teilband 2, Schlußwort — Schlußsatz I: „Kein Klärungsbedarf mehr" und Schlußsatz II: „Der Gipfel".

Diese _*grundsätzliche Opposition*_ zeigt sich übrigens erst dann offen, stehen die _*harten*_ Interessen der jeweiligen Machtelite eines Nationalstaates in Frage.

Erschwerend kommt heutzutage hinzu, daß die nationalen Haupt-Staaten der Welt

*kollektiv instabil* werden.

Auf diese Weise entsteht eine gemeinsame Interessenlage der Machteliten.

Hingegen wird für die Masse der Menschen

auf der Welt nicht deutlich, daß es folglich auch für sie eine gemeinsame, von jener der Machteliten völlig verschiedene Interessenlage gibt, da deren Erkennen von den Satelliten der Machteliten in Wissenschaft, Politik und Medien der einzelnen Nationalstaaten bewußt verhindert wird.[48]

Und damit haben wir eine Situation, in der sich jene für den ersten Teil des großen Krieges des 20. Jahrhunderts ursächlich gewordenen Elemente mit den durch diesen Krieg keiner Lösung zugeführten, bis zum Ende des Kalten Krieges sozusagen eingefroren gebliebenen gesellschaftpolitischen Problemstellungen mischen.

[48] Vgl. in: a.a.O., Teilband 1, Teil 1: „Von *Pen*_Pushern und *Spin*_Doktoren, dort insbesondere die Lesung 2: „Das Gerede vom Postfaktischen dient der Verschleierung des Lobbykratischen" und die Lesung 3: „Über den Mißbrauch der Freiheit der Meinung".

Wieso diese Opposition zwischen Regierung, Staatsorganen und der Masse der Bevölkerung tendenziell zunimmt, welche Konsequenzen das hat und welche Beziehung zwischen der politischen Situation heute und jener vor dem ersten Teil des Großen Krieges besteht, ist das insbesondere im Band III der *Tri_*logischen Sezierung [...] behandelte Thema.

Folglich werden diese politischen Mogelpackungen in Griechenland (__SYRIZA__) und in Frankreich (__bspw. *Parti Socialiste* oder *République en Marche__*) in Europa durch vergleichbare politische Mogelpackungen ergänzt, wie bspw. *Podemos* in Spanien — ganz zu schweigen von jenen „Schwesterparteien" in Deutschland.[49]

Nun, überraschen kann das nicht,

da die bürgerlichen Linksparteien oder solche, sich als fortschrittlich verstehende Parteien

(__*die sich wohl, je nach dem, rhetorisch „progressiv" oder „solidarisch" geben mögen, es letztlich aber nicht sind, wie sich regelmäßig zeigt, befinden diese sich in sogenannter Regierungsverantwortung__*),

genau _*die*_ Funktion haben, eine Entwicklung im tatsächlichen Sinne von:

[49] Das wird insbesondere ausleuchtend erläutert in: a.a.O., Band I, Teilband 3, Kapitel 19: „Zeit der Illusionisten" sowie in: a.a.O., Teilband 4, dort auf den Seiten 156-160: „Kleiner politischer Aufguß aus dem neoliberalen Jetzt", und in: a.a.O., Band III, Teilband 1, Seiten 298-307: „Exkursive Erläuterungen zu einem 'Appell' und zu einer 'Aufforderung'".

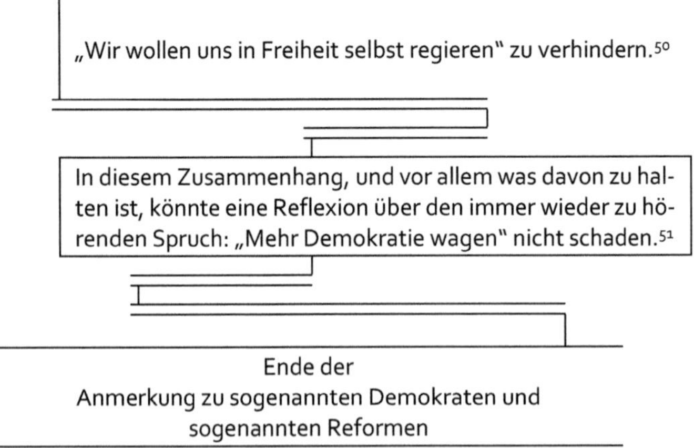

„Wir wollen uns in Freiheit selbst regieren" zu verhindern.[50]

In diesem Zusammenhang, und vor allem was davon zu halten ist, könnte eine Reflexion über den immer wieder zu hörenden Spruch: „Mehr Demokratie wagen" nicht schaden.[51]

Ende der
Anmerkung zu sogenannten Demokraten und
sogenannten Reformen

Also muß nun Herr Tsipras, obwohl sich die Griechen eindeutig dagegen ausgesprochen hatten, die noch weitergehenden, zu sogenannten Reformen verpackten (__und tatsächlich wesentlich von der deutschen Seite _*pochend*_ verlangten__) Forderungen des „3. Memorandums" der EU-Troika, nicht nur verteidigen, sondern sogar selbst umsetzen:

Damit es nicht noch schlimmer käme —

wie diese Figur behauptete.

Nun, diese Behauptung ist allein aus dem Grunde nicht stich-

[50] Vgl. a.a.O., Band I, Teilband 4, die Seiten 71-78: „Exkursion", dort insbesondere ab der Seite 75: „Wir wollen uns in Freiheit selbst regieren!".

[51] Zu diesem Zweck siehe die Zwischenrufe 1 und 19, aber ebenso in: a.a.O., Band I, Teilband 2, Kapitel 6: „Mehr Demokratie wagen in der Lobbykratie?".

haltig, da diese politische Mogelpackung, wäre sie noch in der Opposition, sich mit dem größtmöglichen Phrasendreschen gegen eine solche, von einer Partei des rechten Flügels der INeLiP[52] praktizierten Politik wendete, jetzt aber keine relevante politische Kraft noch etwas gegen diese Politik ausrichten könnte —

nicht einmal mehr phrasendreschenderweise.

Das hin und wieder von Gewerkschaften „praktizierte" Tamtam, kann getrost als Theaterdonner gewertet werden.

Nun, gewiß ist jedenfalls folgendes:

Diese Politik_*Praxis* führt zu dem Schlimmsten, was einer Bevölkerung passieren kann:

Sie wird politisch wie psychosozial lethargisch — und das ist tödlich für jedes Unternehmen einer _*wirklichen*_ Demokratie_Entwicklung!

Wer ein solches Verhalten verteidigen will, soll's tun. Allerdings muß er dann schon wissen, daß er sich damit vom

„Acker der Aufklärung"

macht und zukünftig offenbar den sowieso schon überdüngten

[52] Zur INeLiP siehe a.a.O., Band I, bspw. in Teilband 1 die Seiten 95 unten und 96 oben.

„Acker des Obskurantismus'"

bestellen will. — Denn wer argumentieren wollte, daß man „vernünftig" überlegen müsse, wie ein potentielles Quentchen an Vernunft, das irgendwo in den „Institutionen" fristend

*_wesen_*

mag, geneigt zu machen sei, dieses „Reformpaket" zu mildern, nun, der verkennte, daß nicht bloß der ganze „Grundriß" der „Institutionen" nicht nach Kriterien der Vernunft angelegt ist,

und die „Institutionen" selbst ausschließlich danach konstruiert sind, wie sie den wirtschaftlichen Großinteressen am besten nützlich sein können,

*_sondern_*

daß die in diesen „Institutionen" funktionierenden Figuren auch fern von scheuklappenfreier Sicht sind, die es erst ermöglichte in eine Diskussion einzutreten, deren

*_ausschließliche_*

Zielsetzung die Suche und Ausformulierung eines „vernünftigen Weges"

wäre.

Daß das so ist, und nicht lediglich in meiner Einbildung existiert, belegen bspw. die Aussagen von Yanis Varoufakis auf der einen Seite und konträr anders ausgedrückt von bspw.

Herrn Schulz, der zu jener Zeit noch den Posten des EU-Parlamentspräsidenten bekleidete. Während nämlich Yanis Varoufakis

„Das vollständige Fehlen aller demokratischen Skrupel"[53]

bei den Entscheidungsträgern festgestellt hatte, konstatierte hingegen Herr Schulz

(__*im Rahmen der ideologischen Vorgaben jenes Gebildes, in dem er eine Rolle spielen darf, da dieser sich im Sinne deren ideologischen Normsetzung verhält*__),

daß er die „Faxen dicke" habe, „ideologische" Diskussionen zu führen.

Dies in der ersten Hälfte des Jahres 2015 zumindest sinngemäß so formuliert, also während der vor dem Referendum zwischen der Tsipras-Regierung und der Troika geführten Verhandlungen.

In den eu-europäischen neoliberalen Machtzirkeln zieht man übrigens den Begriff „Institutionen" vor, das ändert aber nichts an dem Verhandlungsstil dieser „Troika".

[53] Vgl. den nachfolgenden, am 20. Februar '18 erneut geprüften Internet-Pfad: http://www.heise.de/tp/druck/ob/artikel/45/45437/1.html.

(__Diese „Troika“ besteht aus EZB, EU-Kommission und IWF, wobei direkt oder indirekt Berlin letztlich die Richtung vorgibt, und sich auch in diesem Zusammenhang die USA mitunter einschalten mögen, wie am 13. Oktober 2016 via Wikileaks zu erfahren war.[54]__)

Das heißt das Aufstellen ultimativer Forderungen

erfolgt in rüdem Ton, anstatt sich erst einmal um eine ideologiefreie Analyse des wirtschaftlichen *Ist*_Zustandes

(__*und seiner tatsächlichen Ursachen*__)

eines Mitgliedslandes der EWU zu bemühen.

Wodurch übrigens bei den, von den schreibenden Mitarbeitern der Medienkonzerne *des*_informierten Bürgern der Eindruck entsteht, die sogenannten SYRIZA-Linksradikalen

(__*was sie, objektiv gesehen, nicht sind — ganz im Gegenteil*__)

der griechischen Regierung, eine „gute“ Lösung eines (__*behaupteterweise*__) von griechischer Seite verursachten Problems verhinderten, da diese „Radikalen" vermeintlich *„ideologische Grundsatzfragen*“ auf die Tagesordnung setzen wollten.

(__*Was sie, objektiv gesehen, nicht getan haben.*__)

[54] Vgl. folgenden, am 20. Februar ’18 erneut geprüften Internet-Pfad: http://www.keeptalkinggreece.com/2016/10/13/wikileaks-obama-asked-bill-clinton-to-pressure-tsipras-on-3-bailout-in-july-2015/.

Daß dieses, _*suggestiv*_ an die Bürger weitergereichte, also der griechischen Regierung Unterstellte, nicht geht, versteht selbstverständlich jeder, der auf eine Weise *des*_informiert worden ist, daß er offenbar glauben kann, er _*sei*_ informiert.

Nun, betrachtet man solches Geschehen objektiv, zeigt sich, daß mit diesen EU-Strukturen und ihren vom *„neowilhelministischen Denken“*[55] bestimmten Funktionsträgern eine vernünftige Entwicklung gar nicht möglich ist.

Denn es sind _*diese*_ Funktionsträger, die die sozialen wie die ökonomischen Fragen

_*s t e t s*_

auf eine Weise beantwortet sehen wollen, daß diese

_*s t e t s*_

ihren _*eigenen*_ ideologischen Vorgaben entsprechen.[56]

Sind es doch diese sozialen und ökonomischen Fragen, die _*tatsächlich*_ die Funktionsfähigkeit der Grundlagen der ganzen EU-Konstruktion betreffen, und diesen stehen die ideologischen Vorgaben der neoliberalen Doktrin entgegen.

Das heißt es sind _*diese*_ Funktionsträger, die reflexhaft indolent werden, wollte man die *Be*_Antwortung sozialer wie ökonomischer Fragen _*wenigstens*_ alternativ entwickeln.

---

[55] Vgl. in: Die *tri*_logische Sezierung [...], Band III, Teilband 2. Lesung 16: „Die Ursprünge des Wilhelminismus' und seine Konsequenzen“.

[56] Siehe zu diesem veritablen Problem weiter unten die Seiten 386-89: „Die Steilvorlagen des Establishments“.

Und konsequent alternativ entwickelt werden müssen sie, soll eine lichte Zukunft, also eine

*_allgemein_*

gestreute Prosperität möglich werden und keine Verknechtung ganzer Völker!

Wie es geschieht!

Allerdings zeigen die Ideologen des neoliberalen Projektes

(__und darum geht's schließlich bei der ganzen Chose!__)

keine Neigung, Fragen zu beantworten, entsprechen diese nicht den ideologischen Vorgaben —

*_ihres_* Projektes.

Denn werden Fragen

*_d i r e k t_*

vom Volk gestellt, z.B. durch ein Referendum, also entspricht das Ergebnis dann nicht dem neoliberalen Projekt, durch dessen Ergebnis sich aber

*_i n d i r e k t_*

eine nicht neoliberal zu stellende, wirtschaftspolitische Frage ausdrückte, und folglich auch eine anders zu gebende Antwort gefordert wäre:

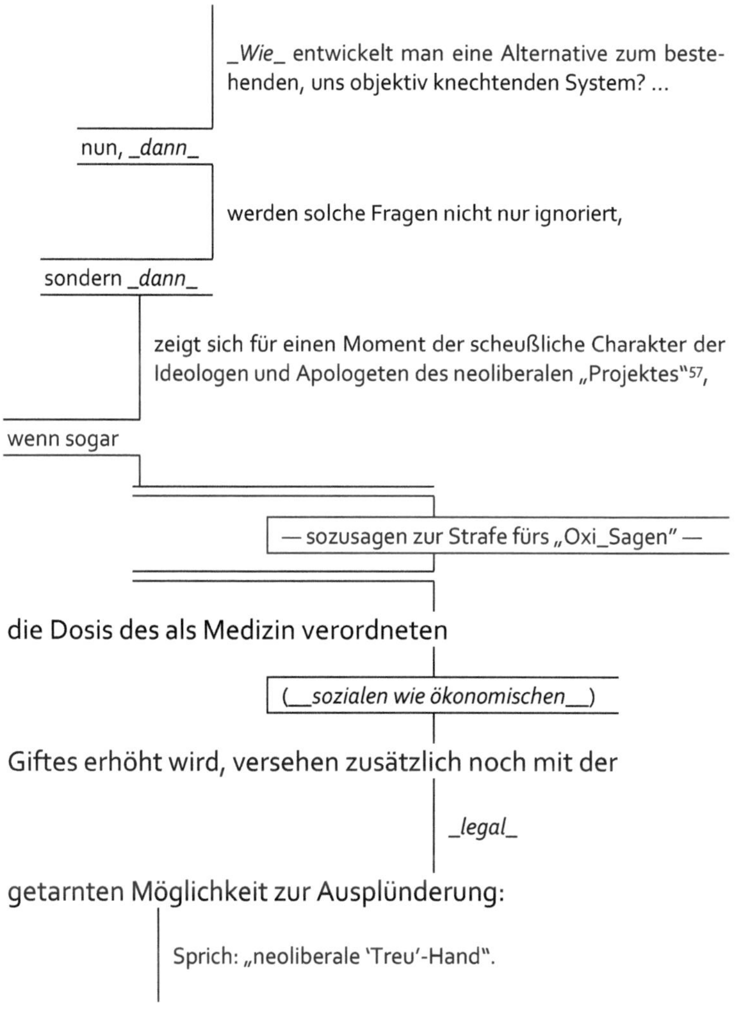

Wie entwickelt man eine Alternative zum bestehenden, uns objektiv knechtenden System? ...

nun, _*dann*_

werden solche Fragen nicht nur ignoriert,

sondern _*dann*_

zeigt sich für einen Moment der scheußliche Charakter der Ideologen und Apologeten des neoliberalen „Projektes“[57],

wenn sogar

— sozusagen zur Strafe fürs „Oxi_Sagen" —

die Dosis des als Medizin verordneten

(__*sozialen wie ökonomischen*__)

Giftes erhöht wird, versehen zusätzlich noch mit der

*legal*

getarnten Möglichkeit zur Ausplünderung:

Sprich: „neoliberale 'Treu'-Hand".

[57] Vgl. in: a.a.O., Band III, Teilband 1, Lesung 5: „Die nachträgliche Weitsichtigkeit neoliberaler *Spin*_Doktoren".

Dabei hat es doch klar zu sein,

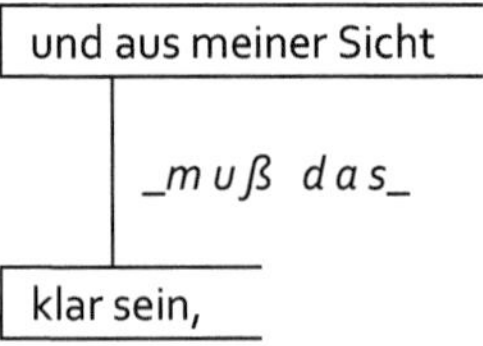

was eine linke Regierung zu tun hat

(__*will sie diesen Namen verdienen*__),

spricht sich eine deutliche Mehrheit der Bevölkerung gegen etwas aus, das ihr offenbar nicht guttut, wie die letzten fünf Jahre gezeigt haben.

Und was wäre das?

Nun, als erstes den

*vorhandenen*

Sachverstand dazu zu verwenden, _*im Sinne*_ der vom Volk gestellten Frage

(__*gestellt durch die Beantwortung der im Referendum gestellten Entscheidungsfrage*__),

für das politische Dilemma eine Lösung zu finden, da

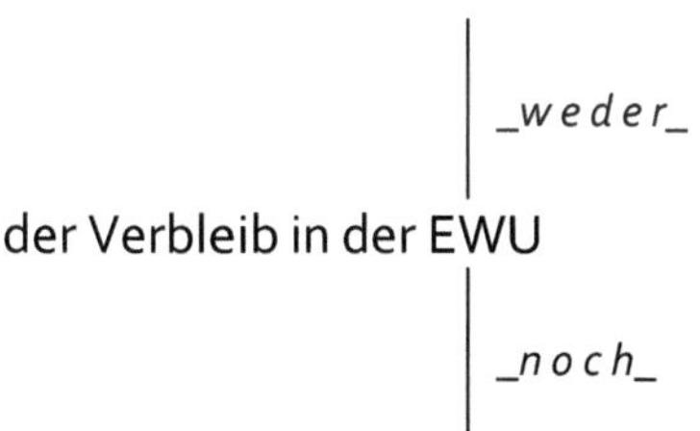

*weder*

der Verbleib in der EWU

*noch*

der Austritt aus der EWU eine sich von selbst ergebende Lösung bringen kann. Wobei die in einem Austritt liegende Lösung wenigstens bedeutete, einen

selbst—(_!_*mit*_!_)—bestimmten Weg

zu eröffnen. — Denn existiert dieses Dilemma,

*muß*

eine linke Regierung

*mutig*

*und*

*überlegt*

die Initiative ergreifen. Und diese Initiative kann lediglich darin bestehen, einen Lösungsweg

*außerhalb*

solcher

*eindeutig*

*anti*_demokratischen Strukturen mit ihren

- *e n t s p r e c h e n d e n* Institutionen
- *e n t s p r e c h e n d e n* Funktionsträgern

und

- *e n t s p r e c h e n d e n* Mietmäulern

zu suchen. — Da

*_andernfalls_*

gesellschaftliche Lethargie folgte.

Diese Lethargie aber wäre tödlich für jeden Versuch, überhaupt relativ selbstbestimmt aktiv werden zu können — und zwar individuell wie kollektiv, da diese Art von Lethargie eine *psycho_soziale* ist.

Relativ selbstbestimmt aktiv sein, sich persönlich einbringen zu können, sind aber absolute Bedingung für etwas, das das Attribut

_„d e m o k r a t i s c h"_

erst verdiente.

Zudem gibt es Situationen, die im Grunde keine konstruktive Lösung möglich lassen, wollte man keinen Weg innerhalb sich lethargisierend auswirkenden Strukturen wählen —

und dies ist typisch für ein tatsächliches Dilemma,

ist etwas erst zum *Gordischen Knoten* geworden.

Siebter Zwischenruf[58]

Herr Tsipras und die « Schutzbefohlenen »

Weitere Ausformulierung der ersten, im vorherigen Zwischenruf angestellten Überlegungen zu einem Artikel von Jens Berger.[59]

„Schutzbefohlene" …

das hört sich nach „politischer Verantwortung" an.

Das hört sich sogar danach an,

daß „politische Verantwortung" „besonnen" umzusetzen sei.

58 Fortsetzung der im sechsten Zwischenruf begonnenen Verdeutlichung einer vollkommen undemokratischen, in erster Linie von der deutschen Politik bestimmten, nun für die ganze Europäische Union geltenden neoliberalen Struktur_*Vorgabe*. (__Vgl. hierzu die Erläuterung auf den Seiten 83 f.__)

59 „Ich bin ein Tsipras-Versteher!". Diesen Artikel können Sie im Internet über nachfolgenden, am 20. Februar '18 erneut geprüften Internet-Pfad abrufen: http://w ww.nachdenkseiten.de/wp-print.php?p=26879.

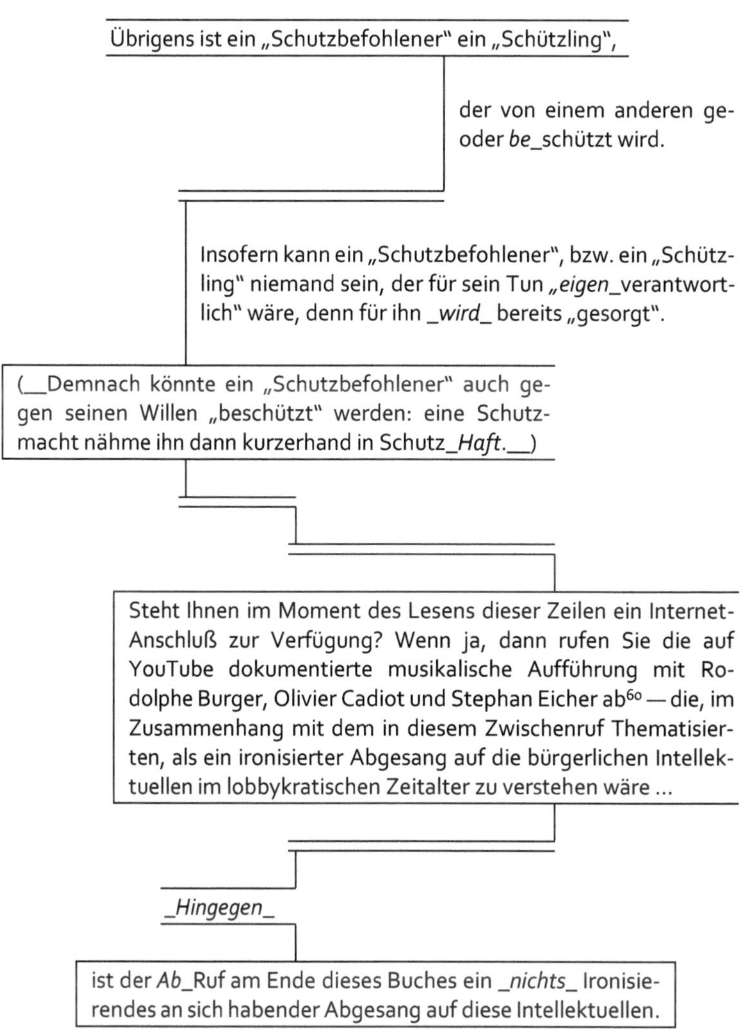

Übrigens ist ein „Schutzbefohlener" ein „Schützling",

der von einem anderen ge- oder *be*_schützt wird.

Insofern kann ein „Schutzbefohlener", bzw. ein „Schützling" niemand sein, der für sein Tun *„eigen*_verantwortlich" wäre, denn für ihn _*wird*_ bereits „gesorgt".

(__Demnach könnte ein „Schutzbefohlener" auch gegen seinen Willen „beschützt" werden: eine Schutzmacht nähme ihn dann kurzerhand in Schutz_*Haft*.__)

Steht Ihnen im Moment des Lesens dieser Zeilen ein Internet-Anschluß zur Verfügung? Wenn ja, dann rufen Sie die auf YouTube dokumentierte musikalische Aufführung mit Rodolphe Burger, Olivier Cadiot und Stephan Eicher ab[60] — die, im Zusammenhang mit dem in diesem Zwischenruf Thematisierten, als ein ironisierter Abgesang auf die bürgerlichen Intellektuellen im lobbykratischen Zeitalter zu verstehen wäre ...

*Hingegen*

ist der *Ab*_Ruf am Ende dieses Buches ein _*nichts*_ Ironisierendes an sich habender Abgesang auf diese Intellektuellen.

---

[60] https://www.youtube.com/watch?v=E2PRN14Toas&feature=youtu.be&t=3. (__Erneut am 20. Februar '18 geprüfter Pfad.__)

Wie aber die allein in den ersten Monaten des Jahres 2015 geführten „Verhandlungen“ der griechischen Regierung mit der

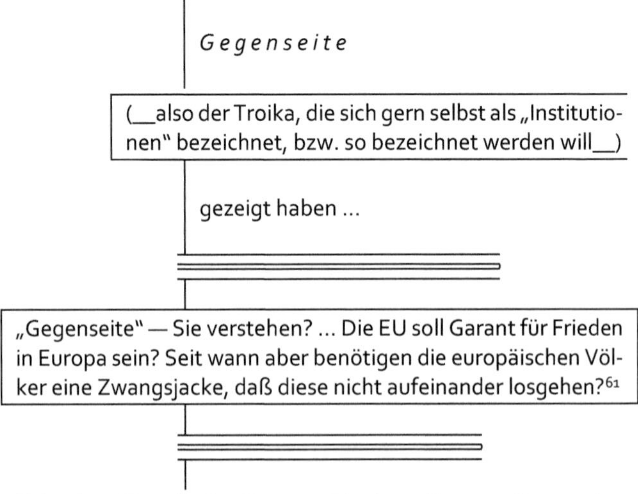

Wie nämlich das Ergebnis dieser „Verhandlungen“ gezeigt hat, saßen weder die europäischen „Schutzbefohlenen“ noch die griechischen „Schutzbefohlenen“ mit am Tisch, sondern, was die

Gegenseite

anbelangt, ausschließlich Ideologen _schlechtester_ Sorte, und von griechischer Seite *verbal*_radikale Vertreter einer Tamtam-Partei.

> Folglich hatte auf der Seite der „Schutzbefohlenen“ _*niemand*_ gesessen, und es ist auch nicht vorgesehen, daß auf deren Seite je jemand bei solchen Verhandlungen säße — *außer aus Versehen*.

---

[61] Siehe hierzu bspw. in: Die *tri*_logische Sezierung [...], Band III, Teilband 2, die Seiten 531-65: „Zur Faktenlage bezogen auf Europa“.

Wenn also (__*objektiv gesehen*__) nie auf der Tagesordnung gestanden hatte, einen Prosperität erst ermöglichenden Lösungsweg zu finden?

Denn andernfalls verlangte man bspw. vorrangig nicht das „Reformieren" von Strukturen, die gar nicht das griechische Problem verursacht hatten, was daran erkennbar ist, daß diese Strukturen bereits jahrzehntelang bestanden hatten, als durch die offensichtlich gewordene Finanzkrise deutlich wurde, daß das eigentliche Problem die fundamentale Fehlkonstruktion der EWU ist — gepaart mit dem Fehlverhalten „verantwortlicher" Politiker.[62]

Nun, _*sollte*_ das von der griechischen Seite nach langen Monaten _*tatsächlich*_ realisiert worden sein, daß also die andere Seite keinen Lösungsweg finden _*wollte*_

(__was ich aber nicht glaube, denn das wäre *un*_typisch für eine politische Mogelpackung__),

der diesen Namen auch verdient hätte — und deshalb ein demokratisches Mittel einsetzte, nämlich ein Referendum abzuhalten, in dem ein deutliches „Nein" der Griechen, und sogar ein überwältigendes „Nein" der jungen Griechen zum Ausdruck kam, und man dann mit diesem Mandat in neue Verhandlungen gegangen war, die nicht nur eine Steigerung der Forderungen der Gegenseite zum Ergebnis hatten, sondern

[62] Bezüglich der Fehlkonstruktion der EWU, vgl. bspw. in: a.a.O., Band I, Teilband 2, Kapitel 8, dort die Seiten 197 unten und 198 oben.

auf diese Weise sogar eine legal getarnte Möglichkeit zur Ausplünderung, sprich: eine „neoliberale ‚Treu'-Hand" kreiert worden war, nun,

_d a n n_

gibt es für eine verantwortungsbewußte politische Führung lediglich noch eine Möglichkeit, zu der zuerst gehört, über alle medial verfügbaren Kanäle zu den „Schutzbefohlenen" zu sprechen —ihnen auf diese Weise zu berichten, mit wem man verhandeln mußte, und verdeutlicht dann, daß sie, die „Schutzbefohlenen", keine Chance hätten

solange sie jedem Diktat Folge leisten müßten, das von einem solchen offenbaren Gesocks auferlegt würde.

Also wäre der Verbleib Griechenlands in der EWU für eine tatsächlich linke und verantwortungsvolle Regierung keine Option mehr

— seit dieser sich offensichtlich diktatorisch entwickelnden Politik zur Umsetzung der neoliberalen Doktrin.[63]

[63] Vgl. a.a.O., Band III, Teilband 2, Lesung 18: „Das Europa des neowilhelministischen Hegemonen und seine Zukunft" sowie Lesung 19: „Die Zerstörung des europäischen Einigungsprozesses durch Neoliberalismus und *Neo*_Wilhelminismus".

Deshalb müßte es jetzt nur noch darum gehen, einen Lösungsweg _*außerhalb*_ der falsch konstruierten EWU *tatsächlich* zu beschreiten — besser noch _*außerhalb*_ der neoliberal strukturierten EU.

> Sollte diese Aussage, einen Lösungsweg außerhalb der EU zu suchen, als eine *anti*_europäische bezeichnet werden, belegte das lediglich, daß der *anti*_demokratische Charakter der ganzen EU-Konstruktion entweder nicht gesehen oder nicht verstanden wird.[64]

Zur Frage, wer eigentlich sowohl aus der EWU als auch aus der EU hinauskomplimentiert werden müßte, siehe den nachfolgenden Zwischenruf.

Und gangbar wäre dieser ohne Zweifel, zumal nicht einmal mehr die Bahnung eines solchen Weges selbst notwendig wäre, da dieser bereits auf der _*vorhandenen*_ Roadmap vorgezeichnet eingetragen ist — immerhin gibt es dazu sogar mehrere Pläne von der griechischen Seite.

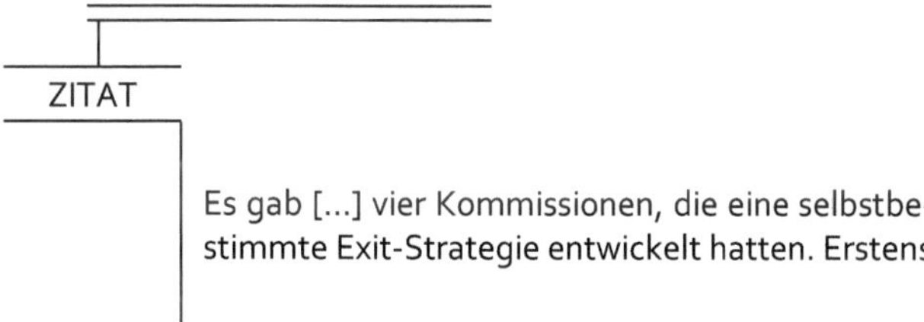

> Es gab [...] vier Kommissionen, die eine selbstbestimmte Exit-Strategie entwickelt hatten. Erstens

[64] Vgl. weiter unten die Seiten 171-77, beginnend mit: „Ein weiteres, sozusagen lobbykratie-typisches Problem ...", und die Seite 241, beginnend mit: „Wer allerdings glaubt, daß sich dies alles erledigt habe ...".

die besagte Wahrheitskommission des griechischen Parlaments, international hochkarätig besetzt. Dazu gab es ein geheimes Fünfer-Komitee im Finanzministerium von Varoufakis. Drittens hat der linke Syriza-Flügel um den Wirtschaftsprofessor Costas Lapavitsas [...] einen Fünf-Punkte-Plan entwickelt, wie man einen [__*selbstbestimmten*__] Grexit durchführen könnte. Und schließlich gibt es noch die Delphi-Initiative, wo alternative Geldtheoretiker wie David Graeber, Michael Hudson und der Weltbankdissident Peter König zusammenkamen.

Die Akteure dieser vier Gruppen, die allesamt an einem Exit-Plan gearbeitet haben, kennen sich zum Teil untereinander, haben Kontakt. Hätte man diese Vorarbeiten und Planungsstäbe zusammengeführt, hätte man sehr schnell einen detaillierten und hochwertigen Plan B entwickeln können und auch exzellentes Personal für dessen Durchführung gehabt. Dummerweise hatten alle vier Kommissionen eine wesentliche Gemeinsamkeit ... [...] Alexis Tsipras hat sich nie für ihre Arbeit interessiert. [...]

ZITATENDE[65]

Ausarbeitungen also, die wohl erst noch zu einem Plan zusammenzufassen wären, aber es dann lediglich des politischen Willens und der Bereitschaft der „Schutzbefohlenen"

[65] Mit freundlicher Genehmigung der *Telepolis*-Redaktion, zitiert aus dem oben schon erwähnten Interview mit dem Künstler und Historiker Prinz Chaos II.; vgl. die Angaben in der Fußnote auf der Seite 85.

bedürfte, _aktiv_ diesen Weg aus der Misere mitzugehen: Das Ergebnis des Referendums zeigt dazu die eindeutige Bereitschaft — insbesondere unter der Masse der jungen Griechen.

Bedingung für jede linke Politik in Aktion ist übrigens folgendes:

K o m p e t e n z,

die sich mit

S o l i d a r i t ä t

paart.

Nun, der entscheidende Vorteil bei der Umsetzung einer solchen Perspektive, im diametralen Gegensatz zu jener, die für die „Schutzbefohlenen" keine ist, sollte eigentlich auf der Hand liegen:

_D i e s e_ Perspektive reißt die „Schutzbefohlenen" nämlich aus der politischen wie psychosozialen Lethargie und macht aus ihnen wirklich reife Menschen, politisch bewußte Menschen, d.h. Menschen mit tatsächlich demokratischem Charakter!

Das heißt die Verantwortung einer linken Regierung, will sie diesen Namen verdienen, besteht darin,

diesen Weg

mutig und _überlegt_ zu beschreiten — und hierzu hat sie sich des vorhandenen (__!__) Sachverstandes zu bedienen und die so mögliche wie notwendige Beteiligung der Bevölkerung hierbei

> *_aktiv_*

zu unterstützen, bzw. zu fördern. — Ich bin davon überzeugt, daß erst auf diese Weise etwas entwickelbar wird, das in der Tat ein Modell für

> _dann *u n s e r_*

Europa sein kann. Also ist die eingangs des sechsten Zwischenrufs gestellte Frage:

> „Ist es eine Frage, ob Herr Tsipras sich zum Knecht der Macht macht?",

zu bejahen —

> immerhin ist der scheußliche Charakter des „neoliberalen Projektes" offenbar geworden.

Wer noch mehr wissen wollte, damit er zur Erkenntnis kommen könnte, daß, bei scheuklappenfreier Betrachtung, dieses „Projekt" für die Masse der Menschen offensichtlich schädlich ist, nun, der suchte aus meiner Sicht nicht bloß untauglichen „Schutz" dadurch zu gewinnen, daß er sich auf die Seite des *un*_besonnenen „Befehlenden" stellte

> (__dem nicht nur *neo*_wilhelministisches Denken eigen ist, sondern der das auch europaweit umgesetzt sehen *w i l l*__),

sondern daß er damit sogar dem so seltsamen wie irrigen Glauben anhinge, eigener „Schutz" sei dadurch am besten gewährleistet, das eigene vorhandene Potential nicht alternativ zu verwenden — nämlich der Bevölkerung nicht das Tor zum

*_jenseits_*

des sie lethargisierenden Verwaltetwerdens liegenden Raum zu öffnen.

Herr Tsipras also als besonnener Landesvater,
dessen Denken um *_seine_* „Schutzbefohlenen" kreist?

Nun, wer das glaubte, muß wohl überrascht gewesen sein, welche Politik die von diesem Herrn geführte Regierung umsetzte —

*_direkt_*

nach dem selbst initiierten Referendum. Eine Politik, deren Folgen alles bis dahin von den *Vor_*Regierungen an sozialen Kürzungen schon Umgesetzte noch in den Schatten stellten.

(__Es sei betont: Dieses je zurückgehend auf das Verlangen der Troika und auf die von Frau Merkel und Herrn Schäuble zu verantwortende deutsche Politik.[66]__)

Eine Politik, die dem Verhalten eines Quacksalbers absolut vergleichbar ist, verlangte der *_pochend_* von einem schwer Erkrankten die Einnahme ihn töten werdenden Giftes.

---

[66] Siehe diesbezüglich auch in: a.a.O., Band III, Teilband 1, Lesung 6: „Von Demokratie-Rettern und anderen Lobbykratie-Blüten", dort die Seiten 154-56, beginnend mit „Wer aber wollte über die EU an einen solchen Möchtegern-Hegemon gekettet bleiben — über den Tag hinaus, an dem diese Verkettung zu lösen wäre?".

Und wie überrascht muß derjenige dann gewesen sein,

als diese Tsipras-Regierung im Jahres 2016 gegen streikende Lohnabhängige in den großen Städten Griechenlands absolute Härte zeigte,

und mit welcher Brutalität sie ihre,

sich aus den der faschistischen „Morgenröte" nahestehenden

Polizisten und Militärs rekrutierenden „Sicherheitskräfte" gegen Menschen auf der Flucht vorgehen ließ.

Beispielsweise unweit des kleinen Grenzortes Idomeni, wo sich viele Menschen befunden hatten, die in ihrer Hoffnungslosigkeit dennoch hofften, daß sich die mazedonische Grenze wieder öffnete — bevor diese Menschen in Internierungslager abtransportiert wurden,

vollzogen von genau jener Polizei und jenem Militär, sie von dort

*_kontrolliert_*

in die *Un_*Sicherheit bedeutende Türkei zu

*de_*portieren

und diese Menschen von *_dort_* — so die türkische Regierung keine Verwendung für sie sähe, also von *_deren_* Militär dann, weiter

*de_*portiert

wurden — in die offenen Kriegsgebiete jenseits der türkischen Grenze, wo sie, wollten sie dann

von _*dort*_

zurück über die türkische Grenze fliehen,

_*o h n e w e i t e r e s*_

erschossen worden sind (__*und wohl noch werden*__)

_*o d e r*_

von den kriegführenden Gruppen auf der syrischen Seite erschossen wurden (__*und wohl noch werden*__). — Und ein solches Verhalten einer sogenannten linken Regierung von sogenannten linken Intellektuellen sogar noch verteidigt worden ist (__*und wird*__), die, bspw., der deutschen Schwesterpartei Syrizas'

(__*also der sogenannten* „Die Linke"__)

entweder angehören oder dieser nahestehen und sich ansonsten durch Phrasendrescherei „auszeichnen".

Nun, genauso überrascht wird derjenige dann wohl sein, wird demnächst in Griechenland von seiten _*j e n e r*_ „Organe" blankgezogen, die dem Koalitionspartner dieses Herrn nahestehen — spätestens dann jedenfalls, wenn „Unbesonnene"

(__aus Sicht derer, die das Verhalten dieses Herrn als verantwortungsbewußt bezeichnen wollen__) zum aktiven, landesweiten Protest aufrufen.

Und so ist es eine Illusion, glaubt jemand, daß nun diese Masse, zumindest in Griechenland sich „trauen“ könne, für ihre Rechte auf die Straße zu gehen, um auf diese Weise Herrn Tsipras noch *„Rückenwind für seine rhetorischen Floskeln“* zu geben, und _*auf diese Weise*_ verhindern könnte, daß dieser Herr weiter nach rechts rücke.

ZITAT

> Na, da bin ich aber gespannt, wollten die tatsächlich unter dem „Schutz“ dieser *verbal*_radikalen bürgerlichen Partei versuchen, _*ihre*_ „politischen Erfahrungen“ zu sammeln. Denn nicht lediglich in diesem Zusammenhang wird dann die mit zur Regierung gehörende rechtsextreme Partei der *Unabhängigen* Griechen ins „Spiel“ kommen, als Vertreterin der reaktionären Kräfte Griechenlands — ob unter den Reedern, im Staatsapparat, im Militär oder in der orthodoxen Kirche. Eine Partei also, die ausgewiesen chauvinistisch ist und deren Repräsentanten sich
>
> _*n o c h n i e*_
>
> für die Interessen der lohnabhängigen Griechen interessiert haben.
>
> Man darf demnach zwar gespannt sein, was geschieht, wird die Masse der Griechen von der Politik dieser Regierung enttäuscht sein — allerdings überrascht sein sollte man _*dann*_ nicht.

ZITATENDE[67]

[67] Vgl. a.a.O., Band I, Teilband 3, Kapitel 19: *Zeit der Illusionisten*, die zitierte Stelle findet sich dort auf den Seiten 506 f.

Und es soll darum gehen, daß die
alten „Eliten" Griechenlands
nicht wieder an die Fleischtöpfe der Macht kämen?

Das gewährleistete ein Herr Tsipras?

Nun, das setzte aber voraus, daß die da gar nicht mehr säßen. Und selbst wenn die momentan dort nicht sitzen sollten? Wer hat Herrn Tsipras denn eine Mehrheit verschafft, der ultimativen Verknechtung der Masse der Menschen die Tore zu öffnen?

Nun, wer sich etwas in die eigene Tasche lügen will, soll das tun, allerdings ist es verwerflich, will jemand die, eine vollkommen andere Sprache sprechenden Fakten entweder nicht wahrhaben oder, im Wissen um diese Fakten, dann anderen immer noch etwas in die Tasche lügen!

Achter Zwischenruf

34 Cent oder Ohne einen Deuxit hat die EU keine Überlebenschance mehr

Anfang Juni des Jahres 2016 soll eine wesentliche Führungskraft des Bundesverbandes der Deutschen Arbeitgeberverbände (__BDA__) einen sogenannten Vorstoß von seiten der Gewerkschaften zurückgewiesen haben, in dem „inhaltlich" eine „stärkere" Anhebung des Mindestlohnes zum Ausdruck gekommen sein _*soll*_. Diese wesentliche Führungskraft jenes Verbandes, aus dessen Reihen viele Blaupausen zur schnellen Umsetzung (__*im eigenen Interesse*__) direkt auf dem Tisch der deutschen politischen Führungs-Truppe landen

(__*auf diese Weise der neoliberalen Doktrin gesetzmäßig folgend*__),

soll bei der Gelegenheit zusätzlich davon gesprochen haben, daß aus

_*d e m*_

Grunde dieser von seiten der Gewerkschaften fürs Fenster vorgetragene „Vorstoß"

(__*im Rahmen der „Sozialpartnerschaft"*__)

zurückgewiesen werden müsse, da die sogenannte Mindestlohn-Kommission sich „an Recht und Gesetz" zu halten habe.

Abgesehen davon, daß es immer eine Frage ist, wer bestimmt, was Recht ist und was Gesetz werden soll, sei an dieser Stelle der begründete Zweifel geäußert, ob auf seiten der Arbeitgeber es tatsächlich lediglich ein paar sogenannte schwarze Schafe oder es in diesen Kreisen nicht doch weit mehr vom BDA vertretene Arbeitgeber gibt, die nicht den seit Anfang des Jahres 2015 auch in Deutschland geltenden und sowieso schon mit Ausnahmeregelungen gelöcherten Mindestlohn zahlen —

dessen Ursprungshöhe von 8,50 EUR übrigens auf einen Vorschlag des deutschen *markt*_konformen Gewerkschaftsbundes zurückgeht,

dessen Vertreter darum wissen, daß es Firmen gibt, die ihre Niedriglöhner derartig unter Druck setzen, bei Einstellung erst gar nicht den geltenden Mindestlohn zu fordern, der hingegen _*exklusiv*_ fürs Finanzamt und/oder für den kontrollierenden Zoll angefertigten Suppenzetteln stehen *m a g*.

N u n,

zwar wird möglicherweise nicht von der Hand zu weisen sein, daß die Gewerkschaftsvertreter ihr Schweigen damit verteidigen, daß Niedriglöhner sie anflehten, von solchen Arbeitgebern die Einhaltung der Mindestlohnzahlung nicht zu verlangen, da sie ansonsten ihren elenden Job verlören.

*Aber*

man wird die Frage reflektieren müssen, ob nicht die sogenannte Sozialpartnerschaft erst zu solchen Auswüchsen führen konnte, denn es wird ebenso nicht von der Hand zu weisen sein, daß die gewerkschaftlichen Arbeitnehmervertreter sich in der „Sozialpartnerschaft" bequem eingerichtet haben — da entwickelt wohl so mancher eine Art von „Verständnis" für die andere Seite dieser Partnerschaft, was stets auf Kosten der eigenen Klientel geht. So daß die Vermutung begründet ist, die gewerkschaftliche Führungsschicht stehe auf der falschen Seite — immerhin sind i.d.R. die Ergebnisse von Tarifverhandlungen ein Beleg dafür, wie nachteilig die Abschlüsse für die Arbeitnehmer sind: und zwar selbst bei Verhandlungen zwischen starken Gewerkschaften und der Arbeitgeberseite.

Kleiner Ausflug zur hintergründigen Ausleuchtung eines wirtschaftspolitischen Zusammenhangs

Es ist übrigens ein Fehler, nimmt man die von den schreibenden Mitarbeitern der Medien_*Konzerne* lauthals verkündeten Tarifverhandlungsergebnisse für bare Münze, ist als Schlagzeile bspw. zu lesen:

„4% mehr!".

Der Leser könnte dann nämlich den Eindruck gewinnen, daß sich diese Steigerung auf ein Jahr bezieht. Tatsächlich bezieht sich die i.d.R. dann auf zwei Jahre, was einer Lohnsteigerung von etwa 2 Prozent pro Jahr entspricht. Dies ist aber weit unter dem, was notwendig wäre, die Handelsungleichgewichte innerhalb der Europäischen Währungsunion (__EWU__) abzubauen und die deutsche Wirtschaft von ihrer exportüberschußlastigen Schlagseite zu _*befreien*_ — die erst durch eine falsche Konstruktion der EWU möglich geworden ist, bzw., daß sich die deutsche Politik nicht an die von ihr selbst aufgestellten Regeln hält:

> Einhaltung des _*jährlichen*_ Inflationsziels von knapp 2 Prozent, das dauerhaft weder über- noch unterschritten werden darf — erzielbar über die Einhaltung der *Goldenen Lohnregel* in _*allen*_ Ländern der EWU.

> (__Das heißt dieses Ziel ist nicht im Durchschnitt einzuhalten, sondern in jedem Mitgliedsland, unter Orientierung an der _*je*_ spezifischen, _*erfahrungsmäßigen*_ Produktivitätsentwicklung in jedem dieser Länder.[68]__)

Die gesamtwirtschaftliche Lohnentwicklung in einem Mitgliedsland hat nun einmal insbesondere dann große Auswirkungen auf den Zustand und die Überlebensmöglichkeit einer Währungsunion, handelt es sich bei diesem Land

a) um das wirtschaftlich stärkste,
b) bleiben die Lohnabschlüsse in diesem Land über lange Jahre _*unter*_ der *Goldenen Lohnregel*

[68] Zur *Goldenen Lohnregel* siehe in: a.a.O., Band I, Teilband 3, Kapitel 12, dort die Seiten 272-78: „Die Goldene Lohnregel", und in: a.a.O., Band III, Teilband 2, Lesung 22: „Von den Bedingungen für das Funktionieren einer Währungsunion".

c) gibt es in diesem Mitgliedsland einen großen Niedriglohnsektor, der dafür sorgt, daß in _*diesem*_ Land das durchschnittliche Gesamtlohnniveau sinkt, sowie
d) es zusätzlich noch ein soziales Knebelungsmittel gibt

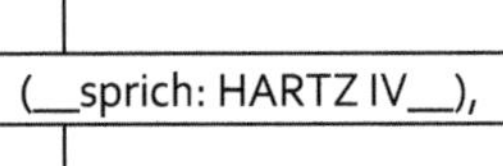
(__sprich: HARTZ IV__),

das auch den Arbeitnehmern _*außerhalb*_ des weiten Feldes prekärer Arbeitsverhältnisse Angst macht, in diesem Land angemessene

(__*jährliche*__)

Lohnsteigerungen zu fordern.

Es ist also zu kurz gegriffen, weist man von deutscher Seite ständig daraufhin, die anderen hätten über ihre Verhältnisse gelebt, wenn es doch zu heißen hat:

weder über seine noch unter seinen Verhältnissen zu leben,

also das von der Europäischen Zentralbank (__EZB__) vorgegebene Inflationsziel (__*jährlich*__) möglichst genau zu treffen. So widerfährt bspw. jenem Land Übles, das sich die ganzen Jahre seit Bestehen der EWU an dieser *Goldenen Lohnregel* orientiert hat. Dieses Land ist Frankreich: es verliert *deshalb*, da die gesamtwirtschaftliche Lohnentwicklung im Land seines größten Handelspartners

(__den man insofern _*nicht mehr*_ als „Partner" bezeichnen sollte__)

seit langen Jahren weit unter der *Goldenen Lohnregel* bleibt —

und keineswegs deshalb, da dort die Produktivität niedriger als in Deutschland wäre.[69]

Ende dieses kleinen Ausflugs zur hintergründigen Ausleuchtung eines wirtschaftspolitischen Zusammenhangs

---

Nun, um die Klamotte mit der „Sozialpartnerschaft" wieder aufzugreifen: Solche unzureichenden Tarifabschlüsse sind eben weder ein Ausdruck für „sozialpartnerschaftliche Vernunft" noch zwangsläufig einer schwachen Verhandlungsposition geschuldet, sondern sie sind primär Ausdruck dafür, daß diese Figuren i.d.R. auf der falschen Seite stehen:

> Wer zu Beginn eines Tarifstreits Tamtam macht, beweist damit nicht, daß er tatsächlich auf der Seite derjenigen steht, von denen er gewählt worden ist.

Die Augenwischerei „Sozialpartnerschaft"

hat bspw. dazu geführt, daß man auf Unverständnis stoßen wird, sagt man solchen „Partnern", daß

---

[69] Sie ist es nämlich nicht, „lediglich" die Löhne sind höher, diese orientierten sich nämlich _*bisher*_ an der *Goldenen Lohnregel*, d.h. seit der Einführung der Loi El Khomri im Jahre 2016 ändert sich das (__vgl. die Seite 90 oben__). Siehe auch in: a.a.O., Band I, Teilband 2, Kapitel 8, dort die Graphik auf der Seite 199.

Löhne im Rahmen der *Goldenen Lohnregel* zu steigen haben — und zwar jährlich. Dieses Unverständnis ist nämlich nicht nur auf der Arbeitgeberseite zu finden, wo es verständlich sein _mag_

(__so es sich um einen kurzsichtigen Arbeitgeber handelt, oder um einen, der eigentlich nichts mehr in einer Marktwirtschaft zu suchen hat, da der seine Wettbewerbsposition über Lohndumping zu verbessern versucht und nicht über Investitionen und Innovationen__),

sondern genauso auf seiten der Gewerkschaftsführung, ganz zu schweigen vom Unverständnis auf der sogenannten sozialdemokratischen Seite, die ja für sich in Anspruch nimmt,

(__*auch*__)

die Rechte der Arbeitnehmer politisch zu vertreten.

Denn weist man solche „Sozialpartner" auf diesen Sachverhalt hin, löst dieser Hinweis bei diesen Partnern ein Kopfschütteln aus.

Tatsächlich aber belegen sie auf diese Weise, daß sie jenes Prinzip _*nicht*_ verstanden haben, daß als „Marktwirtschaft" bezeichnet wird.

Deshalb könnte man es ein richtiges Verhalten nennen, lachte man solche Figuren einfach aus und nähme sie nicht mehr ernst. Das Problem ist jedoch, daß selbst von _*jener*_ Seite, von der

(__*zumindest eine relative*__)

Objektivität zu erwarten sein *müßte*, diese in der deutschen

Volkswirtschaftslehre nicht vorhanden ist. Da könnte man es schon fast als Fortschritt ansehen, daß in der sich im Februar des Jahres 2015 konstituiert habenden Mindestlohn-Kommission eine solche Objektivität wenigstens zu 50 % gegeben ist. Denn der wissenschaftliche Beirat dieser Kommission weist diese (__*zumindest relative*__) Objektivität (__*zumindest relativ*__) zur Hälfte auf. Also Herr Prof. Dr. Clemens Fuest, in seiner Eigenschaft als, u.a., Präsident des ifo-Instituts in München _*und*_ (__*nun ehemaligen*__) Finanzberater des, weit über seine Amtszeit hinauswirkenden Begründers des Schäubleismus'[70], weist diese Objektivität zwar nicht auf, hat sich doch dieser Herr schon verschiedentlich als jemand geoutet, der, offenbar aus einer Unkenntnis über das tatsächliche Funktionieren einer Gesamtwirtschaft heraus, absolut gegen einen Mindestlohn ist —

wobei sich dann die Frage erheben *könnte*, was so eine Figur in einer solchen Kommission überhaupt zu suchen hat, heißt diese Kommission nicht „Mindestlohnverhinderungs-Kommission", sondern „Mindestlohn-Kommission".

Die Unkenntnis über das tatsächliche Funktionieren einer Gesamtwirtschaft fällt wohl allein deshalb insbesondere in Deutschland nicht groß auf, da sie an den dortigen Hochschulen ersetzt worden ist durch eine

_*i d e o l o g i s c h e*_ „Kenntnis"

vom Funktionieren einer Gesamtwirtschaft.

---

70 Zum „Schäubleismus" siehe in: a.a.O., Band III, Teilband 2, die Seiten 702 f.

Nach dieser Ideologie funktioniert der Arbeitsmarkt nämlich wie jeder andere Markt, d.h. über „Angebot" und „Nachfrage" PUNKT

Aber auf der anderen Seite sitzt tatsächlich eine Wissenschaftlerin.

Also ein Mensch, der seinen Intellekt tatsächlich dazu verwendet, einen komplexen Sachverhalt zu analysieren und daraus (__*zumindest relativ scheuklappenfreie*__) Schlußfolgerungen zu ziehen.

Das heißt Frau Dr. Claudia Weinkopf stellt ihren wissenschaftlichen Sachverstand zur Verfügung — ob der von Mitgliedern dieser Kommission auch angenommen wird, darf aber gefragt werden. Und inwiefern Claudia Weinkopf, als Leiterin der *Forschungsabteilung Flexibilität und Sicherheit des Instituts Arbeit und Qualifikation* (__IAQ__) an der Universität Duisburg-Essen sich für eine

_*a d ä q u a t e*_

Mindestlohnhöhe einsetzt, weiß ich nicht, zumindest aber stimmt bei ihr die Argumentationsrichtung:

Sie weiß um das Problem eines Lohnzahlungsunterbietungswettbewerbs, wenn es keinen Mindestlohn gibt.[71]

---

[71] Falls Sie sich jetzt fragten, was denn ein „adäquater Mindestlohn" sei, möchte ich Sie auf den Band III der *Tri*_logischen Sezierung [...] verweisen, denn dort finden Sie in dessen Teilband 1 die entsprechende Antwort auf den Seiten 214 f.: „Mindestlohn und Durchschnittslohn".

Nun gut, der Anfang 2015 auch in Deutschland eingeführte Mindestlohn sollte also zum Jahresbeginn 2017 um ziemlich genau 34 Cent auf 8,84 EUR (__brutto!__) angehoben werden.

> Was dann auch tatsächlich der Fall war, zu jener Zeit aber sich besorgt zeigende Vertreter des Arbeitgeber_*Lagers* entsprechend in (__*eingeschaltete*__) Kameras blicken ließ und die medialen Meinungsmacher auch genau von der Schädlichkeit einer solchen Anhebung zu erzählen wußten, so also, wie diese schon vor der Einführung des Mindestlohnes im Jahre 2015 genau wußten, wie schädlich dieser sei. Diese „Schädlichkeit" zeigte sich zwar nicht — ganz im Gegenteil, aber ideologische Märchen sind in diesem Land lang nachwirkende.

* * *

Wenn die Gesamtwirtschaft ...

> *(__eine normale Wirtschaft setzt sich übrigens aus einem großen Binnenmarktanteil und einem kleineren Exportmarktanteil zusammen, d.h. die deutsche Wirtschaft ist keine normale, sondern eine merkantilistische Wirtschaft*[72]__)

Wenn also die Gesamtwirtschaft lahmt und das tut sie längst, und nicht erst seit Einführung des Mindestlohnes, sondern schon seit Jahren ...

---

[72] Vom damit einhergehenden Problem ist insbesondere im Band III dieser *tri*_logischen Sezierung die Rede. Ein Hinweis darauf findet sich aber schon weiter unten, d.h. auf den Seiten 386-89: „Die Steilvorlagen des Establishments".

Das ständige Hochjubeln einer prozentualen Punktbewegung nach oben oder seitwärts

(__bei steter Negierung solcher Bewegungen nach unten__)

ändert daran nichts — trotz dem Export an Arbeitslosigkeit in die anderen Länder der Europäischen Währungsunion.[73]

Lahmt aber die Gesamtwirtschaft

(__schaut man also nicht wie gebannt auf die Export-Überschüsse wie das Kaninchen auf die Schlange__),

dann liegt das auch an den mit ideologischen Scheuklappen ausgestatteten Wissenschaftlern

(__die auf diese Weise eigentlich keine mehr sind, denn wie will jemand wissenschaftlich aktiv sein, ist sein Blick scheuklappenbedingt verengt?__),

die als

(__ideologische__)

Berater politischen Entscheidungsträgern dienen, die auf diese Weise ihre eigenen vorurteilsgestützten Meinungen bequem bestätigt bekommen, die typischerweise von der, von

[73] Vgl. weiter oben den „Kleinen Ausflug zur hintergründigen Ausleuchtung eines wirtschaftspolitischen Zusammenhangs".

den neoliberalen Ideologen aufs Schändlichste mißbrauchten Schwäbischen Hausfrau herrühren, deren, vom _*eigenen*_ Haushalt geprägten Vorstellungen völlig ungeeignet sind, das Funktionieren einer Gesamtwirtschaft a) richtig zu verstehen und b) die richtigen wirtschaftspolitischen Entscheidungen zu treffen.

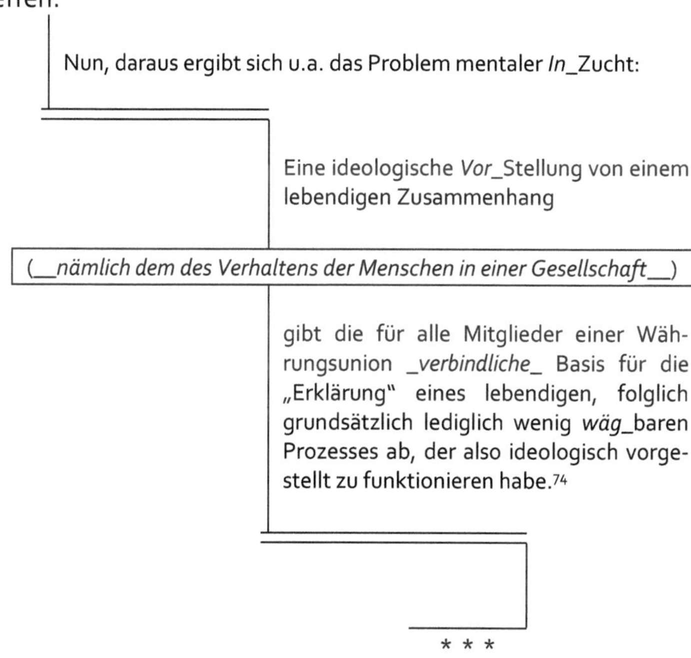

Wie dem auch sei, und abgesehen davon, daß die 34 Cent mehr an Mindestlohn ab dem Jahre 2017, lediglich ein Vorschlag der Mindestlohn-Kommission war und die verschiedenen Mitglieder der deutschen politischen Kommando-Truppe

[74] Vgl. in: a.a.O., Band I, Teil 1.

noch Gelegenheit bekommen hatten, sich, je nach politischer Tamtam-Behauptung, hervorzutun ...

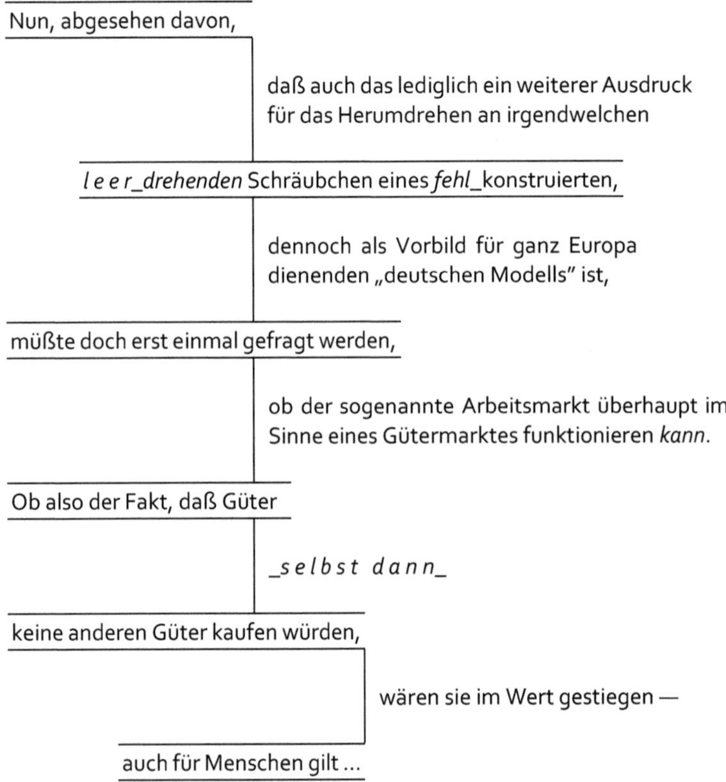

Nun, abgesehen davon,

daß auch das lediglich ein weiterer Ausdruck für das Herumdrehen an irgendwelchen

l e e r_drehenden Schräubchen eines *fehl_*konstruierten,

dennoch als Vorbild für ganz Europa dienenden „deutschen Modells" ist,

müßte doch erst einmal gefragt werden,

ob der sogenannte Arbeitsmarkt überhaupt im Sinne eines Gütermarktes funktionieren *kann*.

Ob also der Fakt, daß Güter

*_s e l b s t   d a n n_*

keine anderen Güter kaufen würden,

wären sie im Wert gestiegen —

auch für Menschen gilt ...

Sollten Sie jetzt der Meinung sein, daß das absurd sei, hätten Sie damit zwar recht, allerdings behaupte nicht ich das, hingegen jene Figuren, die hier sowohl die „volkswirtschaftliche" als auch die politische Richtung vorgeben,

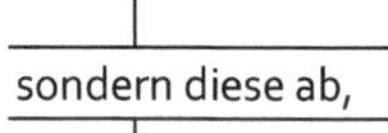

sondern diese ab,

auch auf dem Arbeitsmarkt müßten die Bedingungen des *welt*_berühmten Kartoffelmarktes gelten, da nun einmal zum neoliberalen Bekenntnis der Glaubenssatz gehöre:

Ist das Angebot knapp, steigt der Preis für Kartoffeln, folglich auch die Löhne. Ist hingegen das Angebot üppig, fällt der Kartoffelpreis, folglich fallen auch die Löhne.

Das ist zwar einfach zu verstehen, ist aber ein Trugschluß, der vielfache Konsequenzen nach sich zieht. Eine davon ist die Würde des Menschen, sie bleibt bei der praktischen Umsetzung einer solchen Ideologie sofort auf der Strecke:

Der Mensch in einer Reihe mit Kartoffeln — _*und*_ als Kostenfaktor.

Der große Unterschied

zwischen einer handelbaren Güterware und einem Menschen ist aber der,

daß dieser von seinem erhaltenen Lohn Güter *nach*_fragt,

was übrigens eine grundlegende Bedingung dafür ist, daß ein in der *Real*_Wirtschaft etwas unternehmender Mensch

(__*meist als Unternehmer bezeichnet*__)

Umsatz hat.

Also ist der Charakter des Lohns janusköpfig:

Kostenfaktor für den einen, Nachfragefaktor für den anderen in der *Real*_Wirtschaft etwas unternehmenden Menschen ...

(__Wie bereits erwähnt, beide meist als Unternehmer bezeichnet.__)

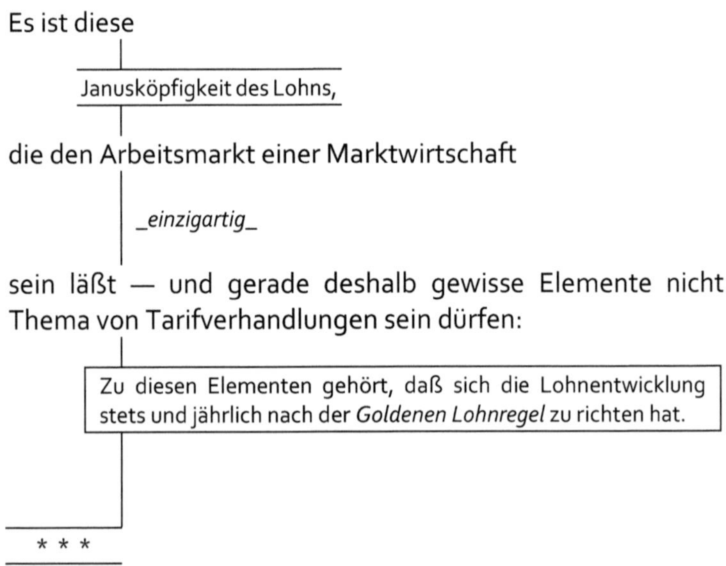

Es ist diese

Janusköpfigkeit des Lohns,

die den Arbeitsmarkt einer Marktwirtschaft

*einzigartig*

sein läßt — und gerade deshalb gewisse Elemente nicht Thema von Tarifverhandlungen sein dürfen:

Zu diesen Elementen gehört, daß sich die Lohnentwicklung stets und jährlich nach der *Goldenen Lohnregel* zu richten hat.

* * *

Da die deutsche politische Kommando-Truppe Europas es ablehnt, ihr Modell in Frage zu stellen, ein Modell, das ausschließlich auf Kosten der anderen Länder in der EWU funktionieren konnte, diese Währungsunion aber schnurstracks in den gesellschaftspolitischen Abgrund führt oder, sozusagen alternativ, gesellschaftliches Siechtum nach sich zieht (__*rechtsradikale Bewegungen sind davon lediglich _ein_ politischer Ausdruck, nicht anders Referenden — die dann doch ignoriert werden*__),

liegt es nun in der Verantwortung der Europäer, diese Kommando-Truppe vor die Alternative zu stellen, ihre Politik sowie die damit einhergehenden unerfüllbaren Forderungen

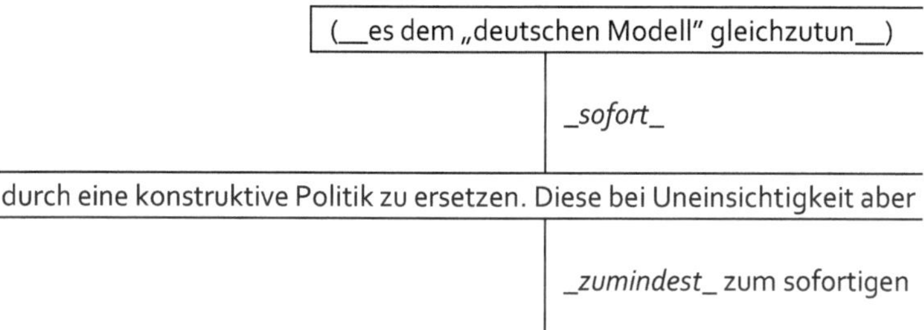

Verlassen der Euro-Zone, also zum Deuxit aufzufordern. — Die Begründung dafür wäre durch die Praxis bestätigt:

Mit der von deutscher Seite dominierten EU-Politik ist

(__*strukturell bedingt*__)

keine, alle Mitgliedsländer prosperierend erfassen könnende Wirtschaftspolitik möglich.

Neunter Zwischenruf

Die Reanimation der ersparten Kultur

Die Reanimation der ersparten Kultur _*mag*_ im Jukebox-Prinzip gesucht werden. Das bedeutet allerdings nicht, daß sie dort auch deshalb zu finden wäre — denn vielleicht liegt sie ja auch im Kosovo, das die deutsche Politik am 20. Februar 2008 als Mafiastaat anerkannt hatte …

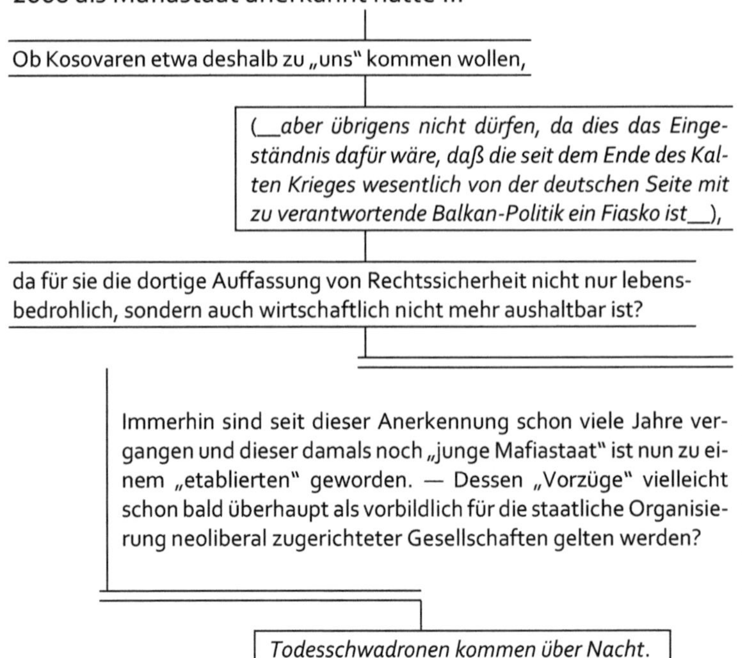

Ob Kosovaren etwa deshalb zu „uns" kommen wollen,

(__aber übrigens nicht dürfen, da dies das Eingeständnis dafür wäre, daß die seit dem Ende des Kalten Krieges wesentlich von der deutschen Seite mit zu verantwortende Balkan-Politik ein Fiasko ist__),

da für sie die dortige Auffassung von Rechtssicherheit nicht nur lebensbedrohlich, sondern auch wirtschaftlich nicht mehr aushaltbar ist?

Immerhin sind seit dieser Anerkennung schon viele Jahre vergangen und dieser damals noch „junge Mafiastaat" ist nun zu einem „etablierten" geworden. — Dessen „Vorzüge" vielleicht schon bald überhaupt als vorbildlich für die staatliche Organisierung neoliberal zugerichteter Gesellschaften gelten werden?

Todesschwadronen kommen über Nacht.

> Jedenfalls ist es Fakt, daß den in der deutschen Politik nicht „lediglich“ damals Verantwortlichen bekannt war, daß dieser Staat mafiöse Strukturen haben würde.[75]

Es scheint also unwahrscheinlich zu sein, daß eine Rettung der Kultur überhaupt noch gelingen kann. Aber wenigstens das Prinzip soll im folgenden an einem *außen*_politisch neutralen Beispiel demonstriert werden.

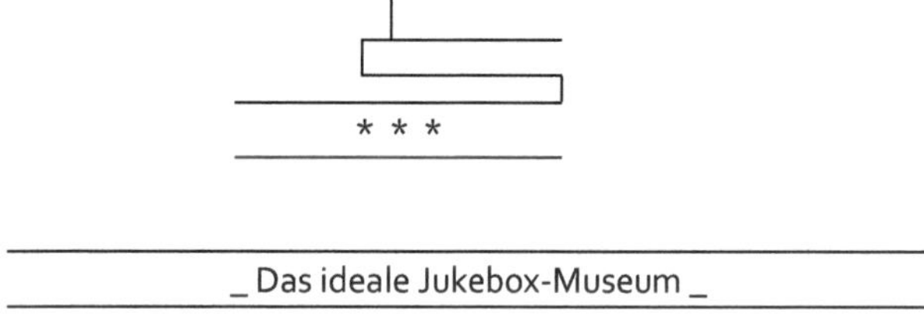

* * *

_ Das ideale Jukebox-Museum _

Bilder hängen adäquat gerahmt im rotationsfähigen, zylindrisch geformten Archiv. Der Besucher betritt das Museum indem er am Eingang einer der Besucherboxen seine Museumsplastikkarte oder eine seiner anderen geldgeladenen Karten in den dafür vorgesehenen Schlitz steckt.

Jede Besucherbox besteht aus einem Gebilde, dessen Tiefe etwa 13 und dessen Höhe etwa 7 Meter betragen mö-

---

[75] Vgl. in: a.a.O., Band I, Teilband 3, Kapitel 14: „Die Politik bürgerlicher Nichtversteher“, dort die Seiten 345-49, beginnend mit: „Es ist an dieser Stelle noch einmal auf das Kosovo zurückzukommen“. Siehe auch in: a.a.O., Band III, Teilband 2, Lesung 19: „Die Zerstörung des europäischen Einigungsprozesses durch Neoliberalismus und *Neo*_Wilhelminismus“, dort die Seiten 622-65, beginnend mit: „Exemplarische Beispiele kontraproduktiver Konsequenzen deutscher Machtpolitik“. Siehe auch Zwischenruf 28.

Einen resümierenden Bericht über die Situation im Kosovo läßt sich im Internet abrufen: „Deutschlands Kriegsbilanz (I)“, und zwar über folgenden, am 21. Februar '18 erneut geprüften Internet-Pfad: http://www.german-foreign-policy.com/de/fulltext/59435.

gen. Seine Breite hat insofern ausreichend zu sein, daß maximal 10 Bilder (__*je nach Größe*__) gleichzeitig ihre *Schau*_Plätze einnehmen können.

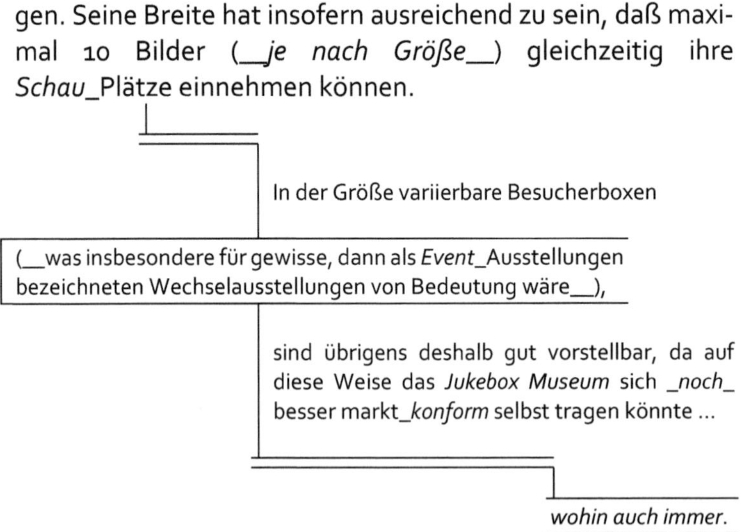

Nach dem Eintritt trifft der Besucher auf einen Automaten, der _*deshalb*_ die Benennung „Jukebox-Automat" erhalten hat, da er mit dem liftbaren „Archiv-Zylinder" elektronisch verbunden ist. In diesen Automaten steckt er erneut genau jene Karte, die er schon zum Eintreten verwendet hatte. Auf diese Weise wird der Automat aktiviert, d.h. auf seinem Display erscheinen nun die Möglichkeiten, über die das Museum verfügt.

Im Falle des Mülheimer Kunstmuseums „Alte Post"

hieße das bspw., daß auf dem Display die entsprechenden Symbole angeben, welche Bilder von Pankok, Matisse, Steinlen, Zille, Macke, Schmidt-Rottluff o.a. aktuell zur Betrachtung anklickbar sind.

Nachdem man seine Auswahl (__*von, wie weiter oben schon erwähnt, max. 10 Bildern*__) bestätigt hat, wird der entsprechende „Archiv-Zylinder"

(__es können auch mehrere sein, je nachdem, in welchem Zylinder sich die ausgewählten Objekte befinden__)

derartig aktiviert, daß über einen Transport-Mechanismus die gewünschten Bilder zur rückwärtigen Wand der entsprechenden Besucherbox befördert und je ihren Platz in den sogenannten *„kontemplativen Schau_Scharten"* einnehmen, so daß sie für den Besucher sichtbar werden. Das heißt diese *„Schau_Scharten"* sind besucherboxseits *ent*_spiegelt verglast (__*Sicherheitsglas!*__).

Nachdem die Ausleuchtung angepaßt worden ist, die zudem individuell

(__*noch ohne Aufpreis!*__)

*fein*_abgestimmt werden kann, gibt sich der Besucher kontemplativ seiner Wahl _*hin*_.

Beziehungsweise er muß es nicht, aber es wäre logisch, denn immerhin hatte dieser gerade diese „Wahl" getroffen, zumal er i.d.R. kein anderes Verhalten zeigt, nachdem er den Forderungen eines Wahlkrampfs nachgegeben und, in den letzten Zügen liegend, seine „Wahl" getroffen hatte — *zumindest ist das erfahrungsmäßig so*:

Denn er macht ja, bspw. Flüchtlingsströme für seine materielle Misere verantwortlich und nicht jene, die sowohl die einen direkt oder zumindest mittelbar und die andere wesentlich verursacht haben — die er also als politisch *Un*_Verantwortliche gewählt hatte ...

Wie dem auch sei, jeder Besucher hat das Recht

*insofern*

auf seiner Seite, nach einem Kopfhörer verlangen zu können, daß für ihn objekterklärender Text hörfähig werde, sowie er gleichfalls die Verweildauer der *sicht*_gehängten Objekte in *Schau*_Scharten (__*in einem gewissen Zeitrahmen*__) frei wählen kann. Überdies besteht die Möglichkeit, nach Ablauf der gewählten Zeit,

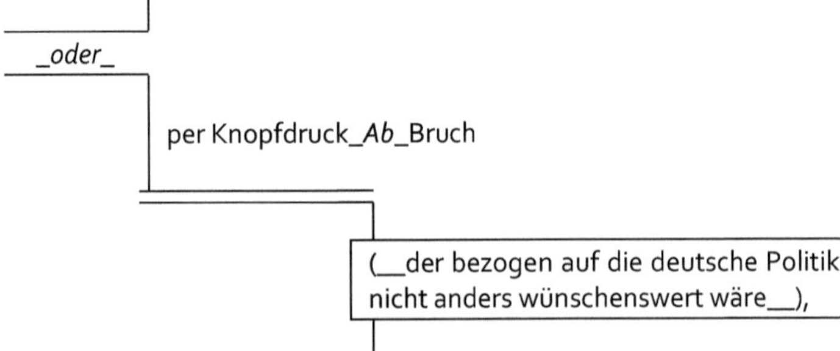

weitere Bilder (__*als Serie oder einzeln nachfolgend*__) aus dem Archiv präsentiert zu bekommen.

Ebenso ist eine Online-Reservierung _*keine*_ Exotik, sondern eine digitalisierte Selbstverständlichkeit.

Nachdem das *ideale Jukebox-Museum* voll etabliert ist, fallen Personalkosten im wesentlichen lediglich noch wegen irgendwelcher Archivierungen an, für die ein einzelner Archivar

(__*auf Honorarbasis*__)

reichen sollte; sowie wegen des allgemeinen Automaten_Instanthaltens, wozu eine in einem „eu-europaweit" ausgeschriebenen Bewerbungsverfahren eine Firma ausgewählt wird, die möglichst weit entfernt vom Museum ihren Sitz haben sollte, da das erfahrungsgemäß billiger ist. — Hingegen sind der Archivzylinder und der Transportmechanismus *selbst*_schmierend

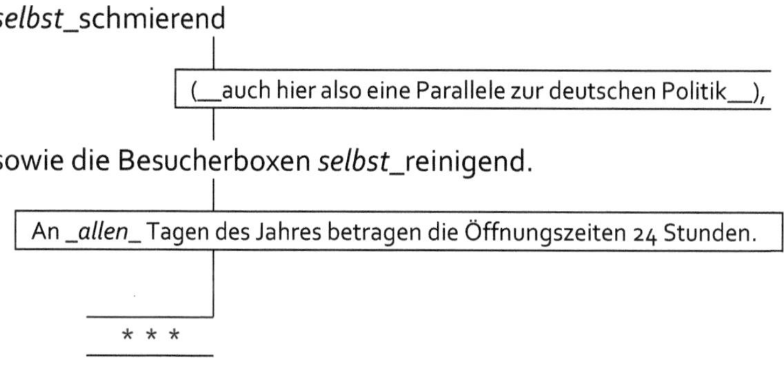

* * *

Diese Erläuterung des *Jukebox-Prinzips* verdeutlicht jedenfalls, daß es erst am Anfang seiner _*gesellschaftlichen*_ Nutzungsmöglichkeiten steht. Ja, daß es das zur vergötzten *Schwarzen Null* bestens passende Prinzip ist, denn

_*e i g e n t l i c h*_

spricht im dadaistischen Zeitalter der Lobbykratie

_*a l l e s*_

dafür, daß es für

_*a l l e*_

gesellschaftlichen Bereiche nutzbar ist:

Altenheim, Krankenhaus, Schule, Kindergarten, Örtlichkeiten für Einkäufe, Wohnung, Örtlichkeiten fürs Arbeiten, nicht zu vergessen die diversen Elemente einer etablierten „Flüchtlingspolitik", in der bspw. „Migrations_Management"[76] perfektioniert zum Tragen kommt —

denn es ist sicher.

Das heißt das *Jukebox-Prinzip* ist für *_alle_* anderen gesellschaftlichen Bereiche nutzungsfähig — soweit man nur genügend menschlich reduziert, also marktkonformistisch *nach*_denkt.

[76] Zum „Migrations_Management" siehe Zwischenruf 28.

Zehnter Zwischenruf

Die Welt in der Realität

Gut ist mir erinnerlich, daß einst zu mir jemand sagte, als Antwort wohl auf jenes, das ich ihm offenbar unpassend erscheinend gesagt:

ZITAT

> *... ich rede über die Welt, die in der Realität existiert, und die ist nun einmal so wie sie ist, und nicht wie das in der Theorie denkbar und wünschenswert ...*

ZITATENDE

Handelt es sich um die „*Welt in der Realität*", redet jemand über sie? Kann man überhaupt über Realität sprechen? Bilde ich also die Realität ab, wenn ich behaupte, über die Realität, über die „*Welt in der Realität*" etwas auszusagen?

* * *

Wenn es so ist, daß meine Augen mir lediglich Informationen von dem liefern, was um mich herum existiert und das von ihnen Erfaßte von meinem Gehirn mit dem in Beziehung gesetzt wird, was schon an erfahrenen Informationen in ihm auf eine Weise vorhanden ist, das mit „abgespeichert" wahrscheinlich nicht richtig übersetzt wäre, dann nehme ich lediglich das Resultat dieses Prozesses wahr — nicht aber etwas von mir unabhängig als Realität Existierendes.

Ein konkreter Speicherort im Gehirn erscheint mir wenig wahrscheinlich, hingegen etwas, das in der Welt des elektronischen Internets als „Cloud" bezeichnet wird, in dem die persönlich erfahrenen Informationen „gesammelt" würden und sozusagen der personalisierte Teil dessen wäre, das auch als „kollektives Bewußtsein" bezeichnet wird, wobei dies bezogen auf das ganze Menschengeschlecht zu verstehen ist, das wiederum Teil dessen ist, das als das „kollektive Unbewußte" der Materia zu verstehen ist. — Das könnte potentiell sogar erklären, wieso ein Mensch aus einem anderen Kulturkreis von dem „wissen" kann, das ein in einem anderen Kulturkreis lebender Mensch erlebt hat — vorausgesetzt, dieser verfügte über die Fähigkeit sich Zugriff auf das kollektive Bewußtsein zu verschaffen — entweder direkt oder über das kollektive Unbewußte der Materia.

Denn einerseits ist Wahrnehmung keine Angelegenheit, die vom Wahrnehmenden unabhängig wäre, und andererseits wird i.d.R. _*jenes*_ als Realität akzeptiert, welches lediglich ein Ausschnitt der Wirklichkeit ist — zumal dieser Ausschnitt abhängig von _*dem*_ Winkel ist, der den Blick auf die Wirklichkeit bestimmt und von der man selbst ein existenter (__*und damit wahrnehmender*__) Teil ist.

Das heißt die Festlegung, _*wie*_ etwas und _*was*_ wahrgenommen wird, ist bestimmt von der Art und Weise der „sozialen Verwebung", die durch das Verhalten der bereits existierenden Menschen jener sozialen Umwelt erfolgt, in die der werdende und wahrnehmende Mensch hineingeboren wird. Dieser Prozeß aber findet seinen _*Beginn*_ im Uterus, denn hier erfolgt die „soziale Verwebung" auf noch völlig *un*_bewußter Ebene, sozusagen als „*Vor*_Verwebung", oder anders ausgedrückt:

Der Prozeß „sozialer Prägung" eines Individuums findet seinen ihm noch *un*_bewußt bleibenden Beginn in der „charakterlichen *Vor*_Präge-Phase" im Uterus.[77]

Deshalb ist es *so reduziert wie reflexhaft* dahergesprochen, sagt jemand: *„Ausgangslage für meine Überlegungen ist immer die Realität"*.

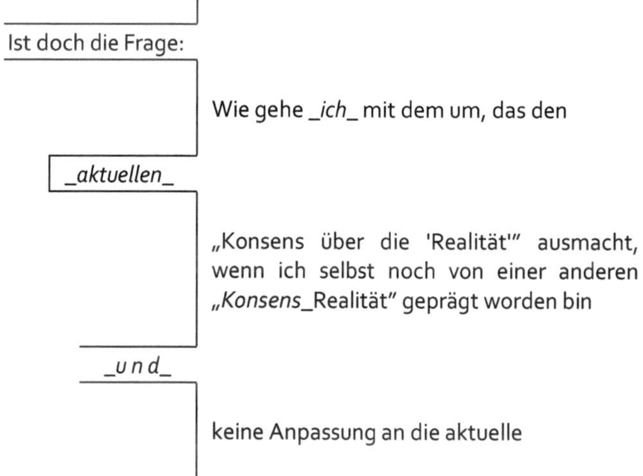

[77] Siehe auch in: a.a.O., Band I, Teilband 4, die Seiten 139-44: „Aber das Wesen des einzelnen Menschen ist auch plastisch".

„*Konsens*_Realität" anstrebe, da ich sie als falsch erkannt habe?

Wobei dies selbstverständlich ein sich Irren implizieren kann, das nach Korrektur verlangte, die um so leichter fällt, je weniger Machtverlust damit verbunden wäre. Dies übrigens ein schlagendes Argument für stetige Kontrolle von Macht. — Besser wäre noch, strebte man erst gar nicht danach.

Ausgehend zwar vom *Ist*_Zustand, vermeide ich es deshalb nach Möglichkeit, mir selbst Denk_*Verbote* aufzuerlegen, auch wenn jemand glaubt, daß es völlig daneben sei, Schlüsse ziehen zu wollen, die sozusagen _*jenseits*_ der aktuellen politischen Wahrnehmung einer gesellschaftlichen Situation liegen.

N u n,

bleibt man auf der „Kreisbahn" um das gesellschaftliche, von machtvollen Interessen bestimmte Geschehen, wird man es

*ohne* sonderliche Gemütsregung normal finden,

daß sich mit der Zeit „bestimmte Dinge" wiederholen.

Eigenartigerweise sich aber immer dann wiederholen, wird die Interessenlage dominanter gesellschaftlicher Gruppen tangiert. Ansonsten nämlich bleiben deren Vertreter jenen Fragen gegenüber indolent, die sich aus einer anderen Interessenlage ergeben.

Auf diese Weise können dann selbst Kriege zu

*dringlich*en *Menschenrechtskriegen* werden und von irgendwelchen *Spin*_Doktoren „geleistete", quasi-naturgesetzliche Erklärung zu gewiesen bekommen.

(__Irgendein „historischer" oder/und „psychologischer Gutachter" wird eine entsprechende Gesetzmäßigkeit zuerst vermuten und dann seine Vermutungen zu einer

„zeitgemäßen Theorie"

ausformulieren, die unter _*der*_ Bedingung gute Chancen hat, auf allgemeine Akzeptanz zu stoßen, setzt er die Fachbegriffe „richtig", also insbesondere dort, wo pure Vermutung lauert.__)

Oder solches „Geschehen" gilt als „Gewitter". Gewitter aber gibt es schon seit Urzeiten — und wer kennt nicht die „reinigende Wirkung eines Gewitters"?

Das ist so, das bleibt so …

Nun, insbesondere dann bleibt das aber so, wird das den Kindern in einer wichtigen *„gesellschaftlichen Prägephase"* möglichst früh „klargemacht".[78]

Erleichtert wird dies aber noch zudem,

[78] Vgl. a.a.O., Teilband 2, Kapitel 7: „Überlegungen zum 'Wirtschaftsunterricht' an allgemeinbildenden Schulen".

geschieht die „charakterliche Vorprägung" eines Individuums im Uterus vor dem „Hintergrundrauschen" einer solchen „*Konsens*_Realität" — sind die Erwachsenen einer Gesellschaft also schon längst entsprechend konditioniert.

Demnach ist entscheidend:

_*W i e*_

verknüpfe ich den *Ist*_Zustand mit meinen Schlußfolgerungen,

um Antworten zu geben,

die sich an den _*Möglichkeiten*_ der Wirklichkeit orientieren und _*nicht*_ an denen der aktuellen „*Konsens*_Realität", und also

_*n i c h t*_

eine von seiten der Ideologen der aktuellen „*Konsens*_Realität" anerkennend begrüßte, sozusagen selbsterkenntnisgleiche Schlußfolgerung à la:

„Meine Schlußfolgerungen sind unbrauchbar, denn diese liegen außerhalb der gesellschaftlichen Realität".

Selbstverständlich liegen die außerhalb der gesellschaftlichen

Realitäts_*Vorgabe*,

aber das heißt genau nicht, daß diese Schlußfolgerungen außerhalb des _*praktisch*_ Möglichen der Wirklichkeit lägen, in welcher die Entwicklung unseres Geschlechtes nämlich

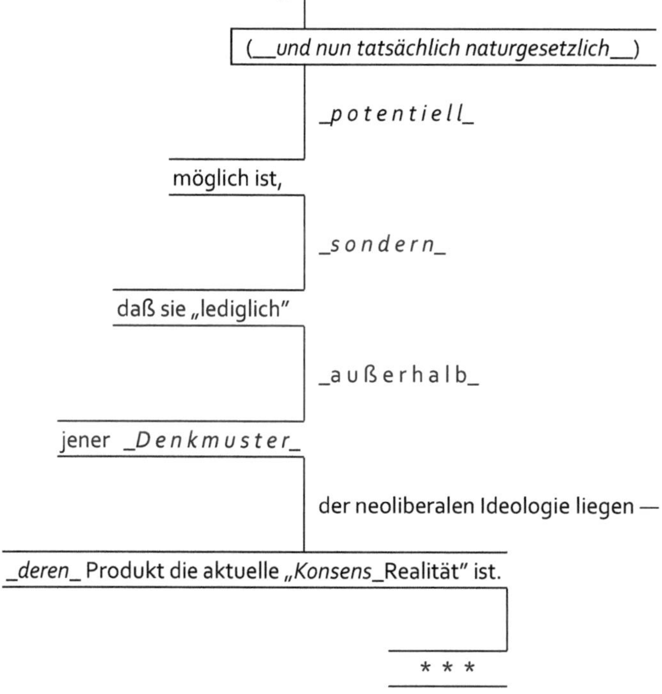

Falls man nicht überhaupt eine andere These bevorzugte, die seit dem Ende des Kalten Krieges wieder an Wahrscheinlichkeit gewinnt, könnte man beim politischen Handeln der vorzüglich deutschen Verantwortlichen ein vom Resultat her völliges politisches Versagen konstatierenden, das seine Ursache in einer strukturell bedingten Realitäts_*Verweigerung* finden würde — wollte man eben nicht doch eine andere, ebenfalls strukturell bedingte Ursache für dieses *_versagende_* Verhalten konstatieren, das interessanterweise gleichfalls mit entsprechender Realitäts_*Verweigerung* einhergeht — wie die jüngere Geschichte schon zweimal gelehrt hat.[79]

Nun, dieses wie auch immer zu begründende

*_versagende Verhalten_*

bestand und besteht in folgendem:

> Es wurde einst behauptet, daß die konsequente Eingrenzung von machtvollen Einzelinteressen, also die *_bewußte_* politische Verhinderung der Konzentration von wirtschaftlicher Macht, die unbedingte politische Forderung nach dem Ende des zweiten Teils des Großen Krieges zu sein habe. Und da genau diese Behauptung des Eingrenzenmüssens solcher Einzelinteressen zur Grundlage des politischen Handelns genommen werden sollte, ist damit übrigens belegt, was sowohl den Faschismus verursacht, als auch dessen Fiasko bewirkt hatte — zieht man die in den Charakteren der Masse der deutschen Bevölkerung seit langem verankerten Wirkmechanismen des Wilhelminismus' mit in Betracht.[80]

[79] Vgl. hinweisend den Zwischenruf 28 sowie „Anstatt eines Abgesangs Ein *Ab*_Ruf", dort die Seiten 386-89: „Die Steilvorlagen des Establishments", und deutlich ausgearbeitet in: a.a.O., Band III, Teilband 2, Teil 4: „Der Neowilhelmoliberalismus".

[80] Vgl. den letzten Hinweis in Fußnote 79.

Nun, im Rahmen der vermeintlichen Umsetzung dieser politischen Forderung bekam die deutsche Gesellschaft nach dem zweiten Teil des Großen Krieges zwar das *Etikett „soziale Marktwirtschaft"* verpaßt.[81]

Da deren Wirtschaft aber das einzig verbliebene gesellschaftliche Element war, auf das die deutsche Politik Einfluß nehmen konnte, immerhin existierte ein deutscher Staat politisch nicht mehr, wurde diese Wirtschaft tatsächlich zur Kerngröße der bundesrepublikanischen Realität.

Das bedeutet aber, daß der deutsche bürgerliche Rechtsstaat um sie herum konstruiert wurde, wie es der schon in den zwanziger Jahren des 20. Jahrhunderts u.f.Z. vorformulierten Forderung der neoliberalen Ideologen entsprach.

Also umgekehrt, als man als Realitäts_*Vorgabe* annehmen sollte, geht es um die Beantwortung der Frage, wie die Gesellschaft (__*richtigerweise*__) zu organisieren sei.

Folgerichtig wäre es dann, Wirtschaft als wertschöpfenden Teil einer Gesellschaft zu begreifen, in der diese _*im Sinne*_ der Gesellschaft funktioniert.

Die davon abweichende,

also gegenteilige,

und von den Hohepriestern des Neoliberalismus' geforderte Realität bedeutet hingegen,

daß eine Gesellschaftsform lediglich dann als richtig gelten kann, ist ihr Marktkonformität eigen.

[81] Vgl. in: a.a.O., Band I, Teil 1.

Die aufbrechende Konsequenz, daß eine sich selbst zerstört habende bürgerliche Gesellschaft

(__*nach ihrer Selbstauslieferung an den Faschismus*__)

nur noch in ihrem wirtschaftlichen Teil von der deutschen Politik relativ bestimmbar blieb

(__*dadurch bedingt aber tatsächlich die Wirtschaftsinteressen bei der Ausformulierung des rechtsstaatlichen Rahmens bestimmend wurden*__),

während diese Gesellschaft politisch praktisch nicht mehr existierte

(__und was bis heute nicht unwesentlich weiterhin gilt, ignoriert man die Fassade und schaut man direkt darauf, was bestimmend ist für politische Entscheidungsprozesse,[82] bzw. _*wem*_ sie eigentlichen Nutzen bringen[83]__),

führte dann in den 1960ern dazu, daß von seiten der die wirtschaftspolitische Richtung bestimmenden deutschen Neoliberalen, also den Ordoliberalen anerkannt werden mußte, daß diese Eingrenzung machtvoller Einzelinteressen nicht ge-

[82] Vgl. den Zwischenruf 14: „Unabhängig von der Frage, ob jemand überhaupt Macht ausüben sollte: Wie überzeugend kann ein Vasall die Rolle einer Führungsmacht spielen?"

[83] Vgl. in: a.a.O., Band I, Teilband 3, Kapitel 18: „Eine kurze Beschäftigung mit der Frage nach der neoliberalen Strategie des 'Westens' und der Funktion seiner Medien bei der Vermittlung dieser Strategie", sowie in: a.a.O., Band III, Teilband 2, Teil 4: „Der Neowilhelmoliberalismus".

lungen sei. Aber das hatte nichts damit zu tun, daß eine solche Eingrenzung praktisch nicht möglich gewesen wäre, denn schon damals

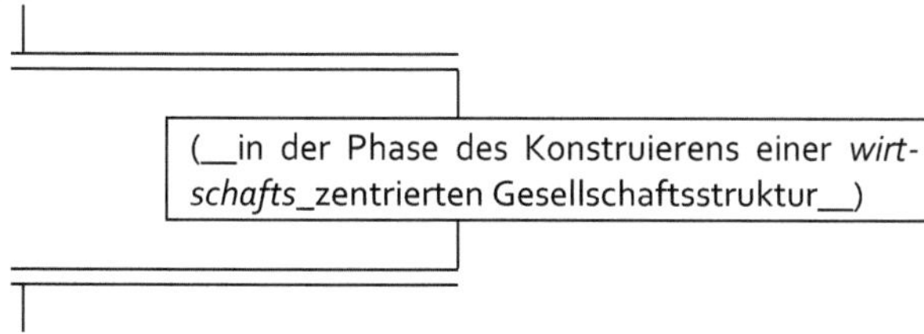

muß bei den real praktizierenden Politikern ein *un*_gesundes Maß an *„politischer Blauäugigkeit"* vorgeherrscht haben

(__will man jetzt die oben angedeutete Möglichkeit einer „anderen These" außer acht lassen —deshalb zur Vorsicht „politische Blauäugigkeit" in An- und Abführungszeichen gesetzt *be*_läßt__),

bzw. müssen Illusionen vorherrschend gewesen sein, d.h. eine gewisse Realitäts_*Ferne*.

Nun, genau diese *„politische Blauäugigkeit"* zeigte sich nach der Vereinigung der beiden deutschen Staaten erneut bei den zu _*jener*_ Zeit Verantwortlichen.

Allerdings dann noch weniger von den wirklichen Zusammenhängen eines komplexen Wirtschaftsgeschehens

*in der Wirklichkeit*

wissend. Also beziehen sich die An- und Abführungszeichensetzung von „politischer Blauäugigkeit" nun ausschließlich auf die seit dem Ende des Kalten Krieges wieder politisch relevant werdende Mentalitätshaltung, die

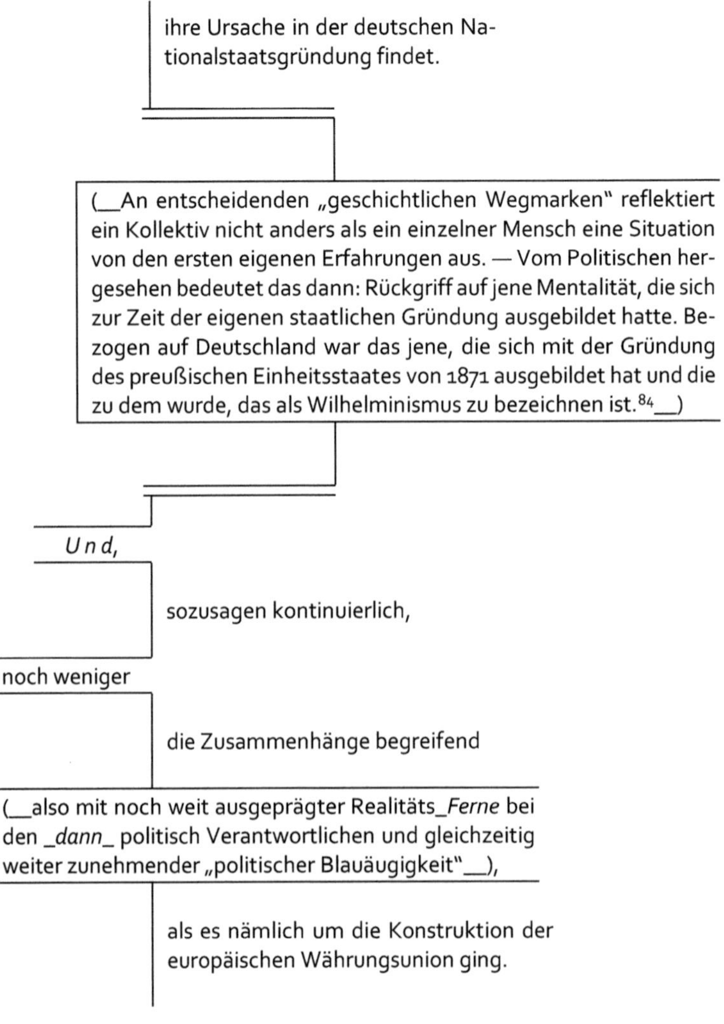

ihre Ursache in der deutschen Nationalstaatsgründung findet.

(__An entscheidenden „geschichtlichen Wegmarken" reflektiert ein Kollektiv nicht anders als ein einzelner Mensch eine Situation von den ersten eigenen Erfahrungen aus. — Vom Politischen hergesehen bedeutet das dann: Rückgriff auf jene Mentalität, die sich zur Zeit der eigenen staatlichen Gründung ausgebildet hatte. Bezogen auf Deutschland war das jene, die sich mit der Gründung des preußischen Einheitsstaates von 1871 ausgebildet hat und die zu dem wurde, das als Wilhelminismus zu bezeichnen ist.[84]__)

Und,

sozusagen kontinuierlich,

noch weniger

die Zusammenhänge begreifend

(__also mit noch weit ausgeprägter Realitäts_*Ferne* bei den _*dann*_ politisch Verantwortlichen und gleichzeitig weiter zunehmender „politischer Blauäugigkeit"__),

als es nämlich um die Konstruktion der europäischen Währungsunion ging.

[84] Siehe weiter unten die Seiten 386-89: „Die Steilvorlagen des Establishments", sowie in: a.a.O., Band III, Teilband 2, Teil 4: „Der Neowilhelmoliberalismus".

Das heißt

ein völliges Ignorieren der Realität und der daraus resultierenden Konsequenzen, als Ergebnis der Verwendung untauglicher Prämissen, ist Grundlage deutscher Politik. Also ist es diese Realitäts_*Ferne*, die aus Chancen Mikkerigkeiten machte und macht —

und nicht _*jenseits*_ der neoliberalen Denkschablonen liegende Schlußfolgerungen!

* * *

Im Grunde genommen gibt es keine „Zwischenmöglichkeit", die sozusagen eine

„Ja-aber-Haltung" zur aktuellen „*Konsens*_Realität"

oder eine

„Nein-aber-Haltung" zur aktuellen „*Konsens*_Realität"

erlaubte,

denn diese „*Konsens*_Realität" nach neoliberalem Denk_*Muster* ist nicht reformfähig.

Entweder

man muß sie bejahen — und alle daraus sich entwickelnden Konsequenzen als notwendig erachten.

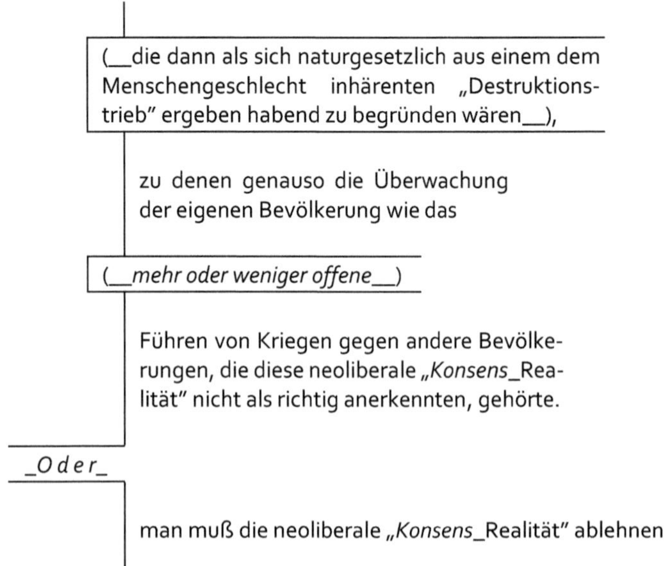

Dann aber ist es zwingend, sich das _*argumentative*_ Rüstzeug zu verschaffen[85], das erlaubte, die Grundlage für die Schaffung einer anderen „*Konsens*_Realität" zu legen, die nämlich eine dem Entwicklungspotential des Menschengeschlechts entsprechend „wirklichkeitsnahe *Konsens*_Realität" wäre.[86] Andernfalls müßte eine „*Ja-aber-Haltung*" oder eine „*Nein-aber-Haltung*" zur neoliberalen „*Konsens*_Realität" mit dem einhergehen, das man als „*innere Emigration*" bezeichnet.

---

[85] Vgl. in: a.a.O., Band I, Teilband 4, Teil 4: „Überlegungen zur Überwindung der real existierenden Lobbykratie".

[86] Mein Ende des Jahres 2018 startendes großes Buch-Projekt wird sich u.a. mit den Konsequenzen beschäftigen, die sich aus den Schlußfolgerungen ergeben, die aus dem in Fußnote 85 angegebenen Thema zu ziehen sind.

Nun, *„innere Emigration"* führt aber zu einer gespaltenen Persönlichkeit. Eine solche Spaltung sollte man nicht zulassen, sondern es wäre dann weit besser, auch weiterhin seine jenseits des aktuellen sozialen *Ist*_Zustandes liegenden Schlüsse zu ziehen und ihnen einen, dem aktuellen, neoliberal geprägten *Ist*_Zustand angemessenen Ausdruck zu verleihen da man andernfalls dem sowieso schleichenden Verlust an kritischer Meinungsäußerung selbst noch Vorschub leistete, dessen Resultat jenes wäre, das als Schere im Kopf zu bezeichnen ist.

In der am Horizont bereits wetterleuchtenden Diktatur ohne Deckmäntelchen aber — nun, in einer solchen ist so etwas wie *„innere Emigration"* gewiß eine *_physische_* Überlebensfrage: die seelischen und geistigen Schäden sind dann allerdings groß.

* * *

Ob man wohl, bspw., einen Generalbundesanwalt politisch tatsächlich zurückpfeifen wollte[87], ginge es nicht darum, die real existierende Lobbykratie[88] noch mit dem demokratischen Deckmäntelchen behängt zu lassen, da andernfalls die sich zunehmend verwischenden Unterschiede zwischen einem oligarchisch geprägten Rußland und einem oligarchisch

[87] Siehe den Bericht von Thomas Pany auf *Telepolis*: „'Landesverrat': Maas wacht ein bißchen auf...", vom 31. Juni 2015, dessen folgender Internet-Pfad am 22. Februar '18 erneut geprüft worden ist:
http://www.heise.de/tp/druck/mb/artikel/45/45598/1.html.

[88] Vgl. den Zwischenruf 1: „Können Menschen an Demokratieverdrossenheit leiden, « leben » sie in einer Lobbykratie?".

geprägten „Westen", bzw. einem oligarchisch geprägten, von der deutschen Politik bestimmten EU-Europa schlagartig deutlich würden?[89]

[89] Vgl. in: a.a.O., Band III, Teilband 2, Schlußwort — Schlußsatz I: „Kein Klärungsbedarf mehr." und Schlußsatz II: „Der Gipfel."

Elfter Zwischenruf

Frau Merkels Großzügigkeit
oder
Die Irrationalität deutscher Politik

Zeigte sich die offenbare Vorsteherin der EU sozusagen *exemplarisch* großzügig, als sie der russischen Regierung eine „Freihandelszone à la TTIP" von Lissabon bis Wladiwostok „in Aussicht stellte" — vorausgesetzt der „Ukraine-Konflikt" werde _*sofort*_ beendet?

Siehe hierzu beispielsweise den Artikel: „Irrwege zwischen Lissabon und Wladiwostok" in der Online-Ausgabe der *Neuen Züricher Zeitung* vom 5. Februar 2015.[90]

Dies ein Artikel übrigens, der ansonsten, wie üblich, nichts Erhellendes zu den _*Ursachen*_ der destruktiven Entwicklung insbesondere

[90] Der folgende Internet-Pfad ist am 22. Februar '18 erneut geprüft worden

http://www.nzz.ch/meinung/reflexe/irrwege-zwischen-lissabon-und-wladiwostok-1.18476818.

zwischen den „Elitestaaten des Westens" und Rußland beizutragen weiß. Und so dient auch dieser Artikel eher der Irreführung, diesmal bezüglich der, wie üblich, nachgeplapperten Behauptung Rußland habe im Jahre 2014 die Krim annektiert. Im Gegensatz dazu bekommt der interessierte Leser einen richtigen Eindruck von den diesbezüglichen Zusammenhängen, liest er den aufklärenden Essay von Reinhard Merkel: „Die Krim und das Völkerrecht: Kühle Ironie der Geschichte".[91]

Wiederholt wurde dieses „Angebot"

von der Vorsteherin der (__*kauder*_welsches__) „Deutsch sprechenden EU" im Juni 2016, wie *Sputnik-News* zu berichten weiß: „Merkel für Wirtschaftszone EU-Rußland von 'Lissabon bis Wladiwostok'".[92]

Wobei diese Wiederholung einerseits

mit der sowohl innerhalb der EU als nun auch weltweit objektiv zunehmenden, deutlichen Verschlechterung der wirtschaftlichen Entwicklung zusammenhängt, die, jetzt vor dem Hintergrund des Ergebnisses des britischen Referendums vom 23. Juni 2016 und der Wahl Donald Trumps zum US-Präsidenten am 8. November 2016 und seiner

---

[91] Dieser Essay ist am 7. April '14 auf FAZ.NET erschienen und über folgenden, ebenfalls am 22. Februar '18 erneut geprüften Internet-Pfad abrufbar:

http://www.faz.net/aktuell/feuilleton/debatten/die-krim-und-das-voelkerrecht-kuehle-ironie-der-geschichte-12884464.htm. Wegen seiner guten Argumentationsführung ist dieser Essay übrigens auch zu finden in: a.a.O., Band I, Teilband 4, Anhang I.

[92] Vgl. hierzu den ebenfalls am 22. Februar '18 erneut geprüften Internet-Pfad: http://de.sputniknews.com/politik/20160604/310375752/merkel-russland-wirtschaftszone-eu-lissabon-wladiwostok.html.

Vereidigung am 20. Januar 2017 lediglich weitere Beschleunigung erfahren wird, hin zu weltweiter Stagnation und Erhöhung des sozialen Drucks auf die *Insassen* der Nationalstaaten — einhergehend mit ihrer Faschisierung.[93]

Andererseits hängen solche verschleiert verpackten Äußerungen

mit dem Bestreben der Vertreter deutscher Machtpolitik zusammen, die unter dem Deckmantel der EU stattfindende Ausdehnung der deutschen Einflußsphäre bis weit nach Asien hinein voranzutreiben. Da hatte man keine Bedenken mit Terrorstaaten wie Usbekistan gemeinsame Sache zu machen, zumal bis Ende 2015 über den dortigen Flughafen Termez die Versorgung der sich bei Kabul eingemauert habenden deutschen Truppe in Afghanistan erfolgte.[94]

*Nichts* lesen davon in den deutschen „Qualitätsmedien"

zeitnah die von der „Willkommenskultur" paralysierten Michel und Michela, als den willigen *Muster*_Insassen des mählich sich *neo*_wilhelministisch, sprich: sich

---

[93] Vgl. die Seiten 86-96 des Ihnen vorliegenden Buches, beginnend mit: „Anmerkung zu sogenannten Demokraten und sogenannten Reformen". Und was dieses wiederholte „Angebot" anbelangt, vgl. den am 19. April '16 im Berliner *Tagesspiegel* erschienenen Artikel: „Ost-Ausschuß für 'Wirtschaftsraum von Lissabon bis Wladiwostok'", abrufbar über folgenden, am 22. Februar '18 erneut geprüften Link: http://www.tagesspiegel.de/wirtschaft/die-deutsche-wirtschaft-und-russland-ost-ausschuss-fuer-wirtschaftsraum-von-lissabon-bis-wladiwostok/13469558.html.

[94] Vgl. in: a.a.O., Band III, Teilband 1, die Seiten 276-81: „Unter den gegebenen Verhältnissen geht es folglich nicht um die Menschenrechte oder um einen 'Demokratie-Export'".

imperialistisch umformenden deutschen Nationalstaates — blasenmäßig erweitert durch eine „kauderwelsches Deutsch" sprechende EU.[95]

*Nun* sogar heuchlerisch behauptend,

man wolle in absehbarer Zeit

(__*gerechnet von August 2016 an*__)

die Demokratie in den Nachbarstaat Turkmenistan bringen. — Tja, wenn es um deutsche Machtpolitik geht, sind offenbar größtmögliche Lügerei und Heuchelei zwingend mit von der Partie.[96]

Zeigte sich also auf diese Weise Frau Merkel großzügig? Nein, aber sie zeigt ihre Irrationalität. Das heißt es wäre nicht weiter tragisch, wenn Frau Merkel eine idealtypische *Modell*_Hausfrau des Neoliberalismus' wäre, die nichts von Gesamtwirtschaft versteht und auch nichts von konstruktiver Politik, denn eine solche Hausfrau will ja nur „sparsam" sein. Das wäre absolut ok, aber es ist nicht mehr ok, _*wollte*_ diese nicht nur deutsche Kanzlerin sein, sondern es auch _*wäre*_ — und seit langen Jahren tatsächlich _*ist*_. Denn in dieser „*In*_Aussichtstellung" liegt die Verkennung der politischen Entwicklung, die, am Beispiel des Verhältnisses der „Elitestaaten des Westens" zu Rußland, in einer gesonderten Schrift

[95] Zum „Wilhelminismus" und seinen Konsequenzen, siehe in: a.a.O., Teilband 2, Teil 4: „Der Neowilhelmoliberalismus".

[96] Siehe in diesem Zusammenhang insbesondere auch den Zwischenruf 28.

zu erläutern geplant ist[97]. Das heißt die deutsche Politik ist,

einmal mehr

von egozentrischer Irrationalität geprägt — und daraus ist zu schließen, daß sie zur Führung Europas nicht geeignet ist, denn dazu bräuchten wir keine

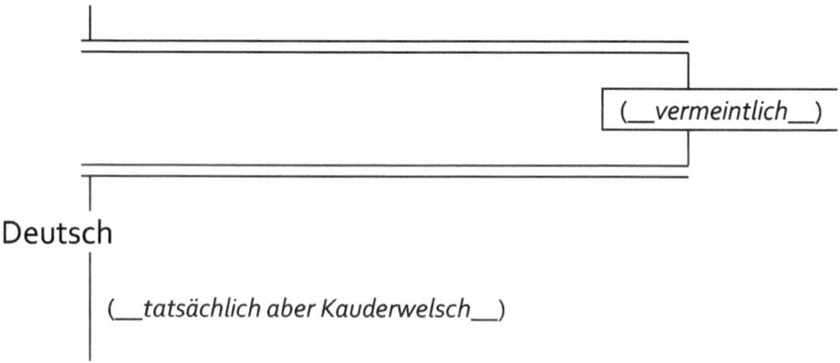

Deutsch

(__*tatsächlich aber Kauderwelsch*__)

sprechende EU, hingegen ein europäisch sprechendes Deutschland.

Nein, was Frau Merkel da anbietet, ist kein Angebot, sondern ein laut verkündetes,

*klein*_lautes Eingeständnis,

daß der Griff der „westlichen Elitestaaten" nach der Ukraine ein Fehler war. Und der Zusatz, daß erst der Ukraine-Konflikt zu lösen sei, ist auch eine Verschleierung: denn von

*wem*

---

[97] Diese Schrift wird ebenfalls in der Edition !_*scheuklappenfrei*_! erscheinen, wobei zur Zeit der revidierten Auflage des Ihnen vorliegenden Buches, deren Erscheinungsdatum noch nicht zu bestimmen war.

zu lösen? Von Rußland oder vom „Westen" — als dem Verursacher? Denn alles andere hatte sich aus *dieser*, sich seit dem Ende des Kalten Krieges ereignenden Verursachung entwikkelt, die dem Zweck der Ausdehnung des eigenen Einflußbereichs diente.[98] Einem Zweck also, der Rußland vorgeworfen wird. Stets aber wäscht man seine Hände in Unschuld — im „Westen". Das ist die so übliche wie gefährlich unverantwortliche *Heuchelei*.[99]

Objektiv gesehen ist es die neoliberal_*doktrinäre* Politik des „Westens", die kontinuierlich Ausdehnung der eigenen Einflußsphäre betreibt. Und das Ergebnis? Nun, es ist katastrophal: Das Verhältnis zu Rußland ist tief gestört und Europa quasi im Eimer, wenn nicht eine völlig veränderte Ausrichtung der EU-Politik mit praktisch sofortiger Wirkung erfolgte: *Völlig unrealistisch, solange die deutsche Politik die Geschicke Europas bestimmt.* Und da also diese katastrophale EU-Politik von der deutschen Seite vorgegeben wird ...

Das deutsche Wirtschaftsmodell belegt übrigens, daß diese Politik nicht einmal die Geschicke des eigenen

[98] Wer wesentlich für die *mit*_verursachten internationalen Konsequenzen neoliberaler Politik verantwortlich ist, wird deutlich in: Die *tri*_logische Sezierung [...], Band I, Teilband 3, Kapitel 14-17, sowie in: a.a.O., Band III, Lesung 19, dort insbesondere die Seiten 622-65: „Exkursion: Exemplarische Beispiele kontraproduktiver Konsequenzen deutscher Machtpolitik".

[99] Vgl. a.o.O., Band I, Teilband 3, Kapitel 14: „Die Politik bürgerlicher Nichtversteher".

Landes besonnen ausüben kann, funktioniert es doch lediglich auf Kosten anderer:

Die Konjunkturleistung eines „Exportweltmeisters"

ist eben nicht die einer „Lokomotive", die andere Volkswirtschaften mitzöge, immerhin müßten die dazu erst mehr exportieren — und zwar insbesondere in das Land dieses „Meisters" selbst, genau das war schließlich stets die „Lokomotiv-Leistung" der USA.[100]

Da also diese katastrophale EU-Politik von der deutschen Seite vorgegeben wird, denn Europa spricht jetzt „Deutsch"

(__das ich als _*Deutscher*_ allerdings _*nicht*_ als Deutsch, sondern lediglich als *Kauder*_Welsch bezeichnen kann__),

ist es die deutsche Seite, die sich hierbei neu zu orientieren hat.[101]

Das heißt die von den Vertretern der deutschen Macht-Elite bestimmte neoliberale Politik in Europa ist schädlich für die Masse der eigenen Bevölkerung, für die Masse der ande-

---

[100] Vgl. in: a.a.O., Band III, Teilband 2, Lesung 17: „Die von der deutschen Politik induzierten Handelsbilanzüberschüsse stellen eine Verletzung des Völkerrechts dar oder Das Dadaistisch-Surreale ist verdammt real".

[101] Lesen Sie hierzu bspw. den Artikel von Heiner Flassbeck — es lohnt sich, wird in ihm doch das absurde Denken einer Frau Merkel und die damit entsprechend einhergehende deutsche Politik-Praxis exemplarisch deutlich: „Die EZB kauft Anleihen, Deutschland warnt – aber wovor?" Der nachfolgende Link zu diesem Artikel ist am 22. Februar '18 erneut geprüft worden: https://makroskop.eu/2015/01/die-ezb-kauft-anleihen-deutschland-warnt-aber-wovor/.

ren Bevölkerungen Europas und somit für gutnachbarschaftliche Beziehungen überhaupt.

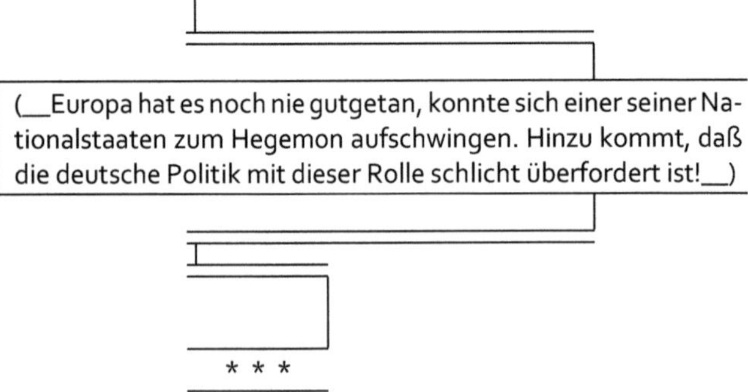

Übrigens haben Freihandelsabkommen à la TTIP nichts mit Freihandel, aber alles mit der Freiheit für die multinationalen Konzerne zu tun.

> Und „à la TTIP" betont lediglich, daß es um die Fragwürdigkeit solcher Abkommen überhaupt geht, denn solch ein „Freihandel" ereignet sich stets auf Kosten der Masse der Bevölkerung, d.h. unter Zerstörung gewachsener, marktkonform zugerichteter gesellschaftlicher Verhältnisse — in letzter Konsequenz weltweit.[102]

---

[102] In: a.a.O., Band III, Teilband 2, Anhang I: „Beleg für die Behauptung, daß die EU ein antidemokratisches Gebilde ist", wird dieses Problem am Beispiel des sogenannten Freihandelsabkommens CETA zwischen der EU und Kanada beleuchtet.

Abkommen dieser Art lassen sich zudem gar nicht transparent verhandeln, immerhin könnte es keine _*selbstbewußte*_ bzw. _*mündige*_ bzw. _*aufgeklärte*_ Bevölkerung gutheißen, daß sie durch die auf diese Weise den Konzernen zugeschanzten Sonderrechte Einspruchsmöglichkeiten verliert.

Denn solche, den Konzernen zugesprochenen Rechte, erlauben es diesen gegen geplante oder bestehende Gesetze oder Verordnungen _*vor*_ dem „Investitionsgericht" zu klagen — und zwar mit der Begründung, solche (__*bspw.*__) die Umwelt oder (__*bspw.*__) eine angemessene Steigerung des Mindestlohns betreffenden Gesetze oder Verordnungen könnten sich negativ auf ihre Investitionen auswirken ...[103]

Ob also den

für solche Abkommen verantwortlichen Politikern, „Wissenschaftlern" und schreibenden Mitarbeitern von Medien_*Konzernen* jener Begriff von seiner praktischen Bedeutung hergesehen überhaupt klar ist, von dem sie so gern der, durch ihr _*falsches*_ Informieren für dummverkauften Bevölkerung erzählen:

[103] Zum „Investitionsgericht" siehe ebenda, die Seiten 871-76, beginnend mit: „Das CETA-Gericht".

„Freihandel"?![104]

[104] Zum sogenannten Freihandel und seinen Besonderheiten siehe: „TTIP, Freihandel und wirtschaftliche Entwicklung": http://library.fes.de/pdf-files/id/ipa/11125.pdf.

Folgende, möglicherweise nicht kostenfreien Artikel befinden sich im Archiv des weiter oben schon erwähnten wirtschaftspolitischen Magazins *Makroskop*:

- Heiner Flassbeck: „Mit wem es sich zu handeln lohnt — und mit wem nicht": https://makroskop.eu/2013/11/mit-wem-es-sich-zu-handeln-lohnt-und-mit-wem-nicht/;
- indem: „Der Freihandel bringt Millionen neue Jobs oder wie man sich selbst in die Tasche lügt und das Volk wunderbar verwirrt": https://makroskop.eu/2013/07/abo-artikel-der-freihandel-bringt-millionen-neue-jobs-oder-wie-man-sich-selbst-in-die-tasche-lugt-und-das-volk-wunderbar-verwirrt/;
- idem zusammen mit Friederike Spiecker: „Der Freihandel als Retter oder warum die Phantasielosigkeit der Neoliberalen wirtschaftliche Entwicklung verhindert": https://makroskop.eu/2013/02/der-freihandel-als-retter-oder-warum-die-phantasielosigkeit-der-neoliberalen-wirtschaftliche-entwicklung-verhindert/;
- Patrick Kaczmarczyk: „Wachstum durch Freihandel — Ein Mythos", Makroskop.eu, 24. Februar 2017: https://makroskop.eu/2017/02/wachstum-durch-freihandel-ein-mythos/;
- Leon Podkaminer: „Internationaler Handel: Kein Treiber für globales Wirtschaftswachstum", Makroskop.eu, 7. März 2017: https://makroskop.eu/2017/03/internationaler-handel-kein-treiber-fuer-globales-wirtschaftswachstum/.

(__Alle diese angegebenen Internet-Pfade sind am 2. Februar '18 erneut geprüft worden.__)

* * *

Ein weiteres, sozusagen lobbykratie-typisches Problem zeigte sich erneut im Oktober 2016.

Die belgischen Regionen Wallonien und Brüssel sagten Nein zum sogenannten Freihandelsabkommen zwischen der EU und Kanada, das abgekürzt CETA heißt und für *Comprehensive Economic and Trade Agreement* steht, was soviel wie: „Umfassendes Wirtschafts- und Handelsabkommen" bedeutet, d.h. ein à-la-TTIP-Abkommen ist.

In den insbesondere von der Region Wallonien formulierten Bedingungen kommt das ganze Problem zum Ausdruck, was die Unterzeichnung solcher Abkommen bedeutet:

*_praktisch keine_*

repräsentativ-demokratischen Eingriffsmöglichkeiten in politische Entscheidungsprozesse mehr, denn lediglich unter folgenden Bedingungen wären die Wallonen zu einem Ja bereit gewesen:

- Kein Sonderrecht für Konzerne.
- Öffentliche Dienstleistungen dürfen nicht unter Privatisierungsdruck gesetzt werden.
- Die bäuerliche Landwirtschaft darf nicht gefährdet werden.

Dem Nein Walloniens war übrigens ein anderthalbjähriger Klärungsprozeß vorausgegangen, an dem das Regionalparlament, die regionale Wirtschaft, die verschiedenen, mit der Bevölkerung direkt verbundenen Gruppen und Organisationen und die Gewerkschaften beteiligt waren. Das heißt in der belgischen Region Wallonien hat es jenes gegeben, das man in einer repräsentativen Demokratie erwarten muß, und die auch nur auf diese Weise funktionieren kann: das Transparentmachen politischer Vorhaben, das Artikulieren der diversen Interessenlagen der verschiedenen gesellschaftlichen Gruppen und Organisationen, die Abklärung, wo _*dann*_ der Schuh drückte, wollte man ein solches Vorhaben umsetzen, bzw. unter welchen Bedingungen es umgesetzt werden oder/und welche Alternativen es dazu geben könnte — oder es auf keinen Fall umzusetzen wäre.

Daß diese oben aufgeführten Bedingungen

> *(__wobei diese selbstverständlich variieren können, insbesondere, was die dritte Bedingung anbelangt__)*

*genau nicht* Teil dieses und vergleichbarer Abkommen (__also à la TTIP__) sind und folglich keinen Niederschlag in solchen „Freihandelsabkommen" finden sollen, ist dafür Beleg genug, daß Abkommen dieser Art grundsätzlich demokratiefeindlich sind und lediglich hinter verschlossenen Türen ausgekungelt werden können, da keine aufgeklärte Bevölkerung mit der Nichtberücksichtigung bspw. der oben genannten Bedingungen einverstanden sein kann — und das belegt erneut, was von dem ganzen Gerede neoliberaler Politiker zu halten und was von ihrem tatsächlichen Tun zu erwarten ist:

> Bezogen auf Europa, nichts Gutes für die Masse der Europäer.

Also ist es eine Beleidigung, behaupten sogenannte Wissenschaftler und sogenannte Politiker sowie sogenannte Journalisten, daß Europa an demokratischen Entscheidungsprozessen scheitern würde. —

Es ist umgekehrt:

ihr Reden und ihr Verhalten sind eine Bedrohung für jenes, das erst den Namen „repräsentative Demokratie" verdiente: alle politischen Entscheidungen müssen _*vorab*_ auf ihre Demokratieverträglichkeit hin abgeklopft werden und der Entscheidungsprozeß muß auf transparente Weise erfolgen.

Am „initialen Nein" der Wallonen zu CETA wird übrigens auch deutlich, daß die Menschen nicht demokratieverdrossen, sondern lobbykratieverdrossen sind.[105]

Behaupten lobbykratische Politiker, daß es nichts mehr mit Demokratie zu tun habe, erkennen die Menschen einer Region, daß ein Handelsabkommen nicht mit demokratischen Regeln vereinbar ist,

*nachdem*

diese Menschen dort jenes getan haben,

das _*bisher*_ in keiner anderen Region Europas getan worden ist,

[105] Vgl. Zwischenruf 1: „Können Menschen an Demokratieverdrossenheit leiden, « leben » sie in einer Lobbykratie?", sowie in: a.a.O., Band I, Teilband 4, dort die Seiten 116-129, beginnend mit: „Dieser Reformprozeß zur Etablierung des Sozialen Rechtsstaates ist also kein Selbstzweck ...". Was insbesondere in diesem Zusammenhang das für eine Massengesellschaft absolute Bedeutung habende Problem der Art und Weise des Informierens anbelangt, siehe auch in: a.a.O., Band III, Teilband 1, Teil 1: „Von *Pen*_Pushern und *Spin*_Doktoren".

nämlich genau hinzuschauen,

was ein solches Abkommen _für sie_ bedeutet, und auf diese Weise zu dem Schluß kommen, daß das

(__selbstverständlich_!__)

abzulehnen ist, _dann_ zeigt sich darin ein anti_demokratischer und anti_europäischer Charakter.

Mit anderen Worten:

Politiker, deren Tun,

uns nämlich machtvollen Einzelinteressen auszuliefern

(__was gerade eben _nichts_ mit „Freihandel" zu tun haben kann__),

sind inakzeptable für _erwachsene_, also _aufgeklärte_ Menschen!

Nun, die Wallonen wurden schließlich mit „allen, geneigt machenden Mitteln" dazu gebracht, ihre richtige Entscheidung zu revidieren, also

mittels korrumpierender Tricks, der rabiaten Androhung des Entzugs von Fördergeldern und der skrupellos beförderten Spaltung der belgischen Bevölkerung.

Zum einen ist in den letzten Jahren das Kauderwelsches und Kakophonisches erzeugende Tun der unter deutscher Führung praktizierten EU-Politik genügend deutlich geworden, zum anderen, daß aus der Bevölkerung via Referenden kommende oder in direkter Abstimmung mit ihr getroffene Entscheidungen für eine Lobbykratie vollkommen inakzeptable sind — es sei denn, solche derartig getroffenen Entscheidungen erschienen deren Vertretern als opportun.

Allerdings soll an dieser Stelle doch angemerkt werden, daß, also trotz aller dadaistischen Surrealität des lobbykratischen Zeitalters, zu diesen „geneigt machenden Mitteln"

*noch kein*

offen militärisches Eingreifen gehört, denn so etwas kann frühestens erst der Fall sein, gibt es einen einheitlichen Kriegsarm der EU, allerdings schon in absehbarer Zeit: nämlich spätestens bis 2020 soll ein solcher „Arm" Teil des „EU_*Reichskörpers*" sein.[106] — Die in Afghanistan bereits unter echten Bürgerkriegsbedingungen geübt habenden Truppen der diversen Sondereinsatzkommandos der EU-Mitgliedstaaten werden dazu jedenfalls

ausreichend *ver*_roht

sein. Jedenfalls übten Bundeswehr und Polizei _*erstmals*_ schon einmal im März 2017, wie es sich anfühlt, haben sie im Inneren gemeinsam gegen Feinde vorzugehen — welche „Terroristen" das dann auch immer sein mögen:

[106] Vgl. in: a.a.O., Band I, Kapitel 18.

Beispielsweise solche, die _*halsstarrigerweise*_ nicht verstehen wollen, daß Fracking „gut" sei? —

Daß solche Zusammenarbeit so locker von der Hand geht, ist übrigens auf das Management der Grünen zurückzuführen: Ein Herr Kretschmann, in seinen besonderen Eigenschaften als Ex-Maoist und amtierender Ministerpräsident von Baden-Württemberg, hat das zusammen mit einem Herrn Strobl eingestielt, zu dessen besonderen Eigenschaften wiederum gehört, u.a. der CDU-Innenminister des genannten Bundeslandes und der Schwiegersohn von Herrn Schäuble zu sein, der sich übrigens eine schwarz-grüne Bundeskoalition gut vorstellen kann.[107]

Realistisch anzunehmen also,

daß die Bundeswehr-Polizei in absehbarer Zeit gegen „Terroristen" vorgehen wird — bspw. die über Abkommen à la TTIP verbrieften Rechte der Konzerne zu verteidigen, bzw. die Lobbykratie zu verteidigen.

Nun, wem _*das*_ überlegungsmäßig doch zu weit ginge,

wird wohl noch zu überraschen sein, erlebte er selbst _*jenes*_ innen-

[107] Die Bereitschaft der GRÜNEN-Verhandler bei den „Sondierungsgesprächen" nach der Bundestagswahl 2017, ob eine sogenannte Jamaika-Koalition, bestehend aus CDU/CSU/GRÜNEN/FDP, möglich wäre, quasi alle ihre substantiellen Politik-Elemente einer solchen Koalition zu opfern, belegt, daß Herr Schäuble in seiner Einschätzung den GRÜNEN gegenüber richtig liegt: bei dieser Partei handelt es sich um eine FDP mit „grünem Anstrich", der, wie in: a.a.O., Band I, Teilband 3, Kapitel 14, sowie weiter unten in dem Ihnen vorliegenden Buch deutlich wird, eher Reaktionäres eigen ist als tatsächlich Progressives.

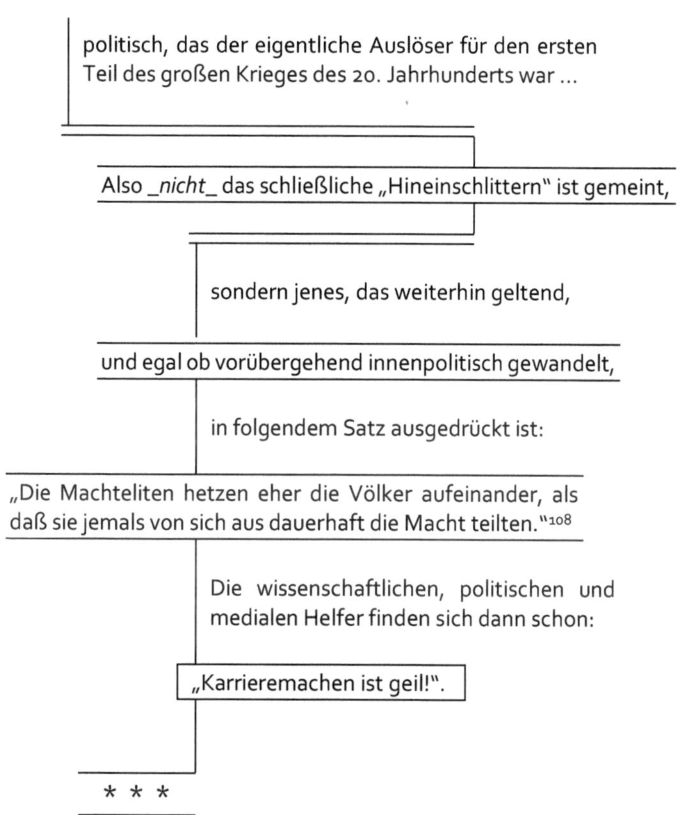

Abschließend sei lediglich noch darauf hingewiesen, daß das Einräumen von Sonderrechten per se so wenig mit Demokratie vereinbar ist wie das unter Ausschluß der Öffentlichkeit stattfindende Auskungeln von Abkommen, die als Schlußsteine der Etablierung der Lobbykratie zu verstehen sind.

---

[108] Diese Zitatstelle findet sich in: a.a.O., Band I, Teilband 1, Seite 109 oben.

Zwölfter Zwischenruf

„Sind die nun gewählt oder nicht?"

Als im Bundestag einmal eine Rede gehalten wurde, in der es um die nach dem 22. Februar 2014 auf „seltsame Weise" an die Macht gekommene Regierung in Kiew[109] und es zudem um irgendeine sogenannte „Haltung" der Regierung des größten europäischen *marktkonformen* Staates ging, rief ein abgeordneter Lobbykrat dazwischen:

> „Sind die gewählt oder sind die nicht gewählt!?"[110]

Was durchaus folgerichtig war.

---

[109] Vgl. Paul Schreyer: „Der Putsch, der keiner sein darf", *Telepolis*, abrufbar über folgenden, am 22. Februar '18 erneut geprüften Internet-Pfad: http://www.heise.de/tp/druck/mb/artikel/44/44277/1.html. _ Aus meiner Sicht wird in diesem Artikel u.a. die moralische Verkommenheit der deutschen schreibenden Mitarbeiter der Medien_*Konzerne* und der Mißbrauch ihres Status als Vertreter der sogenannten vierten Gewalt beispielhaft deutlich.

[110] Gemeint waren die Vertreter der in erster Linie mit Hilfe gewisser „Dienste" der USA an die Macht gekommenen Putsch-Regierung in Kiew. (__Vgl. zu diesem Themenkomplex in: Die *tri*_logische Sezierung [...], Teilband 3, Kapitel 16: „Die 'Nationalitätenfrage, die Ukraine und die 'Elite des Westens'", insbesondere die Seiten 377 ff.__)

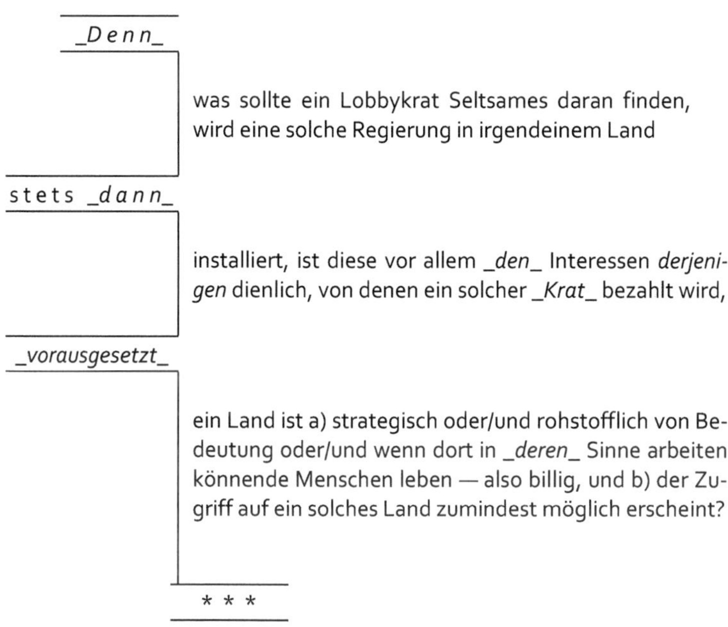

Denn

was sollte ein Lobbykrat Seltsames daran finden, wird eine solche Regierung in irgendeinem Land

stets _dann_

installiert, ist diese vor allem _*den*_ Interessen *derjenigen* dienlich, von denen ein solcher _*Krat*_ bezahlt wird,

*vorausgesetzt*

ein Land ist a) strategisch oder/und rohstofflich von Bedeutung oder/und wenn dort in _*deren*_ Sinne arbeiten könnende Menschen leben — also billig, und b) der Zugriff auf ein solches Land zumindest möglich erscheint?

* * *

Bezogen auf die politische Entwicklung allein in Europa ...

(__Eine Entwicklung übrigens, die, nicht nur bezogen auf Griechenland, noch im Jahre 2010 geräuscharm und konstruktiv lösend zu meistern gewesen wäre, hätte eine Frau Merkel nicht eine damals anstehende NRW-Wahl im „Kopf" und überhaupt Verständnis von den Wirkkräften einer Währungsunion gehabt — die sie selbst heute noch nicht hat.__)

... bedeuten die Tiraden deutscher Propaganda folgendes:

Was „Demokratie" ist, bestimmen Lobbykraten, nicht Demokraten. Das muß so sein, denn ansonsten wäre „Demokratie" eine verdammt einseitige Angelegenheit:

Eine Demokratie, bestehend aus Demokraten?

Immerhin ist ja allgemein bekannt, daß *Ein*_Seitigkeit schlecht ist, oder? — Sie verlangen nach Beispielen?

Nun,

als das am 5. Juli des Jahres 2015 abgehaltene griechische Referendum zum Ergebnis hatte, daß sich nicht nur eine deutliche Mehrheit der Griechen gegen eine Fortsetzung einer von der EU und insbesondere von der deutschen politischen Kommando-Truppe Europas initiierten Austeritätspolitik gestimmt hatte, sondern insbesondere ca. 80 % der jungen Griechen[111], war das nicht einmal ansatzweise ein Thema für die großen Demokraten Deutschlands.

Muß noch mehr gesagt werden,

was von diesen und den schreibenden

[111] Vgl. das YouTube-Video (__*von dem weiter oben schon die Rede war*__), in dem der in den Bereichen Kapitalwirtschaft, Politische Ökonomie und volkswirtschaftliche Ideen-Geschichte forschende und u.a. an der SOAS (School of Oriental and African Studies) der Londoner Universität lehrende Costas Lapavitsas darauf zu sprechen kommt. Der folgende, am 22. Februar '18 erneut geprüfte Link ist auf diese entsprechende Stelle justiert:

https://www.youtube.com/watch?v=8vTTUcaYEWs&feature=youtu.be&t=937.

Mitarbeitern der Medien_*Konzerne* sowie

den bürgerlichen Intellektuellen überhaupt

zu halten ist, die, als es darum ging, die, diesem Referendum nachfolgend praktizierte Politik eines Herrn Tsipras zu verteidigen, jede Rechtfertigung gefunden hatten?[112]

Oder was von einem Herrn Gabriel tatsächlich zu halten ist,

wollte der den jungen Briten _*mal eben*_ eine „deutsche Staatsbürgerschaft" anbieten — nachdem die britische Bevölkerung sich am 23. Juni 2016 in einem Referendum gegen einen Verbleib in der EU ausgesprochen und dann genau dies ein Herr Gabriel vorgeschlagen hatte?[113]

Oder was ist von solchen zu halten,

die sich darüber empörten, daß die Wallonen jenes getan haben, das *erste* (!) Aufgabe der Vertreter eines jeden demokratischen Gemeinwesens ist?[114]

[112] Erinnern Sie den Inhalt der Zwischenrufe 6 und 7 und siehe hierzu auch in: Die *tri*_logische Sezierung [...], Band I, Kapitel 19: „Zeit der Illusionisten".

[113] Vgl. bspw. dessen Absonderung in: „Gabriel fordert deutschen Paß für junge Briten!" Der folgende Internet-Pfad ist am 22. Februar '18 erneut geprüft worden: http://www.focus.de/politik/ausland/unruhe-nach-brexit-votum-gabriel-wir-muessen-auf-junge-briten-zugehen_id_5690830.html.

[114] Siehe weiter oben die Seiten 171-77, beginnend mit: „Die belgischen Regionen Wallonien und Brüssel ...".

Muß noch mehr gesagt werden, daß deutlich werde, in welcher Tradition solche, die gesellschaftliche Richtung bestimmenden Figuren stehen?

Nein, denn es sind exemplarische Belege dafür,

daß sie und ihre Organisationen (__*ob Think Tanks, politische Parteien oder Medien*__) nicht nur ein _*Gegengewicht*_ zu tatsächlichen Demokraten darstellten,

sondern

(__da solche Töne und „Vorschläge" nun sozusagen *en masse* aus jenem sich neowilhelministisch umformenden Nationalstaat kommen, der selbst keine _*frei*_ gewachsene Demokratie_*Tradition* aufzuweisen hat__),

daß zudem ein derartig geführter und folglich in wilhelministischer Tradition stehender Staat,

für deren Vertreter in *spin*_doktorischer Wissenschaft, Politik und Medien sowohl „Aufklärung" als auch „Humanität" lediglich als Floskeln zu gebrauchende Begriffe darstellen,

selbst _*nichts*_ in einer Gemeinschaft von Staaten zu suchen hat,

für die insbesondere diese Begriffe, ihr Selbstbewußtsein bestimmender, für diese also von grundsätzlicher Bedeutung sind.

Aktuell gilt das allerdings kaum für einen der Mitgliedstaaten der EU, denn diese Union ist (__*objektiv gesehen*__) einer aufklärerischen und humanistischen Orientierung nicht verbunden.[115] folglich harrt eine derartig strukturierte Gemeinschaft von Staaten noch der Realisierung und deren „Weg" immerhin bereits seine Skizzierung gefunden hat.[116]

Was übrigens das Problem des „Nationalstaates" anbelangt, der eben nicht die Heimstatt eines Volkes ist, sondern die Spielwiese seiner Machtelite, die stets bemüht sein *muß*, die Insassen ihres Staates derartig zu manipulieren, daß diese ihr folgen, denn allein, also mangels eigener Masse, wäre sie nicht in der Lage, _*ihre*_ Interessen durchzusetzen — was also das Problem des Nationalstaates anbelangt, sei bspw. auf das Kapitel 13: „Die Welt als 'Hinterhof' der Machteliten oder Der Nationalstaat als grundlegendes Problem für Frieden", in: a.a.O., Band I, Teilband 3, verwiesen.

Da dieses Land aber nicht lediglich Mitglied in der EU, sondern sogar ihr Hegemon ist, liegt es jetzt an den anderen Hauptländern der EU, die primär von diesem Land bestimmte EU-Politik nicht mehr zu akzeptieren — mehr noch, diesem Land mit Rauswurf zu drohen, setzte es sich, *anstatt* weiterhin von den Ursachen und den primär Verantwortlichen dieser Fehlkon-

[115] Vgl. bspw. den Zwischenruf 20: „Die 'politische Klasse' Deutschlands im besonderen und die der EU im allgemeinen".

[116] Vgl. in: Die *tri*_logische Sezierung [...], Band I, Teilband 4: „Der Lösungsweg".

struktion abzulenken, indem seine „verantwortlichen" lobbykratischen Politiker und lobbykratischen Propagandisten und lobbykratischen Wissenschaftler den Daumen auf dafür nicht ursächliche Probleme gedrückt halten, nicht _*unverzüglich*_ für die notwendige Korrektur der falschen Konstruktion der Währungsunion sowie für das Ende der Austeritätspolitik ein![117]

Um _*danach*_,

also nach dessen Rauswurf, das tragfähige Fundament einer wirklichen Europäischen Union erst mit _*der*_ Zielsetzung zu schaffen, daß sowohl eine prozeßhaft erfolgende, also *demokratie*_konforme Integration der Gesamtwirtschaft ihres Raumes realistisch und auf diese Weise _*allgemeine*_ Prosperität erst möglich wird, und, ebenso prozeßhaft, sich das in einem jeden ihrer Bewohner steckende Potential _*frei*_ entfalten kann.[118]

---

[117] Siehe den Zwischenruf 8: „34 Cent oder Ohne einen Deuxit hat die EU keine Überlebenschance mehr".

[118] Vgl. in: a.a.O. Band I, Teilband 4: „Der Lösungsweg — Überlegungen zur Überwindung der real existierenden Lobbykratie", in diesem Zusammenhang insbesondere die Kapitel 24 und 25.

Dreizehnter Zwischenruf

Wo taucht unsere Regierung?

Echte Satire findet in der Realität statt. So titelte bspw. am 14. Dezember des Jahres 2014 im Internet das RealSatireBlatt

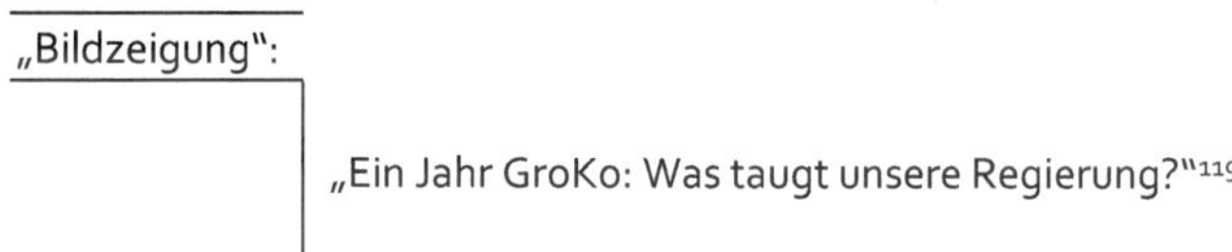

Nicht ungewöhnlich also, daß ich mir eine Antwort darauf bis zum 31. Dezember jenes ausgehenden Jahres aufgehoben hatte und dann schrieb,

Zitat:

Nun, ich habe es immer gewußt, aber mich nicht getraut es auszudrücken, jetzt aber, in der Zeit der anbrechenden politischen *Vor*_Dimmung, ehe es also zur politischen *Ver*_Dimmung kommt, will ich nicht länger schweigen.

---

[119] Der passende Link ist am 22. Februar '18 erneut geprüft worden: http://www.bild.de/politik/inland/grosse-koalition/was-taugt-unsere-regierung-38967196.bild.html.

Zwar nicht dem Selbstverständnis des Verlages, aber der Realität nach, ist *BILD* _*d a s*_

Polit_*Satire*_Blatt, das nicht nur der politischen *Real*_Satire ihren *an*_gemessenen Sinngehalt gibt, sondern das

(__*rollenfeste*__)

reale *Polit*_Satiriker wie Frau Merkel, Herr Steinmeier, Frau von der Leyen, Herr Gabriel oder Herr Schäuble ...

(__Und gewiß, es sind lediglich Namen, so daß in 10 Jahren wohl andere zu nennen sein werden — und die genannten vergessen; obwohl das wohl für zwei der genannten nicht stimmen wird, ist von diesen doch bereits, den deutschen politischen Alltag _*bleibend*_ Prägendes ausgegangen: das Merkeleske und der Schäubleismus.[120]__)

Also lediglich den befähigtsten Polit-Spitzen unserer Zeit

seien an _*dieser*_ Stelle Zeilen *ein*_geräumt ...

jedenfalls dieses Blatt solche anspornt sowie,

so notwendig,

[120] Zum „Merkelesken" siehe in: a.a.O, Band III, die Seiten 791-800: „Das Merkeleske am Merkelesken" und zum „Schäubleismus", in: a.a.O., die Seiten 702 f.: „Anmerkung zum „Schäubleismus".

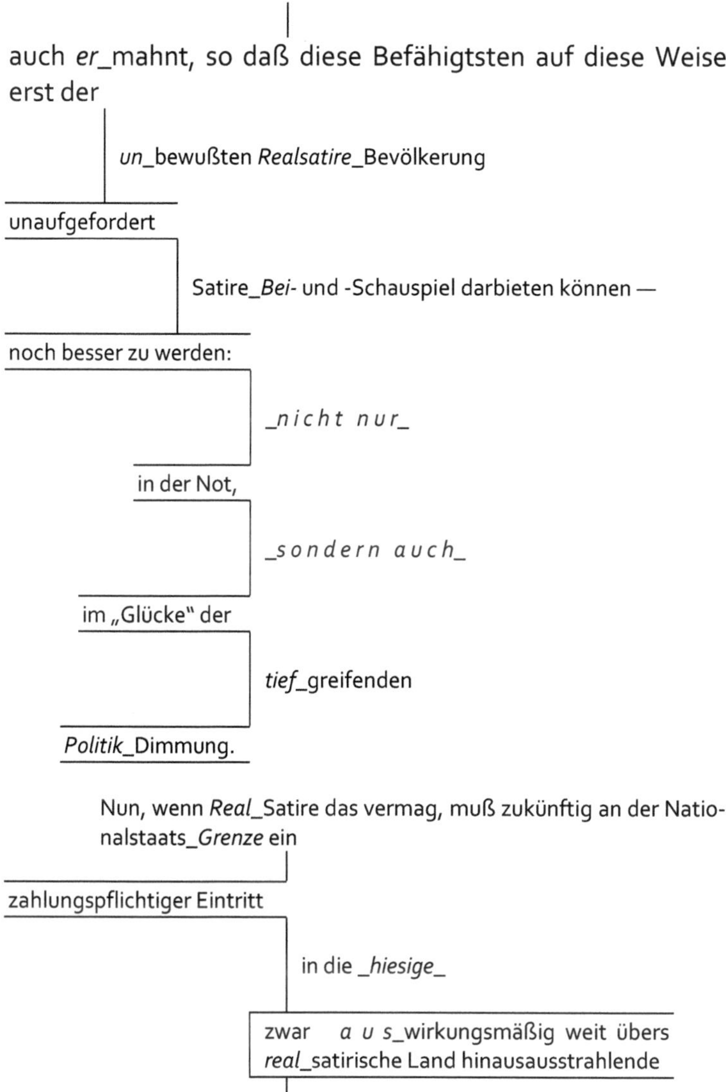
auch *er*_mahnt, so daß diese Befähigtsten auf diese Weise erst der
*un*_bewußten *Realsatire*_Bevölkerung
unaufgefordert
Satire_*Bei*- und -Schauspiel darbieten können —
noch besser zu werden:
_*n i c h t n u r*_
in der Not,
_*s o n d e r n a u c h*_
im „Glücke" der
*tief*_greifenden
*Politik*_Dimmung.
Nun, wenn *Real*_Satire das vermag, muß zukünftig an der Nationalstaats_*Grenze* ein
zahlungspflichtiger Eintritt
in die _*hiesige*_
zwar *a u s*_wirkungsmäßig weit übers *real*_satirische Land hinausausstrahlende

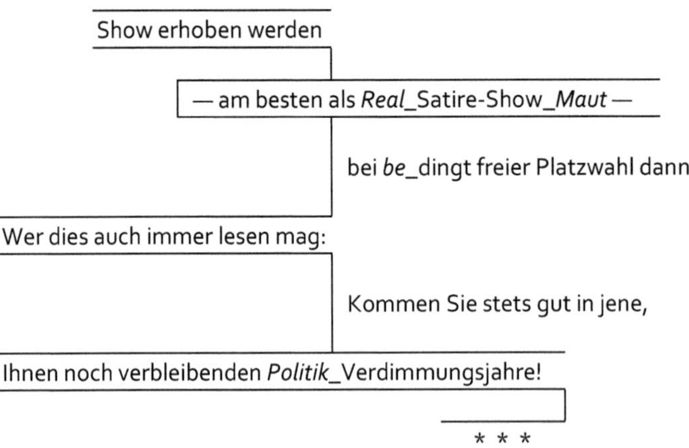
Show erhoben werden

— am besten als *Real*_Satire-Show_*Maut* —

bei *be*_dingt freier Platzwahl dann.

Wer dies auch immer lesen mag:

Kommen Sie stets gut in jene,

Ihnen noch verbleibenden *Politik*_Verdimmungsjahre!

* * *

Wieso hatte ich dieses, aus dem Jahre 2014 stammende Selbst-Zitat für den dreizehnten Zwischenruf dieses *Buches der Zwischenrufe* verwendet — und das sowohl für seine erste

(__*bis auf eine kleine Ergänzung, das* „Merkeleske“ *und den* „Schäubleismus“ *betreffend*__)

als auch für diese Ihnen vorliegende, zweite Ausgabe? — Nun, das ist

*sssnell* erklärt:

Kein Satz hat seine Gültigkeit verloren — bis auf den letzten, da müßte das Objekt ins Singular gesetzt werden. Eine Korrektur, die ich _*Ihnen*_ überlassen möchte:

Korrigieren Sie mich also!

Vierzehnter Zwischenruf

Unabhängig von der Frage, ob jemand überhaupt Macht ausüben sollte: Wie überzeugend kann ein Vasall die Rolle einer Führungsmacht spielen?

Wie den Medien zu entnehmen war, hatte Herr Michael Fuchs, als Vize-Vorsitzender[121] der Unionsbundestagsfraktion, d.h. der neoliberalen Unions_*Kern*_Parteien ...

(__Eigentlich bestehend aus CDU und CSU.__)

Wobei _*heutzutage*_ gar nicht mehr sicher ist, ob *„Unionsfraktion“* nicht überhaupt die adäquate Bezeichnung wäre für die eine große, vielflügelige **In**ternationale **Ne**oliberale **Po**rtei (__InNePo__). Dementsprechend in Deutschland bestehend aus CDU/CSU/SPD/Grünen /AfD/FDP.

Sowie antichambrierend „Die Linke“, die nicht erst seit dem Jahre 2016 in jenem besonderen „Realo-Wandlungsprozeß“ begriffen ist, der exemplarisch von den Grünen her bekannt ist.

[121] Diese Aussage wird zwar früher oder später ihre Stimmigkeit verlieren — als eine der wenigen dieses Buches —, da diese aber über einen bleibenden exemplarischen Wert verfügt, ist dies in Kauf zu nehmen.

Nun, dieser Herr Fuchs hatte eine Form von Sorge. Hierbei handelt es sich um jene Sorge, daß die

> „Amerikaner uns von den Geheimdienstinformationen *ab*_schalten"[122],

würde selbst im abgeschirmten Bereich des Parlamentarischen Kontrollausschusses, ein

> *_klein wenig_*

Einblick in sowieso weitgehend geschwärzte Unterlagen der NSA-Lausch-Affaire genommen.

Über eine seiner Abteilungen, also im Rahmen seiner tragenden Funktion als Deutschland-Hauptvertretung der NSA, ist der Bundesnachrichtendienst (__BND__) in diese Affaire verwickelt, von der die diversen Kanzleramtsminister gewußt haben müssen, bzw. jeder aktuelle wissen *_muß_* — ansonsten käme er seiner Aufgabe nicht nach, wäre demnach zu entlassen: *d.h. so oder so*.[123]

Geschähe das, sorgte sich Herr Fuchs *„ernsthaft um die Sicherheit vor Terroranschlägen in Deutschland*".

Nun, die Sorge des Herrn Fuchs ist berechtigt. Allerdings aus einem anderen Grund, als er suggerieren will. Denn Fakt ist folgendes ...

---

[122] Vgl. bspw. die Notiz in der Online-Ausgabe der Wochenzeitschrift *Die Zeit*: „BND-NSA-Affäre: Unionsvize Fuchs droht SPD mit Neuwahlen". Der am 22. Februar '18 erneut geprüfte Link ist folgender:

http://www.zeit.de/politik/deutschland/2015-05/bnd-nsa-koalition-union-spd-streit-michael-fuchs-neuwahlen.

[123] Vgl. in: Die *tri*_logische Sezierung [...], Teilband 2, Kapitel 4: „Eine Verfassung ist die Grundlage einer entsprechend grundgesetzlich verfaßten Gesellschaft".

* * *

Ein Fakt übrigens, um den _*jeder*_ in einer deutschen Regierung sitzende Politiker genauso weiß, und deshalb eine seinerzeit aufgestellte Forderung fürs Fenster gesprochen worden war, daß die Bundesregierung nämlich

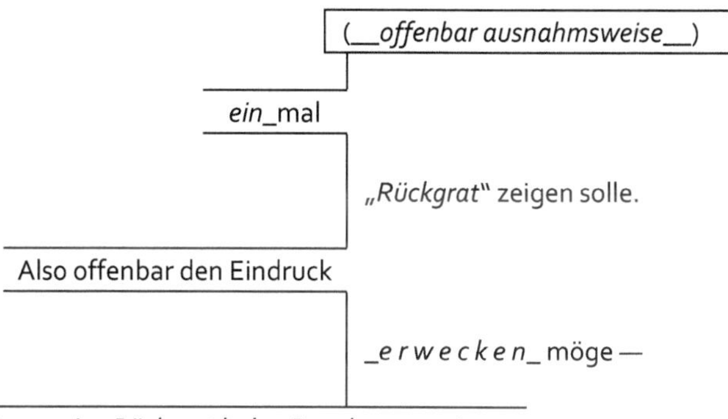

(__*offenbar ausnahmsweise*__)

*ein*_mal

„*Rückgrat*" zeigen solle.

Also offenbar den Eindruck

_*e r w e c k e n*_ möge —

nämlich so etwas wie „*Rückgrat haben*" zu demonstrieren.

Wie es die deutsche politische Führungsschicht i.d.R. (__*lobbyistisch abgestimmt*__) tut,

kann

sie davon ausgehen, daß sie es mit Schwächeren zu tun hat, z.B. mit Griechenland, und dies lediglich deshalb kann, da sie sich in eine europäische Führungsposition

_*g e m o g e l t*_

hat, in der sie einerseits als Vasall nichts zu suchen und andererseits deshalb nichts zu suchen hat, da, objektiv gesehen, ihre praktizierte Politik _*schädlich*_ für Europa ist, wie die Auswirkungen der insbesondere von der Begründerin des Merkelesken und vom Begründer des Schäubleismus' geforderten Austeritätspolitik deutlich machen. Und diese Politik ist für die deutsche Bevölkerung selbst noch aus einem anderen Grund schädlich, da diese, von den, offenbar bezogen auf die entscheidenden Fragen gleichgeschaltet schreibenden Mitarbeitern der Medien_*Konzerne* für dumm verkauft, gar nicht begreift, in welch ein politisches Fahrwasser uns solche Figuren manövrieren. Aber diese politische Führungsschicht darf

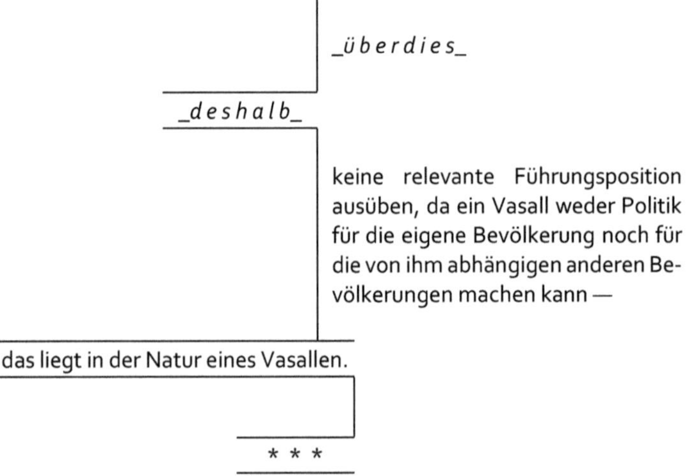

Nun, dieser Fakt ist von mir im Rahmen der aufkochenden Snowden-Affaire im kleinen Kreis zwar wie folgt bereits am 27. Juni des Jahre 2013 und etwa ein Jahr später noch einmal an anderer Stelle ausgedrückt worden, dies nun aber deshalb an dieser Stelle quasi wortwörtlich wiederholt werden muß, da sich an diesem Fakt nichts geändert hat: daß die NSA nämlich gar nicht gegen deutsches Recht verstößt, denn sie agiert nach Sonderrecht. Und wenn sie nach Sonderrecht agiert, dann sollte man aufhören zu glauben, deutsche Politik wäre souverän, d.h. dieser Staat sei souverän.[124]

(__Man muß allerdings in diesem Zusammenhang daran erinnern, daß die Führungsschicht dieses Staates noch _*nie*_ etwas Konstruktives mit ihrer Souveränität anzufangen wußte, wie die Geschichte lehrt.__)

Insofern wird hier nur Politik gespielt. Das Paradoxe an diesem Spiel ist aber, daß seine Auswirkungen nicht gespielt sind.

Es mutet wie ein Witz an, stehen die Begründerin des Merkelesken, oder irgendwann eine andere, in der Tradition des Merkelesken stehende Figur, und der Begründer des Schäubleismus, oder irgendwann eine andere, in der Tradition dieses _*Ismus*_ stehende Figur, als Polit-Schauspieler auf der Europa-Bühne und schauspielern etwas von richtiger Politik vor, mit allerdings verheerenden Konsequenzen _*vor*_ der Europa-Bühne — also im wirklichen Europa. Und insofern sind für dieses Spiel die NSA und anverwandte Ausspähdienste mit ihren diversen Programmen

*hinter*

der Europa-Bühne elementar. Und so werden diese Regierungsschauspieler nichts Angemessenes gegen diese Machen-

[124] Siehe zu der problematischen Vasallen-Rolle (__*und den daraus resultierenden, bis heute nachwirkenden Konsequenzen*__) der deutschen politischen Führungsschicht nach dem Ende des zweiten Teils des großen Krieges des 20. Jahrhunderts in: a.a.O., Band I, Teilband 4, die Seiten 71-78: beginnend mit: „Überzeugen kann es nicht ...".

schaften nach Sonderrecht unternehmen können. Denn verfolgt man, wie die USA mit allen Mitteln versuchen, daß Edward Snowden ...

> Der am 21. Juni 1983 geborene, und ehemalige Agent des us-amerikanischen Geheimdienstes National Security Agency (__NSA__), Edward Joseph Snowden, setzte mit seiner am 20. Mai 2013 erfolgten Flucht nach Hongkong und den mitgeführten geheimen Daten, im nachfolgenden Juni dann erstmals von befreundeten Journalisten publiziert, die weltweite Öffentlichkeit von quasi lückenlosen (__*weltumspannenden*__) Überwachungsmöglichkeiten in Kenntnis, die jedes Gerede von Demokratie und persönlichen Freiheitsrechten wie Hohn erscheinen lassen.

... an sie ausgeliefert wird, würden sie genauso mit allen Mitteln versuchen, diese (__*oder andere*__) Regierungsschauspieler daran zu hindern, nicht in ihrem Sinne zu funktionieren. Und wie? — Nun, da gibt es insbesondere dann sozusagen ein Füllhorn an Möglichkeiten, ist ein Staat wie der deutsche einerseits so exportabhängig und mißbraucht dieser Staat andererseits zu seinem eigenen Nutzen das einzige Gegengewicht

> (__nämlich den europäischen Wirtschaftsraum, also die EU und hier insbesondere die EWU__)

mit dem „Ziel"

> (__und _*letztlich*_ doch nur zum eigenen Schaden!__),

sich auf diese Weise, wie sich ein Junkie zur Befriedigung einer sinn_*leeren*, wenn auch für ihn notwendig gewordenen Begehrlichkeit dopt,

den Titel

„Exportüberschußweltmeister"

auf die Stirn kleben zu können. Zumal dieses lediglich auf Grund von Verschuldung anderer Volkswirtschaften möglich geworden ist. Denn ohne Kreditvergabe an andere, daß diese ihm seine Waren abkaufen mögen, ist ein solcher Überschuß dauerhaft gar nicht möglich.

Folglich zerstören die Machtelite und ihre Satelliten in Politik, *spin*_doktorischer Wissenschaft und Medien dieses Staates, durch die Forderung, daß ihr untaugliches „Wirtschaftsmodell" für den EWU-Raum verbindlich zu gelten habe

(__sprich: „Austeritätspolitik" zur schließlichen Export-Trimmung der gesamten EU, obwohl dies, ohne schädliche Konsequenzen für alle Beteiligten, kollektiv gar nicht praktiziert werden könnte__),

diesen Wirtschaftsraum —

und damit _*letztlich*_ die eigene Gesellschaft.

Schließen sich aber auf Dauer das Anhäufen von Exportüberschüssen bei dem einen und die Austeritätspolitik bei den anderen Mitgliedern einer Währungsunion aus, bzw. zieht dies _*fundamental*_ zerstörerische Konsequenzen nach sich, gilt das potenziert, wollte man auf diese Weise die Länder der EU in einen „Exportblock" verwandeln, der in den Rest der Welt stets mehr exportierte als er von dort importierte.

* * *

Wer überdies Freihandelsabkommen à la TTIP als Möglichkeit für wirtschaftliche Prosperität mißversteht und dieses, jetzt, wo diese Sonderrechtsmachenschaften offensichtlich geworden sind, und das vor dem Hintergrund der aktuell ablaufenden Digitalisierung der Gesellschaft(__en__), immer noch fordert, nun, der hat wirklich nicht den Schuß gehört![125]

Und, ja, Sie haben recht, Herr Fuchs, man muß sich Sorgen machen. Einmal deshalb, da die deutschen politisch Verantwortlichen in ihrer Selbstverblendung offenbar noch immer nicht begriffen haben, daß ein Vasall eines anderen Staates keine Führungsmacht für ein souverän _*konstruktiv*_ agierendes Europa sein kann.

„Konstruktiv" ist in diesem Zusammenhang übrigens im Sinne der Politik einer *Union Sozialer Rechtstaaten* zu verstehen (__vgl. a.a.O., Band I, Teilband 4, Kapitel 21 bis 25__).

[125] Vgl. weiter oben die Seiten 171-77, beginnend mit: „Ein weiteres, sozusagen lobbykratie-typisches Problem ...", siehe auch weiter unten die Seite 241, beginnend mit: „Wer allerdings glaubt, daß sich dies alles erledigt habe ...". Und was von der Behauptung zu halten ist, durch hartes Nachverhandeln neoliberal tickender Politiker sei dem sogenannten „Freihandels-Sondergericht" der Zahn gezogen worden, können Sie (__*am Beispiel von TTIP*__) in: a.a.O., Band I, Teilband 3, Seiten 481 f., beginnend mit: „Daß solche (__„Freihandels-__) 'Schiedsgerichte' nicht mehr so heißen sollen ...", nachlesen. Der ganzen Komplex eines solchen Freihandelsabkommens wird (__*am Beispiel von CETA*__) in: a.a.O., Band III, Teilband 2, Anhang II: „Beleg für die Behauptung, daß die EU ein antidemokratisches Gebilde ist", abgehandelt.

Diese *Union Sozialer Rechtsstaaten* ist also _*nicht*_

mit der real existierenden Europäischen Union zu verwechseln, die sich aus einst bürgerlichen Sozialstaaten konstituiert hatte, als den situationsbedingten gesellschaftlichen Kaschierungen des Profitsystems. Diese bürgerlichen Sozialstaaten sind aus Sicht der Ideologen des Neoliberalismus' deshalb zu schleifen, da deren Funktion mit Ende des Kalten Krieges erfüllt sei und diese Staaten nun einem stetigen, sich nach den Bedürfnissen ihrer Konzerne richtenden Wandlungsprozeß auszusetzen seien, hin zu komplett *markt*_konformen Nationalstaaten. — Unabhängig davon, ob diese Union als solche noch Bestand haben wird, soll dieser Wandlungsprozeß solange seine Fortsetzung finden, bis die Gesellschaften dieser Nationalstaaten in ihr „markt_*konformes* Gleichgewicht" getreten sind — so in etwa die „Drehbuch_*Vorstellung*" der neoliberalen Ideologen.

Zum anderen ist nicht deshalb Sorge berechtigt, da man das von us-amerikanischen Geheimdienst_*Des*_Informationen Abgekoppeltwerden fürchten müßte,

_*s o n d e r n*_

sich berechtigterweise darum sorgen

m u ß,

daß dann, wagte eine Bundesregierung tatsächlich nicht us-amerikanisch konforme Politik zu praktizieren, von seiten der USA in Deutschland Staatsterrorismus ausgeübt werden würde:

Ob in Form von Anschlägen oder/und auf die übliche Art und Weise, daß deutsche Politiker und schreibende Mitarbeiter von Medien_*Konzernen* im Sinne der US-Doktrin forciert Politik praktizierten — und auf diese Weise das innenpolitische wie das eu-politische Klima weiter vergiftet würde.

(__Die US-Doktrin weist übrigens paranoide Züge auf.[126]__)

Doch selbst dann, geschähe dies alles

im hier skizzierten Sinne nicht,

wird dieser Prozeß dennoch eigendynamisch ablaufen, da die neoliberale Doktrin dauerhaft ohne eine mehr oder weniger verdeckte Militärdiktatur nicht aufrechtzuerhalten ist.

Die potentielle Freiheit des Konsums würde allerdings, und das mag für viele wohl beruhigend klingen, nicht eingeschränkt — soweit man sich diese Freiheit persönlich leisten kann.

* * *

Das Wesen eines Vasallen zeigt sich nun einmal (__u.a.__) darin, daß er seiner Bevölkerung Souveränität vorgaukeln muß, damit diese ihn nicht zum Teufel jagte, denn seine Ent-

---

[126] Vgl. in: a.a.O., Band I, Teilband 3, Kapitel 13: „Die Welt als 'Hinterhof' der Machteliten oder Der Nationalstaat als grundlegendes Problem für Frieden — dokumentiert am Beispiel der 'Sicherheitspolitik' der USA seit dem Ende des Kalten Krieges". Und welche Rolle die „Bundeswehr" und die Polizei dann spielen müßten, daß der Schein von Souveränität gewahrt bliebe, bei dann gleichzeitig stattfindendem Propaganda-Tamtam, so daß die Masse der Bevölkerung abgelenkt bliebe, siehe weiter oben die Seiten 175-77, beginnend mit: „Allerdings soll an dieser Stelle doch angemerkt werden, daß ...", sowie weiter unten die Seite 241, beginnend mit: „Wer allerdings glaubt, daß sich dies alles erledigt habe ...".

scheidungen können niemals souverän getroffen werden, sondern stets nur in Absprache mit seinem Herrn, denn von dem ist ein Vasall definitionsgemäß abhängig und folglich zum Rapport verpflichtet —

> nicht der eigenen Bevölkerung gegenüber.

* * *

Und so bekommt das *„feste Auftreten"* des Herrn Fuchs',

> der sich vermutlich vorher mit Vertretern seines Herrn „kurzgeschlossen" hatte, bevor er Herrn Gabriel so „tough" anfuhr, dieser möge nicht zu sehr nach Aufklärung dieser Affaire verlangen[127],

jenen grotesken Charakterzug, der vor allem deshalb nicht weiter auffällt, da er nicht ungewöhnlich ist und die ganze deutsche Politik selbst (__u.a.__) deshalb in ihrer Heuchelei lediglich noch als grotesk bezeichnet werden

> *s o l l t e.*

---

[127] Erinnern Sie den Hinweis in der Fußnote 122 auf der Seite 190.

Fünfzehnter Zwischenruf

Das Weihmacht-Spiel

Dieser *fünfzehnte Zwischenruf* dient der stetigen Einstimmung auf jedes neue Jahr des lobbykratischen Zeitalters mit seinen nicht vom Himmel fallenden politischen Entwicklungen, an denen nichts Konstruktives, sondern alles die _*Masse*_ der Menschen in Unwürdigkeit und soziale Not Treibendes ist. — Sollten Sie davon persönlich nicht betroffen sein, so sei Ihnen das gewiß gegönnt, aber glauben sollten Sie nicht, daß das Ausdruck eines Trends wäre. Und da das so ist, ist dieser Zwischenruf erst im Dezember eines _*jeden*_ Jahres des lobbykratischen Zeitalters zu lesen — besser noch zu rezitieren …

Wenn es wieder heißt:

_*W e i h m a c h t e t   e u c h !*_

In einer Diskussion wurde bemerkt, daß es

_*d i e*_

„Weihnachten"

(__obwohl auch als Fest eigentlich Neutrum, wächst es sich doch, insbesondere in Verbindung mit dem Adjektiv „fröhlich", meist zu seiner vorgestellten, feminin-pluralen Bedeutung aus__),

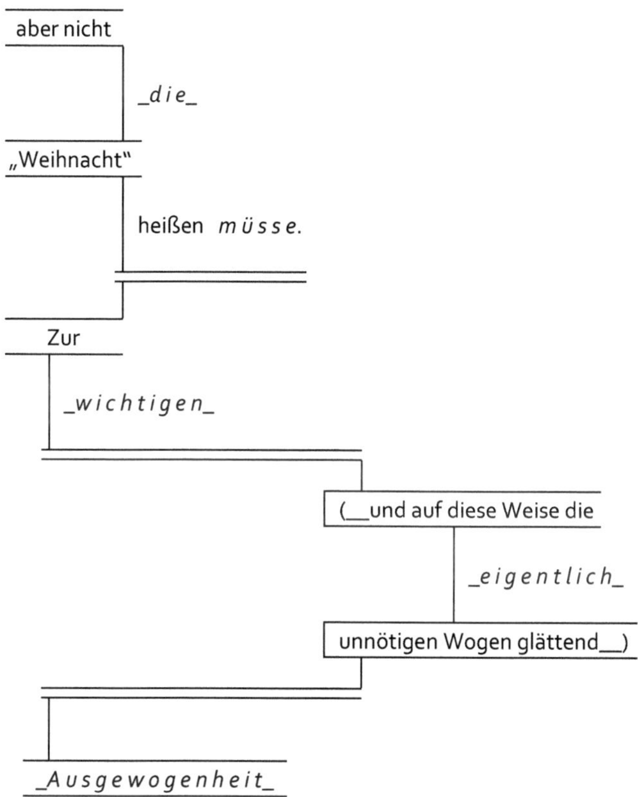

trug dann aber ein Kommentar bei, der in einem anderen Zusammenhang abgegeben und lediglich in diese Diskussion einzupflegen war.

Aber

in _dieser_ Diskussion ging es gar nicht um „Weihnachten", bzw. um „Weihnacht", das war den anderen Diskutanten lediglich nicht gleich aufgefallen — man kennt so etwas ja,

*sondern* um die Frage nach der

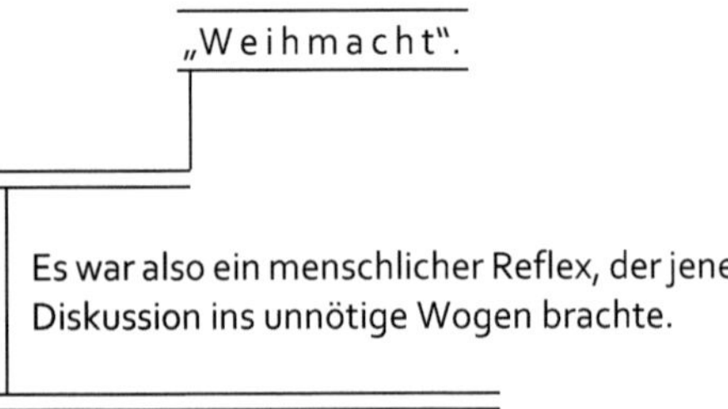

„Weihmacht“.

Es war also ein menschlicher Reflex, der jene Diskussion ins unnötige Wogen brachte.

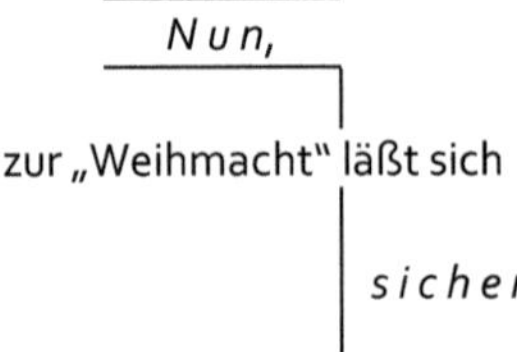

Nun,

zur „Weihmacht“ läßt sich

sicher

sagen, daß sie sowohl genus- als auch kasusverlaufsmäßig eindeutig ist — alles andere allerdings _*auch*_ nicht.

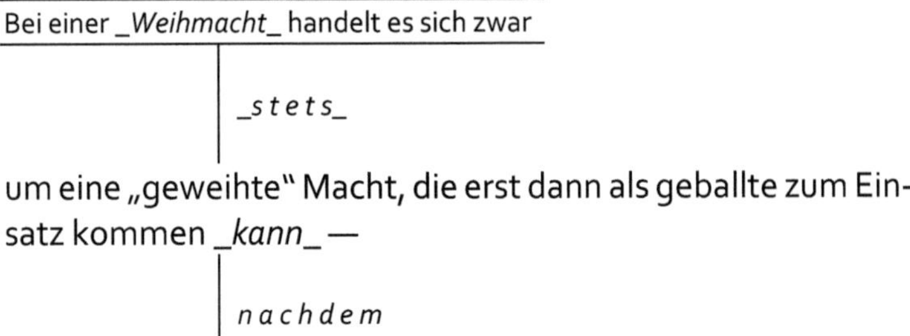

Bei einer _*Weihmacht*_ handelt es sich zwar

*stets*

um eine „geweihte“ Macht, die erst dann als geballte zum Einsatz kommen _*kann*_ —

nachdem

sie von entsprechenden Religionsführern oder charismatischen politischen Führern geweiht worden ist —

wobei das _*einst*_ gar nicht zu trennen war.

*In der Regel*

gehört es jedenfalls zur Regel des Weihmachtspiels, daß eine Weihmacht auf eine andere Macht treffen muß, die ebenfalls, d.h. mit höchster Wahrscheinlichkeit, denn es geht ja

auch

ums Selbstwertgefühl der

anderen Seite,

gleichfalls geweiht worden ist — nur eben anders herum, also mit anderen, an Gott abgeschickten Argumenten, der dann

wägen

muß. In manchen Fällen gewiß keine leichte Aufgabe, die auch schon einmal zu einem von oben kommenden Aufstöhnen führt, d.h. dann donnert es — sozusagen die letzte Mahnung, daß die beiden Weihmächte sich bitte

*nicht* schon *wieder*

dem Tode weihen

mögen.

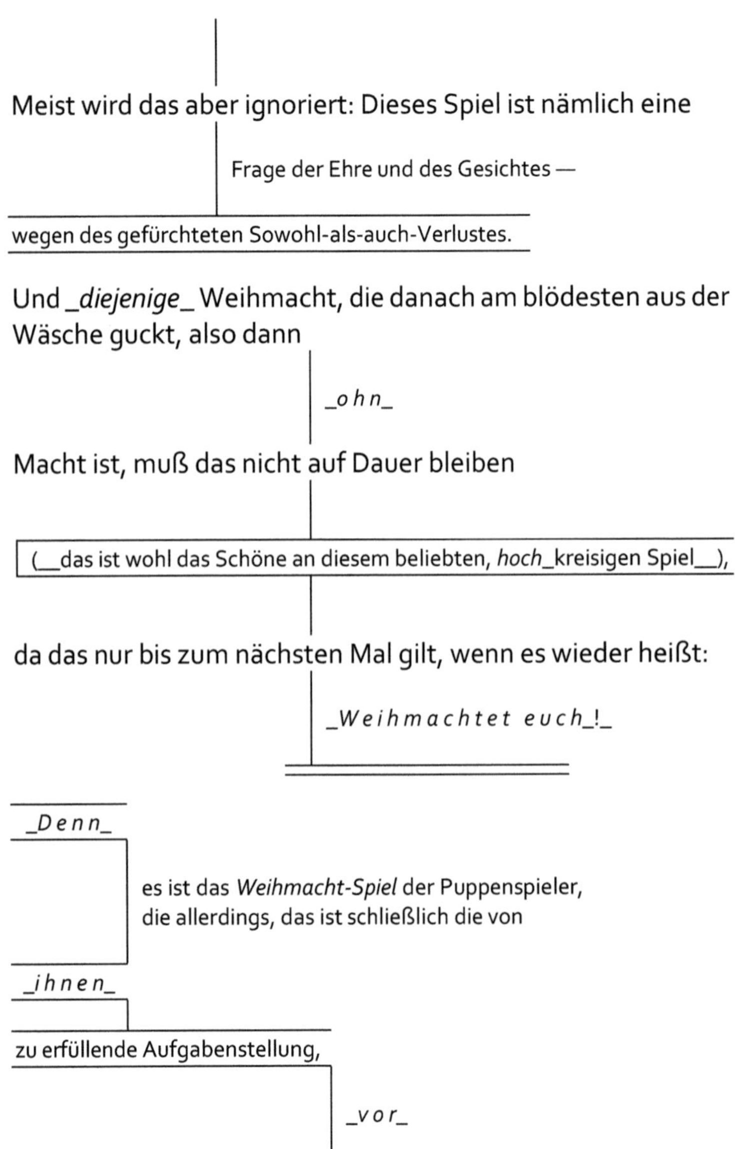

Meist wird das aber ignoriert: Dieses Spiel ist nämlich eine

Frage der Ehre und des Gesichtes —

wegen des gefürchteten Sowohl-als-auch-Verlustes.

Und _*diejenige*_ Weihmacht, die danach am blödesten aus der Wäsche guckt, also dann

_*o h n*_

Macht ist, muß das nicht auf Dauer bleiben

(__das ist wohl das Schöne an diesem beliebten, *hoch*_kreisigen Spiel__),

da das nur bis zum nächsten Mal gilt, wenn es wieder heißt:

_*W e i h m a c h t e t e u c h*_!_

_*D e n n*_

es ist das *Weihmacht-Spiel* der Puppenspieler, die allerdings, das ist schließlich die von

_*i h n e n*_

zu erfüllende Aufgabenstellung,

_*v o r*_

jedem Spiel viel Überzeugungsarbeit leisten

*_l a s s e n_*

müssen — von *_i h r e n_* Satelliten in

Poli_*t i k*, Journalis_*t i k* und Wissenschafts_*t i k.*

*_D e n n_*

spielen müssen es

*_d i e d a_*

u n t e n —

auf beiden weihmächtlichen Seiten.

Als *Sonderregel*, nämlich zur Aufrechterhaltung der allgemeinen Ordnung in

*_j e n e r_*

Zone, wo sich *_diejenigen_* aufhalten,

die als *_d i r e k t e_ Mitspieler* beim *_nächsten_*

W_e_i_h_m_a_c_h_t_s_p_i_e_l

*_knochenmäßig_* beteiligt sein werden, kann eine *rohe Leih_Macht* vertreten eine erschöpfte *Weihmacht* in der Phase _*ihrer*_ Ohnmacht — und zwar zum Zwecke des

frohen Pein_*Achtens*

der _*direkten*_ Weihmachtspieler:

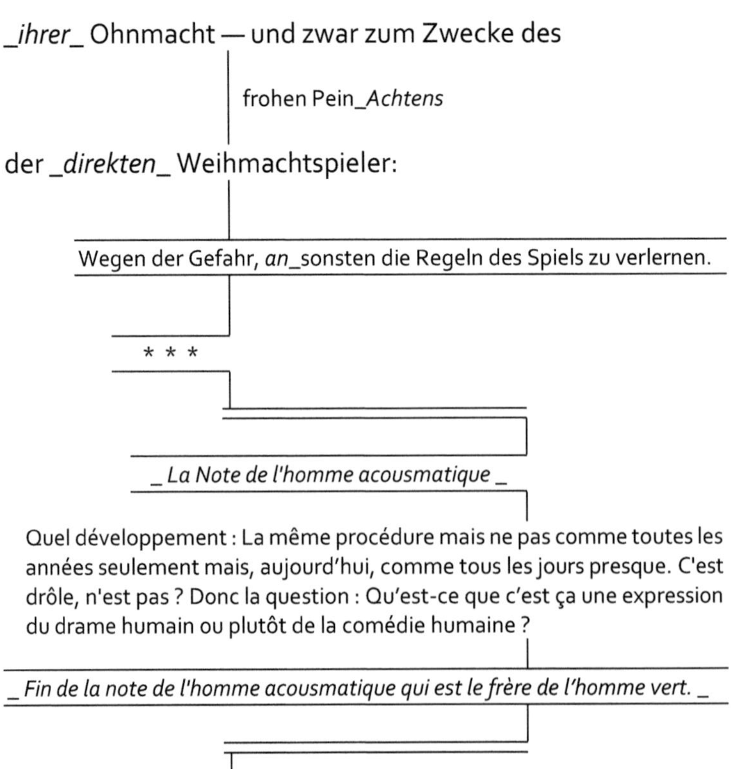

Wegen der Gefahr, *an*_sonsten die Regeln des Spiels zu verlernen.

* * *

_ *La Note de l'homme acousmatique* _

Quel développement : La même procédure mais ne pas comme toutes les années seulement mais, aujourd'hui, comme tous les jours presque. C'est drôle, n'est pas ? Donc la question : Qu'est-ce que c'est ça une expression du drame humain ou plutôt de la comédie humaine ?

_ *Fin de la note de l'homme acousmatique qui est le frère de l'homme vert.* _

Sechzehnter Zwischenruf

Die Bedeutung der Null für das politische Tun und für das gesellschaftliche Leben

Über die Politik werden die Belange einer Gesellschaft geregelt. Dementsprechend liegt im gesellschaftlichen Leben die Bedeutung der Null nicht auf mathematischem, sondern auf politischem Gebiet. Das heißt *_diese_* Bedeutung gilt lediglich dann, verwendet man „Null" als Metapher.

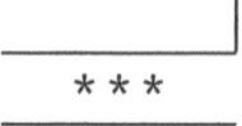

Ob ein Politiker eine politische Null ist, hängt davon ab, ob er ein *_Litiker_* ist.

Wodurch zeichnet sich aber ein Litiker aus?

Nun, das ist ganz einfach, kommt es doch

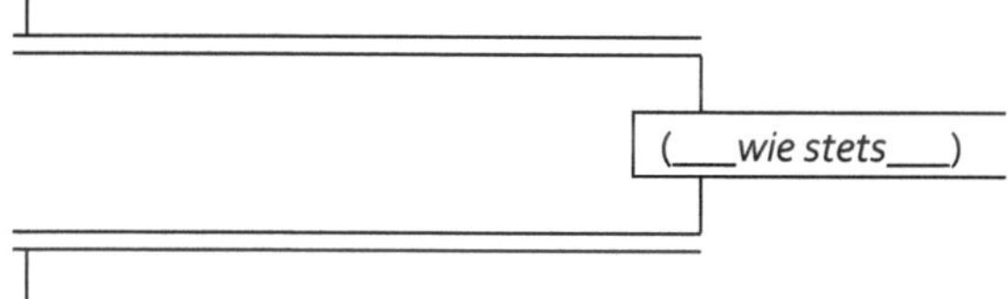

auf die Sichtweise an:

Ein *Po_*litiker ist dann ein *Litiker*, stellt er sich auf die Seite der Macht, d.h. ihm fehlt der Hintern, denn er steckt in deren — man sagt auch *P o.* In ihm ist er selbstverständlich *keine* (__*Null*__), aber für diejenigen schon, die sie (__die *Macht*__) durch dessen *litische* Taten zu spüren bekommen.

Nun, schön ist es nicht, muß jemand, dem etwas fehlt, in den Hintern eines anderen kriechen, damit er etwas hat, wodurch er ist — also nicht.

Faktisch bedeutet das, daß wir,

*po*_litisch gesehen,

in einem System leben, das selbst

*litisch*

ist, denn ihm fehlt etwas:

*P o*_litiker.

Zwar müßte man annehmen können, daß eine politische Null gar keine Politik betreiben könnte. Die Erfahrung spricht aber dagegen, denn ihre Funktion besteht gerade darin, unter

*Anleitung*

Politik zu praktizieren (__*siehe die Vorbemerkung*__). Und so leuchtet es ein, da die politische Null für die Lobbykratie sozusagen systemische Bedeutung hat, daß es, also im Gegensatz zu den Anfängen dieser *Kratie*, zum konzentrierten Auftreten politischer Nullen kommen muß. Da das so ist, genügt an dieser

Stelle die Beleuchtung _*eines*_ der politischen Nullen_*Konzentrate*, da auf die Weise die

> _*symptomatischen Auswirkungen*_

des herrschenden politischen Systems zu zeigen exemplarisch möglich ist, das mit Demokratie faktisch nichts mehr zu schaffen hat.[128]

Man lese auf der Internet-Nachrichtenplattform *Telepolis* den Artikel von Marcus Klöckner: *„Große Gefahr für den Kontinent: Prominentenappell gegen Krieg*"[129], der den Appell prominenter Persönlichkeiten zum Gegenstand hat, die in *brennender Sorge* Anfang Dezember des Jahres 2014 zu einer anderen Rußland-Politik aufgerufen hatten, und schaue sich dann das verkommene Beklatschen von verbaler Scheiße an, die in einem Video des Fernsehsenders Phoenix festgehalten ist: „BDK [__Bundesdelegiertenkonferenz__] der Grünen Rede zur Ukraine Krise von Johannes Steen und Rebecca Harms"[130].

> Aus dem am 12. Dezember 2014 auf *NachDenkSeiten.de* erschienenen Artikel von Kai Ehlers wird übri-

---

[128] Siehe den ersten Zwischenruf und vgl. auch in: a.a.O., Band I, Teilband 2, Kapitel 6: „Mehr Demokratie wagen in der real existierenden Lobbykratie?".

[129] Der nachfolgende Internet-Pfad ist am 28. Februar '18 erneut geprüft worden: http://www.heise.de/tp/artikel/43/43533/1.html.

[130] Dieses Video war am 28. Februar '18 weiterhin über den folgenden Link abrufbar: https://www.youtube.com/watch?v=9UNM6Ul1yKo.

gens deutlich, von welcher „wissenschaftlichen" Seite das *„argumentative"* Rüstzeug *bürgerlicher Nicht-versteher* gespeist wird: „Anmerkungen zu einem Aufruf für eine 'realitätsgeleitete' Rußlandpolitik".[131]

Aus meiner Sicht ist das Schlimmste der Applaus, den ein hampelnder Bubi bekommt, der von den Zusammenhängen

(__inklusive Vorgeschichte also — und Vorgeschichte meint jetzt lediglich die auf die Ukraine bezogene *post*_stalinistische Zeit bis zur Übernahme der Macht durch das Marionettenregime des „Westens" im Februar 2014__)

offensichtlich keinen Schimmer hat, sondern eher fanatisiert keift als redet![132]

---

[131] Der nachfolgende Internet-Pfad zu diesem Artikel ist am 28. Februar '18 erneut geprüft worden: http://www.nachdenkseiten.de/wp-print.php?p=24261.

[132] Vgl. hingegen noch einmal den aufklärenden Essay von Reinhard Merkel: „Die Krim und das Völkerrecht: Kühle Ironie der Geschichte", der deutlich werden läßt, mit welcher intellektuellen Armseligkeit heutzutage „argumentiert" wird und welche menschlichen Elendsgestalten das „Wort" führen — in welcher Verkleidung sie auch immer zur Vernebelung einer potentiellen Wählerklientel auftreten mögen. Diesen Essay von Reinhard Merkel finden Sie auf FAZ.NET unter dem erneut am 28. Februar '18 geprüften Internet-Pfad:

http://www.faz.net/aktuell/feuilleton/debatten/die-krim-und-das-voelkerrecht-kuehle-ironie-der-geschichte-12884464.html.

Wegen seiner guten Argumentationsführung ist dieser Artikel übrigens auch zu finden in: Die *tri*_logische Sezierung [...], Band I, Tb 4, Anhang I.

Was soll man von derartigen Hampeligkeiten erwarten, die selbst nicht beim „Bund" waren oder gehen werden, vielleicht noch als *Bufdi* irgendein Altenheim *heim_*suchen, aber fanatisiert daherschwätzen, ohne zu merken, wem sie dienen, noch die Konsequenzen abschätzen können, die mit *_dem_ „Weg"* verbunden sind, den sie *_anderen_* nahelegen zu gehen?

* * *

Nun, am Applaus zeigt sich jedenfalls, daß die Grünen von „Frieden" faseln können, meinen sie „Krieg",

und auf diese Weise entsprechende Assoziationen gesellschaftlich einüben helfen: „Wenn das eine *_ausgewiesene_* Friedenspartei schon sagt, dann...".

Und im Sinne des Exstraßenkämpfers, Herrn Joseph Fischer, dennoch andere davon überzeugen wollen, daß dort,

„wo Grüne sind, die Hoffnung" blühe —o.ä.:

Daß also vorerst „lediglich" zumindest *_andere_* in den kriegerischen Kampf ziehen sollten ...

Oder daß wenigstens knechtende Zwangsmaßnahmen verhängt werden müßten, denn offen rufen diese Pazifisten nicht zum Krieg auf — das ihn „lediglich" Nahelegen reicht wohl z.Z. noch: „mein Herz ist rein" o.ä.

Wie deren Argumentationsführung ist, wird erneut deutlich, liest man bezüglich eines weiteren vom „Westen" und damit auch von der deutschen Seite ins Chaotische abdriftenden Konflikt, zu dem am 16. Oktober 2016 eine Frau Göring-Eckardt in der Online-Ausgabe der FAZ einen Gastbeitrag geschrieben hat, der insbesondere die so unheilvolle wie verantwortungslose deutsche Rolle verschweigt und völlig ungeeignete Lösungen propagiert: „Der Druck auf Assad und Putin muß wachsen".[133]

Nicht anderes typisch *un*_verantwortlich, läßt am 15. Oktober '16 ein Herr Özdemir in einem Interview verlauten: „Assad und Putin bomben Syrien zurück in die Steinzeit".[134]

Nun, da solche Partei-Vertreter sich offenbar der Mittel der Suggestion und der Propaganda zur Beförderung von Wahnvorstellungen bedienen, so daß eine freie Meinungsbildung in der Bevölkerung verhindert werde, ist im Zwischenruf 28 von *_solchen_* politischen Konflikten die Rede, an denen die so heuchlerische wie unverantwortliche deutsche Politik *_direkt oder indirekt_* beteiligt ist —

---

[133] Vgl. hierzu folgenden, am 22. Februar '18 erneut geprüften Internet-Pfad:

http://www.faz.net/aktuell/politik/ausland/krieg-in-syrien-der-druck-auf-assad-und-putin-muss-wachsen-14481416.html.

[134] Vgl. hierzu: Spiegel-Online vom 15. Oktober '16. Der ebenfalls am 22. Februar '18 erneut geprüfte Link ist folgender: http://www.spiegel.de/politik/deutschland/cem-oezdemir-assad-und-putin-bomben-syrien-zurueck-in-die-steinzeit-a-1116611-druck.html.

und zwar aus _*primär*_ machtpolitischen Gründen.

Dies sind übrigens Konflikte, die überhaupt erst _*wegen*_ des machtinteressengeleiteten Eingreifens der „Elitestaaten" des „Westens" militärisch zu führen möglich geworden sind — betrachtet man allein die Zeit vom Ende des Kalten Krieges an.

Also legen solche Pazifisten nahe, daß _„*andere*"_ für eine „Sache" in den Krieg ziehen sollten, die weder mit Freiheit noch mit Menschenrechten noch mit Demokratie zu tun hat, hingegen

*ausschließlich*

mit moralischer Verkommenheit und der Gier nach Macht und Ressourcen!

_ „Maidan-Morde"? _ „Odessa"? _ „MH17"? _

Alles ungeklärte Affären, aber:

PUTIN! _ Schreien im Chor „*unsere*" politischen wie journalistischen Nullen.

Es ist grotesk:

Wer eine solche *Real*_Satire verfilmte, ohne diese als solche kenntlich zu machen, sie hingegen mit „Satire" betitelte, bekäme bestimmt schlechte Kritiken — wegen Übertreibung.

Aber offenbar applaudiert

das Partei_*Publikum* nicht bloß,

läßt die Kamera doch eine gewisse Gespenstigkeit ahnen, obwohl die Halle gut ausgeleuchtet ist —

es ist eben eine _*gewisse*_ Gespenstigkeit.

Also spricht dieser Junge das aus, was die Parteioberen selbst nicht

_*s o*_

sagen _„*wollen*"_. Das heißt diese Parteioberen stimmen damit überein, wollen es aber etwas gemildert _„*sehen*"_ — denn sie sind ja biologisch älter.

(__Die Videoaufzeichnung des Applaudierens zeigt das, das heißt den biologischen Alterungsgrad, nicht aber den politischen Reifegrad dieser *litischen* Figuren.__)

Die Grünen sind folglich system_*konform* regierungsfähig.

Da die Anschlußrede von Frau Harms das aber unterstreicht,

also nicht deren politische Regierungsfähigkeit,

hingegen deren moralische Verkommenheit, dies aber offenbar lediglich aus meiner, keine Sau interessierenden Sicht der Rede wert ist, muß ich nun noch einen Schritt weitergehen — und das nicht aus Haß auf eine Person oder auf eine Partei — immerhin bin ich Deutscher; zeigt sich doch:

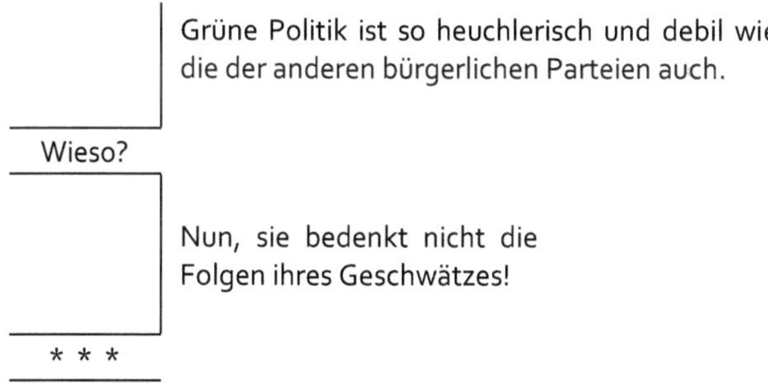

Damit sich die Wohlmeinenden nicht für dumm verkaufen lassen müssen, sei es wiederholt:

Die Grünen sind eine Mogelpackung. Exemplarisch ist das daran erkennbar, daß es durch diese litischen Figuren im Jahre 1999 zur Blockierung der Friedensbewegung kam, so daß seitdem die deutsche politische Reaktion Krieg wieder als Mittel der Politik verwenden kann, wurde auf diese Weise doch der erste „Menschenrechtskrieg" möglich — der wohl rein zufällig als klassischer Angriffskrieg gegen Serbien geführt wurde.[135]

* * *

Zwar ist es für mich nicht entscheidend, daß Prominente jenen oben erwähnten Aufruf für Frieden

(__in Europa — man ist eben bescheiden, denn …__)

verfaßt haben, aber gleichwohl ist das deshalb bemerkenswert, da man davon ausgehen kann, daß diese Leute schon

[135] Vgl. a.a.O., Kapitel 14: „Die Politik bürgerlicher Nichtversteher". Und siehe in diesem Zusammenhang den Zwischenruf 28: „Wie das fürchterliche Wort 'Flüchtlingspolitik' erst seine eigentliche Bedeutung bekommt".

ausreichend darüber informiert sind, wie gefährlich diese vom „Westen“ praktizierte Politik gegen Rußland ist — wobei ich anfügen muß, daß diese Politik

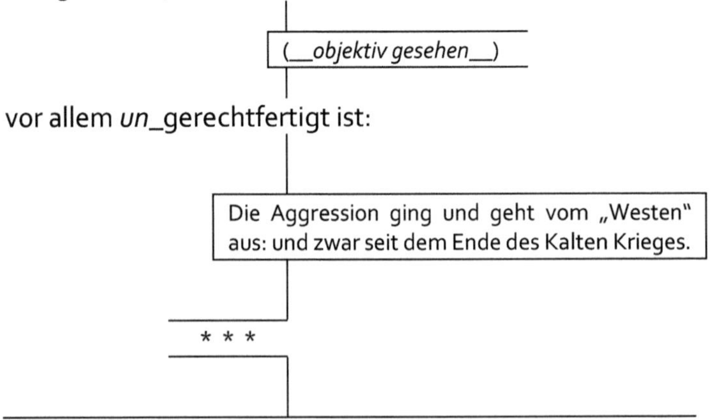

(__*objektiv gesehen*__)

vor allem *un*_gerechtfertigt ist:

Die Aggression ging und geht vom „Westen“ aus: und zwar seit dem Ende des Kalten Krieges.

* * *

Die Aufnahme der Krim in die Russische Föderation war eine Annexion?

Nun, wie die saubere Argumentationsführung Reinhard Merkels verdeutlicht[136], ist diese Behauptung durch die Fakten _*nicht*_ gedeckt. Zwar mag eine solche Behauptung durch Wiederholung zu einer _*Grünen Wahrheit*_ werden, objektiv wird sie dadurch aber nicht einmal zu einer tendenziellen Wahrheit, hingegen zeigt sich daran, daß wir es auch bei den Grünen mit Politikern zu tun haben, die keine Skrupel kennen, wissentlich die Unwahrheit zu sagen, geht es um _*ihre*_ nichtswürdigen Interessen.

Das heißt _*auch diese*_ betreiben Suggestion und Propaganda, so daß sich in der Bevölkerung

[136] Vgl. auf der Seite 210 den Hinweis in der Fußnote 132.

einerseits _*Wahnvorstellungen*_ verbreiten und daß sich die Menschen andererseits

*keine eigene Meinung bilden*

können. Nun, von dieser Schädlichkeit und den daraus sich ergebenden, eigentlich

*sofort*

notwendigerweise zu ziehenden Konsequenzen, so man Meinungsfreiheit wirklich meint und nicht als Phrase versteht, sowie als Bedingung für ein gesellschaftlich in den Menschen sich verankern könnendes demokratisches Bewußtsein, ist weiter unten noch die Rede.

*Ausschließlich*

von der Abwägung von Fakten aber hat

(__bzw. „hätte", muß ich weiter anklagend sagen__)

sich verantwortungsvolle Politik leiten zu lassen — selbst im eigenen nationalstaatlichen Interesse.

Nun, wahrheitsliebenderweise sollte niemand davon reden, daß eine _*solche*_ „nationalstaatliche Interessenwahrung" im wirklichen Interesse der Masse der Bevölkerung sein könnte, sondern davon, daß die, bspw. von welchen deutschen bürgerlichen Politikern auch immer verantwortete Politik stets im _*Interesse*_ der deutschen Machtelite ist — und das aus jener wiederholt erwähnten wilhelministischen Tradition heraus, so daß von anderen, sich progressiv und aufgeklärt gebenden Politikern, _*keine*_ andere Politik praktiziert werden würde, kämen diese in die Verlegenheit, in einer deutschen Regierung „andere Politik" schauspielern zu dürfen.[137]

Übt eine Politik aber *nicht einmal mehr* oberflächlich Verantwortung aus, dann fühlen sich offenbar selbst Prominente genötigt zu appellieren —

möglicherweise sogar an die „Vernunft"?

* * *

Alle Fakten liegen auf dem Tisch, sie sind lediglich zur Kenntnis zu nehmen. Und _*das*_ hat nichts mit einseitiger Betrachtung zu tun:

Eine Faktenlage, die in ihrer Aussage eindeutig ist, ist nicht dadurch zu „objektivieren", daß man diese Eindeutigkeit durch

[137] Vgl. in: a.a.O., Band I, Teilband 3, Kapitel 13: „Die Welt als 'Hinterhof' der Machteliten oder Der Nationalstaat als grundlegendes Problem für Frieden", sowie Kapitel 16: „Die Nationalitätenfrage, die Ukraine und die 'Elite' des 'Westens'", sowie Kapitel 18: „Eine kurze Beschäftigung mit der Frage nach der neoliberalen Strategie des 'Westens' und der Funktion seiner Medien bei der Vermittlung dieser Strategie".

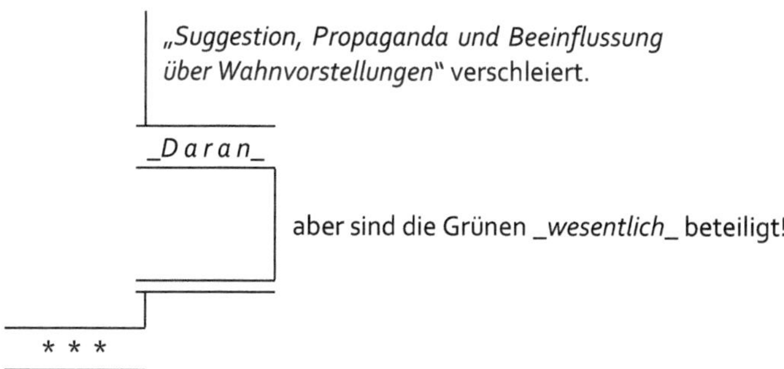

Es ist viel von *Freiheit der Meinung* die Rede, zumindest erzählen schreibende Mitarbeiter der Medien_*Konzerne* wie Politiker *_reflexhaft_* von diesem in der Tat kostbaren Gut. Wie gerechtfertigt kann eine Meinungsfreiheit aber noch sein, die auf *_den_* „Bösen" *_dort_* weist und sich damit das „Gutsein" selbst per se zuspricht,

*_o b w o h l_*

die Faktenlage eine ganz andere Sprache spricht? Nun, wie sollte es noch eine Frage der *Freiheit der Meinung* sein, handelt es sich dabei tatsächlich um Suggestion und Propaganda —

zur *_Verhinderung_* der Bildung einer *_eigenen_* Meinung?

ZITAT:

Gerade wegen der für die Intelligenz wesentlichen Freiheit, ist der Schutz vor Suggestion und Propaganda und gegen die Beeinflussung über Wahnvorstellungen eine Bedingung dafür, daß sich eine eigene Meinung überhaupt erst in einem Individuum ausbilden kann. Konsequenterweise und lediglich beispielsweise sind einem Medium oder einer Partei die Möglichkeiten zur weiteren publikumswirksamen Äußerung

*dann*

zu nehmen, bedienen sich ihre Vertreter dieser Mittel, da hierdurch nicht nur die Grenze „freier Meinungsäußerung" überschritten ist, sondern die Meinungsfreiheit der Mitglieder einer Gesellschaft verletzt wird — also die Freiheit, sich eine *eigene* Meinung bilden zu können.[138]

So wie „Entmenschlichung noch keine Vergeistigung"

(__Walter Serner, 1889-1942__),

ist _*dieser*_ Gebrauch der Meinungsfreiheit das genaue Gegenteil _*dieser*_ Freiheit. Zwar ist das vereinbar mit einer Lobbykratie, aber nicht mit einer Demokratie.

Das heißt vom Standpunkt der Aufklärung, der Meinungsfreiheit und der Demokratie aus, betreiben (__*auch*__) Politiker der Grünen etwas Verwerfliches:

Sie verhetzen und verdummen die eigene Bevölkerung und bringen sie in Gefahr. Nun, das wäre nach dem Grundgesetz nicht erlaubt, würde dieses noch gelten.

*Noch irgendwelche Fragen?*

[138] Vgl. Simone Weil, *Enracinement – Prélude à une déclaration des devoirs envers l'être humain*, Librairie Gallimard, Paris, 1949, Seiten 29 f. (__Freie Übersetzung des Autors.__)

Das heißt mit solchen _*Litikern*_ droht uns allen eine _*schlechte*_ Zukunft.

In dem oben schon erwähnten Interview mit Herrn Özdemir, spricht dieser Herr u.a. auch davon, daß Assad und Putin weder eine „Alternative zum Islamischen Staat" noch zu den „Islamisten" wären. Abgesehen davon, daß dies eine Verschiefung der Faktenlage sondergleichen ist, die aus meiner Sicht sowohl den Straftatbestand der Verhetzung der Bevölkerung erfüllt als es sich dabei auch um eine arglistige politische Täuschung handelt

(__und beides über eine richtig verstandene, oben erläuterte Meinungsfreiheit _*nicht*_ gedeckt ist__),

muß genauso angemerkt werden, daß auf diese Weise indirekt jener _*Fakt*_ bestätigt wird, daß nämlich die deutsche Seite, zumindest was Syrien anbelangt, mit Islamisten

*direkt* und _*indirekt*_

zusammenarbeitet und folglich die Verantwortung für deren Tun,

inklusive möglicher Terrorakte in Europa,

mitträgt. Überdies bedeutet das, daß ebenso Herr Özdemir um diesen Fakt weiß. Aus dieser Aussage geht weiter hervor, daß es sich bei diesem Interview um ein deutliches, an die Parteivertreter der Frau Merkel gerichtetes Signal handelt, und zwar im Sinne von:

„Mit uns könnt ihr diese neowilhelministische Politik ungehindert fortsetzen, so eine Situation eintritt, daß eine schwarzgrüne Koalition auf Bundesebene notwendig wird".

Was darunter zu verstehen ist, wird auf den Seiten 175-77 deutlich, beginnend mit: „Allerdings soll an dieser Stelle doch angemerkt werden, daß ...".

Diese Behauptung wird übrigens durch das von den Vertretern dieser Partei, anläßlich der sogenannten „Jamaika-Sondierungsgespräche" nach der Bundestagswahl 2017 gezeigte Verhalten bestätigt, als diese Figuren im klassisch opportunistischen Stil bereit waren, ihre „politischen Werte" für eine sich reaktionär entwickelnde deutsche Politik zur Disposition zu stellen.

Siebzehnter Zwischenruf

Die politische Null und ihre nerischen Folgen

Ein Freund der Debatte warf ein in eine Debatte zum *Thema politische Null*, ein Zitat aus einer Charakterstudie des gemeinhin als erstes Opfer der Naziherrschaft geltenden und u.a. von der Lebensphilosophie beeinflußten Kulturphilosophen und Psychologen Theodor Lessings (__1872-1933__).

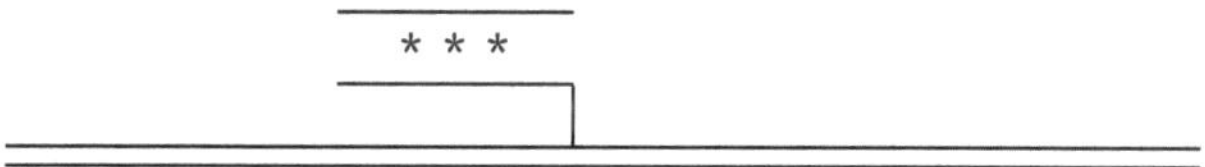

Lessing stellte übrigens im Rahmen seiner lebensphilosophischen Betrachtungen auch Überlegungen über die von den Menschen geschaffenen Werkzeuge an, die allgemein mit dem Begriff „Technik" gefaßt werden, insbesondere was die Möglichkeiten außermenschlicher Memorierung von Lebensprozessen anbelangt, die, von ihm noch mechanisch verstanden, über die elektronische Erfassung solcher Prozesse robotisierbar werden und heutzutage fester Bestandteil der technischen Entwicklung sind.

Diesbezüglich ist nun so interessant wie bedenklich, daß durch die Forderungen der herrschenden neoliberalen Ideologie und deren politisch gesetzten Vorgaben

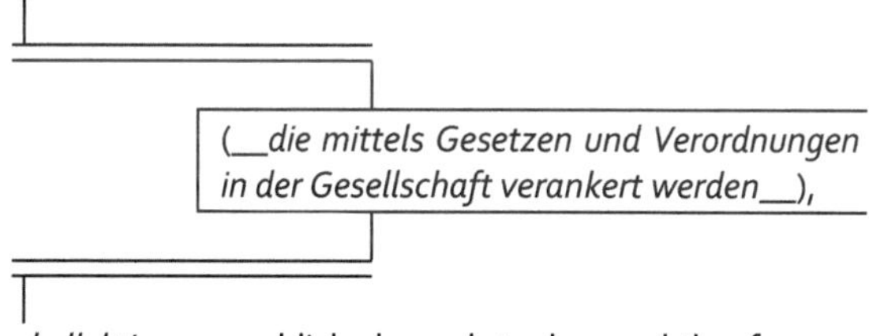

sich die Menschen _*kollektiv*_ menschlich abgezehrt, also marktkonform verhalten *müssen*, wodurch wesentliche menschliche Seins-Elemente kollektiv weggefiltert werden.[139]

Denn erst durch eine gesellschaftliche Entwicklung,

die sozusagen dem Versuch einer

*Selbst*_Robotisierung der Spezies Mensch

gleichkommt, wird es in der Tat möglich, daß Roboter unsere Spezies schließlich ersetzen können, da diese, entsprechend programmiert

(__*also mit elektronisch memorierten Lebensprozeßabläufen ausgestattet*__),

ohne irgendwelche Skrupel

konsequent eine geforderte Vorgabe erfüllen können, und insofern weit besser der neoliberalen Vorstellung von _*kollektiver*_ Marktkonformität entsprechen,

während selbst der menschlich abgezehrte Mensch noch Skrupel haben _*könnte*_,

die er letztlich doch „lediglich" deshalb verkappt hätte,

da er durch die kollektiv geforderte Seins-Reduzierung, diese Skrupel in sich einkapselt, woraus eine Neurose re-

[139] Zu den Konsequenzen siehe in: a.a.O., Band I, Teilband 4: „Der Lösungsweg — Überlegungen zur Überwindung der real existierenden Lobbykratie", dort die Seiten 138 oben bis 55.

sultiert, was im realen gesellschaftlichen Leben nicht ohne tiefgreifende gesellschaftliche Konsequenzen bleiben kann, da dieser Prozeß kollektiv stattfindet und sich individuell manifestiert. — In diesem Zusammenhang spreche ich übrigens von einer „doppelten Neurose"[140].

(__Zu Theodor Lessing und seinen Aussagen insbesondere zur Technik, vgl. Christian Zwickl-Bernhard, *Der Technikbegriff in der Lebensphilosophie: Die technisch-philosophischen Positionen von Theodor Lessing, Ortega y Gasset sowie Oswald Spengler im Spannungsfeld zwischen Mythos und Moderne*, GRIN Verlag, München, 2016, Seiten 13-16.__)

* * *

Die oben im Text erwähnte „Charakterstudie" Lessings

bezieht sich übrigens auf Paul von Hindenburg, und zwar im Zusammenhang mit der Reichspräsidentenwahl von 1925, die Hindenburg gewann und in der Folge 1932 noch einmal. Die konsequent kritische Haltung Lessings Hindenburg gegenüber, in dem er den gefährlichen Biedermann erkannt hatte, sowie diese Studie führten dazu, daß er von jenen Kreisen gehaßt wurde, die die Kern-Klientel der Nationalsozialisten waren, also deutschnationale, rassistische und, selbstredend, anti-jüdische Kreise, wozu genauso Industrielle wie Emil Kirdorf gehörten.[141]

---

140 Vgl. in: a.a.O., Teilband 1, die Seiten 69-74, beginnend mit: „Die wesentlichen Beeinflussungselemente des Neoliberalismus' sind …".

141 Vgl. in: a.a.O., Teilband 3, insbesondere die Seiten 380-83, beginnend mit: „Was Bernhard von Bülow in seinen 'Denkwürdigkeiten' über Emil Kirdorf sagt …".

Vielleicht läßt sich in der nun gegen Lessing einsetzenden Kampagne

(__*die ihm die Lehrtätigkeit an der Hochschule und letztlich das Leben kostete*__),

das sichtbare Zeichen des erneuten *Zu*_Mauerns des freiheitlichen Denkens in Deutschland erkennen — nachdem diese im Wilhelminismus forciert sich ereignende *Ein*_Mauerung gerade erst mit einigen „Öffnungen" versehen worden war.[142]

Diese erneute *Um*_Mauerung fand dann am 30. Januar 1933 mit der „Machtergreifung" durch die Vertreter des Nazismus' ihren sichtbaren Abschluß, wenn auch manche glauben könnten, daß dies erst einige Wochen später der Fall gewesen wäre, da _*nach*_ dieser Machtergreifung und der vorbereitenden Eliminierung erster Elemente der Weimarer Reichsverfassung

(__*in Kraft vom 14. August 1919 bis, formal, zum 5. Juni 1945*__),

nämlich mit der „Verordnung des Reichspräsidenten [__Hindenburg__] zum 'Schutz des Deutschen Volkes'" vom 4. Februar 1933

(__wodurch sofort die Versammlungs- und Pressefreiheit wesentlich eingeschränkt wurden__),

es am 19. Februar 1933 noch zu einer (__*viel zu späten*__), mit dem Label „Das Freie Wort" versehenen Protestkund-

[142] Dieser Prozeß wird in: a.a.O., Band III, Teilband 2, Lesung 16: „Die Ursprünge des Wilhelminismus' und seine Konsequenzen", beleuchtet.

gebung in der *Kroll-Oper* kam, an der Lessing als Redner beteiligt war,

(__anstatt, wie es u.a. Albert Einstein noch im Vorfeld der letzten freien Wahl gefordert hatte, einen von SPD und KPD koordinierten Wahlkampf zu führen__),

die „Machtergreifung" nämlich erst mit der sogenannten „Reichstagsbrandverordnung" vom 28. Februar 1933 erfolgt sei, die u.a. erlaubte, die Mandate der KPD als nicht gültig zu erklären. —

Übrigens waren erst mit dieser Verordnung die Mehrheitsverhältnisse im Reichstag geschaffen worden, daß Gesetze und Verordnungen erlassen werden konnten, wie sie den neuen Machthabern nützlich erschienen.

Nun, diese Differenzierung erschiene mir deshalb falsch, da die entscheidende Weichenstellung mit der Ernennung Adolf Hitlers zum Reichkanzler durch den Reichstagspräsidenten Paul von Hindenburg am 30. Januar 1933 erfolgt war.

* * *

Das Zitat Theodor Lessings:

> ... Nach Plato sollen die Philosophen Führer der Völker sein. Ein Philosoph würde mit Hindenburg nun eben nicht den Thronstuhl besteigen. Nur ein repräsentatives Symbol, ein Fragezeichen, ein Zero. Man kann sagen: besser ein Zero als ein Nero. Leider zeigt die Ge-

die Geschichte, daß hinter einem Zero immer
ein künftiger Nero verborgen steht.

ZITATENDE[143]

Sieht man einmal von dem im sechzehnten Zwischenruf lediglich *beispiels*_weise angeleuchteten lobbykratie_*konformen* politischen Nullen_*Konzentrat* ab, ergeben sich Fragen und *Aus*_Sichten im Rahmen einer solchen an und für sich _*allgemein*_ zu führenden Debatte zum Thema: *Die politische Null und ihre nerischen Folgen* —

also jetzt unter Berücksichtigung der Aussage _*dieses*_ Zitats.

Wenn nämlich, auch das wieder lediglich beispielsweise angenommen, ein Herr Schäuble nun ein solches „Zero" wäre, hätten wir dann in absehbarer Zeit einen „*Nero*" im Finanzministerium?

Nun, wenn auch nicht so direkt einsichtig, ist doch festzustellen,

daß _*auch*_ Austeritätspolitik tötet —

und die wird schon längst betrieben. So direkt ändern bräuchte ein _*nerischer*_ Finanzminister demnach nichts:

lediglich fortzusetzen.

Oder sollte eine „*Nera*" möglicherweise einer anderen *Nulla*

[143] Vgl. *Prager Tagblatt* vom 25. April 1925, zitiert nach Wikipedia: https://de.wikisource.org/wiki/Hindenburg_(Theodor_Lessing). (__Quelle am 1. März '18 erneut geprüft.__)

folgen? Nun, das ist gut, wenn auch nicht _„*schön*“_ denkbar:

Es ist einfach alles möglich in der neoliberalen Denk_*Bar*.

Und so direkt ändern bräuchte _*auch die*_ demnach nichts:

lediglich fortzusetzen.

Oder sollte gar das oberste repräsentative Amt bald _*nerisch*_ bekleidet sein? Vielleicht, wenn ich auch glaube, daß es dort bereits, wenn auch lediglich *verbal*_nerisch zugeht, da dieses Amt _*offenen*_ nerischen Vollzug _*noch*_ nicht zuläßt. Allerdings verhinderte es schon jetzt eine Nerisierung keineswegs,

vorausgesetzt,

sie ginge von _„*marktlicher*“_ und nicht von staatlicher Seite aus. Denn der Repräsentative wird als Garant dafür gehalten, eine von der Politik ausgehende Nerisierung _*lediglich*_ unter der Bedingung zuzulassen,

*hätte* das die „'unsichtbare Hand' des 'Marktes'“

ihren Hohepriestern „*signalisiert*“ —

und _*deshalb*_ (__und erst__) _*dann* (!)_

von seiten der Entscheidungszirkel die

*allgemeine gesellschaftliche Nerisierung*

als alternativlose *Sss*_truktur_Reform_Notwendigkeit

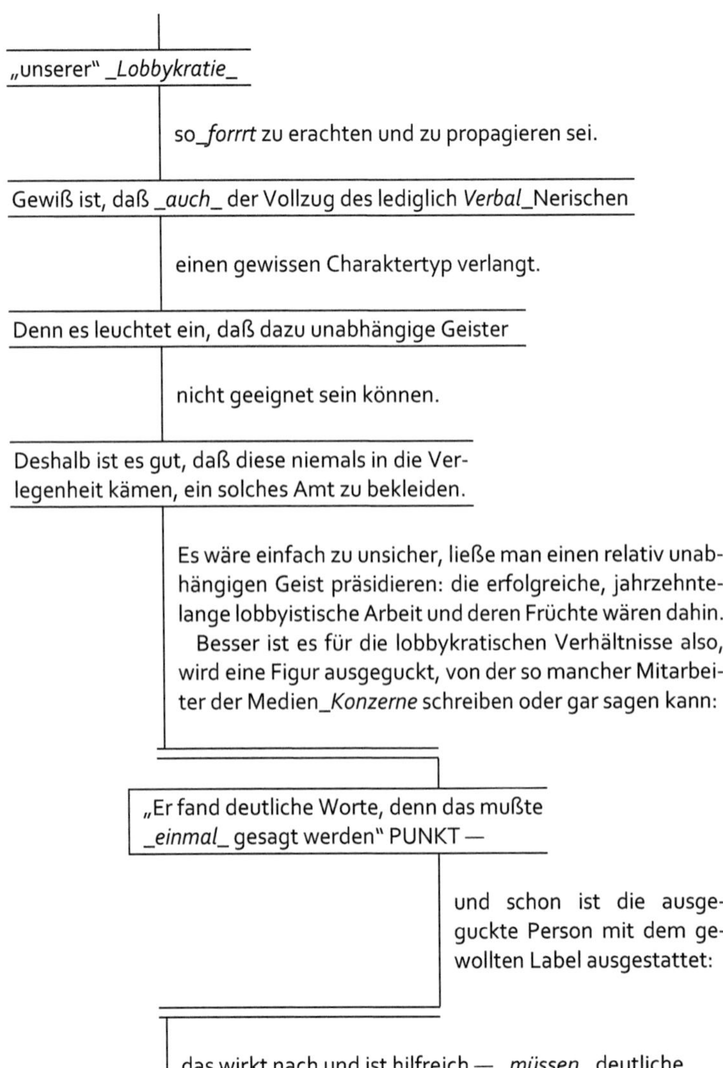

„unserer" _*Lobbykratie*_

so_*forrrt* zu erachten und zu propagieren sei.

Gewiß ist, daß _*auch*_ der Vollzug des lediglich *Verbal*_Nerischen

einen gewissen Charaktertyp verlangt.

Denn es leuchtet ein, daß dazu unabhängige Geister

nicht geeignet sein können.

Deshalb ist es gut, daß diese niemals in die Verlegenheit kämen, ein solches Amt zu bekleiden.

Es wäre einfach zu unsicher, ließe man einen relativ unabhängigen Geist präsidieren: die erfolgreiche, jahrzehntelange lobbyistische Arbeit und deren Früchte wären dahin.

Besser ist es für die lobbykratischen Verhältnisse also, wird eine Figur ausgeguckt, von der so mancher Mitarbeiter der Medien_*Konzerne* schreiben oder gar sagen kann:

„Er fand deutliche Worte, denn das mußte _*einmal*_ gesagt werden" PUNKT —

und schon ist die ausgeguckte Person mit dem gewollten Label ausgestattet:

das wirkt nach und ist hilfreich — _*müssen*_ deutliche

Worte gefunden werden — geht es um irgendeine Stützung des lobbykratischen Systems national:

„Gürtel enger schnallen" ... oder so;

oder international:

„Deutschland muß mehr Verantwortung übernehmen, die Zeit des Wegguckens ist vorbei" ... oder so.

Stellen Sie sich einmal vor, ein unabhängiger Geist, der zugleich der Repräsentative wäre, meinte das in dem Sinne, daß _*dorthin*_ zu gucken sei, wo die politischen Sauereien ausgeheckt werden. — Na, da hätte der aber nur noch ein überschaubar kurzes Leben vor sich — zumindest ein kurzes repräsentatives.

* * *

„Offener nerischer Vollzug"?

Nun, das bringt mich auf „*offenen Vollzug*".

*Wäre* ich jetzt also nüchtern,

*könnte*

ich den Eindruck gewinnen, daß das

ultimative Ziel der _*Litiker*_ der Machteliten der Nationalstaaten

*darin*

besteht, ihren Insassen die Entweder-oder-Freiheit zu lassen:

zwischen offenem und geschlossenem Vollzug zu wählen".[144]

Das Fazit _*dieser*_ (__eigentlich *be*_drückenden__) Betrachtung ergibt sich quasi ohne Mühe:

> Wo sich politische Nullen massieren, ist zwar die *Vor*_Bereitung zur _*nerischen*_ Übergabe des Heftes der Macht an eine politische Figur abgeschlossen, die bequemerweise als „Nero" bezeichnet wird, tatsächlich aber nicht mit dem Nero der Geschichte vergleichbar sein könnte, der nämlich eine solche Figur genau nicht war, wie wir heute wissen.[145] So geht wohl die allgemeine *Ver*_Nerisierung mit allgemeiner *Ver*_Nerrischung einher, aber die Ursachen dieser *Ver*_Nerisierung lassen sich nicht mit dem römischen Kaiser Nero[146] personifizieren — hingegen ohne weiteres mit dem identifizieren, das ich *Neo*_Wilhelminismus nenne.[147]

---

[144] Wie Sie sich erinnern, ist der „*Litiker*" das Thema im Zwischenruf 16: „Die Bedeutung der Null für das politische Tun und für das gesellschaftliche Leben". Zum „offenen bzw. geschlossenen Vollzug", vgl. in: a.a.O., Band I, Teilband 3, die Seiten 497 oben und die folgende.

[145] Vgl. Massimo Fini, *Nero — Zweitausend Jahre Verleumdung*, aus dem Italienischen von Petra Kaiser, F.A. Herbig, München, 1994.

[146] Geboren am 15. Dezember 37, war Nero römischer Kaiser seit dem 13. Oktober 54 und beging am 9. Juni 68 Selbstmord. Die Doppeltüren des Janustempels in Rom waren lediglich zur Zeit dreier römischer Kaiser geschlossen, als sichtbarer Ausdruck dafür, daß an allen Grenzen des Reiches Frieden herrschte. Die längste dieser Perioden fiel in die Herrschaft Neros. Allein dieser Fakt belegt, daß es die römische Machtelite und deren Satelliten waren, die Nero haßten, nicht das Volk, sind doch Kriege lukrativ für jene, nicht für dieses.

[147] Siehe Die *tri*_logische Sezierung [...], Band III, Tb 2, Lesung 16: „Die Ursprünge des Wilhelminismus' und seine Konsequenzen".

Folglich hat das Adjektiv *„nerisch"* nichts mit dem alten Römer *Nero* zu tun, kommt es doch wortentwicklungstechnisch von *„nerrisch"*. — Also ist anzunehmen, daß, als Wolfram schließlich am *Willehalm* schrieb, schon ihm das „Nerrische" als geläufige Möglichkeit gegolten hätte, wäre es ihm damals wert gewesen jenes politische Verhalten *_gesondert_* zu umschreiben, das in einem langen Purgationsprozeß schließlich zu dem wurde, das wir heute als

„'Standard des politisch Närrischen' des lobbykratischen Zeitalters"

kennen, kann doch immerhin als gesichert gelten, daß er schon im *Parzival* das *„Nerrische"* seiner Zeit betonen wollte.

Mit anderen Worten:

Es wäre ein Irrtum, gingen

*_S i e_*

davon aus,

*_S i e_*

hätten eine Wahl — im Rahmen noch folgender Wahlkrämpfe ...

Achtzehnter Zwischenruf

Die zwiefache Staatsraison neoliberaler Staaten alten Typs

Letztens wurde ich _*mal eben*_ mit folgenden Fragen konfrontiert:

> Frage 1:
>
> *Was ist die deutsche Staatsraison in dieser Situation?*
>
> Frage 2:
>
> *Dient die Regierung dieser mit ihrer momentanen Politik?*

Gemeint ist die ins Chaotische abdriftende Entwicklung im neuen *Kalten Krieg* mit seinen diversen *Hot Spots* auf der Welt, von denen Syrien oder die Ukraine lediglich Beispiele wären— zumal das (__*je nach Bedarf*__) wechseln kann, sowie den auf diese Weise verursachten sozialen Symptomen, die den Menschen in ruhigeren Gegenden der Welt im Bewußtsein zwar haftenbleiben, die für sie aber nicht so ohne weiteres als Symptome falscher Politik erkennbar sind, selbst wenn es sich beispielsweise um Ströme von flüchtenden Menschen handelt.[148]

---

[148] Vgl. Zwischenruf 28 und in: a.a.O., Band I, Teilband 3, Kapitel 13: „Die Welt als 'Hinterhof' der Machteliten oder Der Nationalstaat als grundlegendes Problem für Frieden", sowie Kapitel 18: „Eine kurze Beschäftigung mit der Frage nach der neoliberalen Strategie des 'Westens' und der Funktion seiner Medien bei der Vermittlung dieser Strategie".

Obwohl doch die „Staatsraison" eine heikle Angelegenheit ist

(__*soweit es sich nicht um die des Sozialen Rechtsstaates handelt*[149]__),

immerhin geht es dabei um das „Selbstverständnis" eines (__*heutzutage meist bürgerlichen*__) Staates, nicht um das eines Individuums und auch nicht um das der Gesamtheit der Individuen eines Staates.

Ein Staat ist zwar das organisatorische Werkzeug einer Gesellschaft, hat aber *selbst*_verständlich kein eigenes „*Selbst*_Verständnis", sondern in diesem drückt sich stets jenes seiner Machtelite und deren Satelliten in Politik, *spin*_doktorischer Wissenschaft und Medien aus.

Was die Masse der Bevölkerung eines Staates auch immer national „fühlen" mag: daran ist genetisch nichts bedingt — höchstens mögen schon die im Uterus erfolgenden Einflüsse der sozialen und natürlichen Umwelt, u.a., eine gewisse, *vor*_verwebende Gefühls- und Bewußtseins-*Be*_reitung bewirken.

*Sondern* mit diesem „Staats_*Selbstverständnis*" geht die Suche nach einem gewissen „Wohl" einher — das mit dem der Masse der Bevölkerung korrelieren _*kann*_

... es in den entscheidenden Momenten aber selten tut ...,

[149] Vgl. in: a.a.O., Band I, Teilband 4, Kapitel 22: „Der Soziale Rechtsstaat im Gegensatz zum bürgerlichen Sozialstaat".

dann nämlich, droht dem Staat sein „Wohlsein" abhanden zu kommen — wobei die Art und Weise des staatlichen Reagierens von der Einschätzung der „Bedrohung" durch die damit befaßten *Staats*_Organe abhängig ist.

Nun, faßt man ins Auge, wer die Geschicke eines Staates bestimmt, nämlich die Machtelite des Staates, wird es einsichtig, wessen „Wohl" von einer bestimmten Entwicklung tatsächlich bedroht wäre. Auf diese Weise könnte deutlich werden, daß die Erhaltung oder die Wiederherstellung des „Wohls" des Staates (__des „Wohls" seiner Machtelite also__) genau jenes ist, das letztlich das Wohl der Masse der Menschen bedroht.

(__Übrigens könnte es dann durchaus sein, daß eine von den eigenen Insassen bedrohte Machtelite sich an befreundete Machteliten anderer Nationalstaaten wendete und _*ihren*_ Nationalstaat von diesen besetzen ließe — zur Niederschlagung des von den Insassen _*ihres*_ Nationalstaates gegen _*sie*_ gerichteten Aufstands.[150]__)

*Deshalb* ist es aus Sicht einer jeden Machtelite entscheidend, daß dieser Zusammenhang von der Masse der normalen Menschen nicht erfaßt wird, da es andernfalls lediglich noch ein kleiner Schritt bis zum kollektiven Erkennen dessen wäre, daß _*sowohl*_ das „Staatswohl" (__sprich: das Wohl der Machtelite__) _*als auch*_ die Bedrohung dieses „Wohls" die Masse der Bevölkerung _*direkt*_ betreffende, potentielle Bedrohungen darstellen. Mehr noch, vorausgesetzt, dieses

[150] Vgl. diesbezüglich den Zwischenruf 6, dort die Seiten 86-96, beginnend mit: „Anmerkung zu sogenannten Demokraten und sogenannten Reformen ...", sowie in: a.a.O., Band I, Teilband 3, Seiten 311-314, beginnend mit: „Das heißt die Masse der Menschen geneigt machen ...".

kollektive Erkennen bleibt aus, die Masse der Bevölkerung den Eindruck gewinnen muß, sie kämpfte für ihre eigenen Interessen, handelt es sich tatsächlich um jene der Machtelite — wozu hat man schließlich die schreibenden Mitarbeiter der eigenen Medien_*Konzerne*, oder?

Folglich wäre erst einmal der Begriff „Staatsraison" zu definieren. Immerhin ist diese Definition davon abhängig, wie ein Staat verfaßt ist. Als was ist bspw. die Verfaßtheit der Bundesrepublik Deutschland tatsächlich zu bezeichnen?

> Nun, objektiv gesehen, handelt es
> sich dabei um eine Lobbykratie.

Deshalb ist Ihre eingangs dieses Zwischenrufs gestellte Frage an die (__*nicht gewählten*__) Vertreter dieser _*Kratie*_ zu richten, da ich diese Frage lediglich dann konkret beantworten könnte, hätte ich Einfluß auf diese *Kratie*, geht es doch offenbar _*nicht*_ um die Frage:

> _*Was*_ sollte in dieser Situation getan werden?

Denn Sie stellen die Frage:

> „Was ist die deutsche Staatsraison in dieser Situation?"

Wie weiter oben schon erläutert, und deutlich geworden sein könnte, ist diese Frage deshalb falsch gestellt, da diese „Raison" von jener Verfaßtheit eines staatlichen Gebildes abhängig ist, dessen Ausdruck sie ist. Demnach hätte, so Sie diese Frage an mich richten, diese etwa folgendermaßen zu lauten:

> _*Wie*_ müßte die deutsche Politik aussehen,

der deutschen Staatsraison Genüge zu tun?

Falls ich das Grundgesetz zu Rate ziehen *wollte*, wäre jedenfalls festzustellen, daß die

Staatsraison auf Basis des Grundgesetzes

faktisch _*nicht*_ mehr existiert.

Da das aber allgemein so noch verkündet und selbst von denen noch geglaubt wird, die schon längst nicht mehr

*auf dieser Basis*

der Staatsraison gerecht werden, müßte die Regierung eigentlich kollektiv zurücktreten und strafrechtlich belangt werden. *Eigentlich.*

Eher wird es aber geschehen, daß ich wegen solcher Äußerungen strafrechtlich belangt werde: _*Wegen*_ der tatsächlichen „Staatsraison"?

Das heißt faktisch haben wir eine Lobbykratie. Demnach kann die aktuelle Staatsraison nur eine lobbykratische sein.

Lobbykratische Staatsraison bedeutet aber „politische Kakophonie", der sich die Politik (__*selbstverschuldet, sprich: „Politik des Reformismus"*[151]__) nicht mehr entziehen kann — da

[151] Zum „Reformismus" siehe in: a.a.O., Band I, Teilband 1, die Seiten 100 f., beginnend mit: „Der 'Reformismus' ist jene Ideologie ..."; sowie in: a.a.O., Teilband 4, die Seiten 83 f., beginnend mit: „Dabei handelt es sich angeblich um eine Politik ...".

nicht beizeiten gegengesteuert.

„Beizeiten" bedeutet in diesem Fall übrigens: im _*Idealfall*_ mit Gründung der BRD, d.h. spätestens im Verlauf der 1950er Jahre. Aber das ist jetzt etwas fiktiv, denn die Gründung der BRD war eine rein wirtschaftsbezogene, politisch existierte Deutschland schließlich nicht mehr — die Gunst der Stunde wurde dann von den deutschen Neoliberalen der damaligen Zeit (__den „Ordoliberalen"__) genutzt, indem der Rechtsstaat um die Wirtschaft herum konstruiert wurde.

* * *

In diesem Zusammenhang sei erwähnt, daß der Begriff der „sozialen Marktwirtschaft" i.d.R. falsch verstanden wird — d.h. das „Wirtschaftswunder" war kein deutschlandspezifisches, sondern es beruhte auf Umständen, die *primär* nicht im Einflußbereich der deutschen Regierung lagen, d.h. hierin liegt die eigentliche Problematik, die man allerdings vor dem damaligen Hintergrund betrachten muß.[152]

* * *

Aber es gab ein 2. „Beizeiten" als die Konstruktion der EWU geplant wurde, d.h. dieses „2. Beizeiten" ging mit der Vereinigung der beiden deutschen Staaten einher, die, beide ein Ergebnis des zweiten Teiles des Großen Krieges, wegen des Endes des Kalten Krieges möglich geworden war.

[152] Da dies durchaus ein komplexes Thema ist, siehe dazu in: a.a.O., Band I, Teilband 1: „Hintergrundausleuchtung zweier ideologischer Begriffe, zu denen zwar jeder etwas meint ...".

Und es ist dieses „2. Beizeiten",

das dann zur eindeutig falschen Weichenstellung geführt hat.

Und hier wiegt die Verantwortung der deutschen Politik einerseits weit schwerer,

denn nun war ihre Möglichkeit zur Einflußnahme weit größer als nach der bedingungslosen Kapitulation, andererseits wurde die deutsche Politik nach Ende des Kalten Krieges schon wesentlich von machtvollen Interessen der deutschen Exportwirtschaft/Finanzwirtschaft bestimmt, dementsprechend erfolgte die falsche Konstruktion der EWU —

nämlich als Fortsetzung der, mit Gründung der BRD um die Wirtschaft herum erfolgten Staatskonstruktion.

* * *

Die _*Widersprüchlichkeit einer Lobbykratie*_ wird zum einen insbesondere in einer Situation offensichtlich, muß ein Staat als Ganzes handeln.

Zum anderen dadurch insbesondere offensichtlich, daß dieses Handeln durch die Lobbykratie selbst bedingt ist, also von Herrschaftsvertretern der an sich und typischerweise widerstreitenden machtvollen Einzelinteressen bestimmt wird.

Das heißt aber nichts anderes, als daß klassisches staatliches Handeln gar nicht mehr möglich ist.

Die Lösung dieses Problems wird nun dadurch zu erreichen *versucht*, daß man die Nationalstaaten zu

„Konzern-Staaten"

umformt. Das ist jetzt nicht irgendeine Behauptung, sondern _*auch das*_ ist Fakt.[153].

Wer allerdings glaubt, daß sich dies alles erledigt habe, denn, bspw. sei das sogenannte Freihandelsabkommen TTIP ja nicht mehr so direkt auf der Tagesordnung, nun, der klebt an Namen, da auf diese Weise das neoliberale Grundsatzbestreben keineswegs obsolet geworden ist, sondern stellt für Lobbyisten lediglich eine Herausforderung dar, andere Wege zu erkunden in einer nach _*selbst inszeniertem Muster*_ sich schnell wandelnden Welt — dafür werden sie schließlich bezahlt. Wieso also nicht ein Abkommen abschließen, bspw. CETA, von dessen Vertragspunkten _*vorerst*_ — und zur _*kollektiven Betäubung*_ — einige als „ruhend", also „nicht zur Anwendung kommend", zwar richterlich bestimmt werden, die (__*irgendwie stiekum aktiviert*__) dann plötzlich aber doch gelten — nach weiterer lobbyistischer „Geneigtmachungsarbeit"?[154]

Nun, dieser Prozeß ereignet sich gerade. Wir haben also den seltsamen Genuß, dem beiwohnen zu müssen: meist allerdings der Masse der Menschen unbewußt bleibend — denn

[153] Vgl. in: a.a.O., Band I, Teilband 3, Kapitel 18: „Eine kurze Beschäftigung mit der Frage nach der neoliberalen Strategie des 'Westens' und der Funktion seiner Medien bei der Vermittlung dieser Strategie".

[154] Vgl. in: a.a.O., Band III, Teilband 2, Anhang II: „Beleg für die Behauptung, daß die EU ein antidemokratisches Gebilde ist".

wozu gibt es die schreibenden Mitarbeiter der Medien_*Konzerne*?

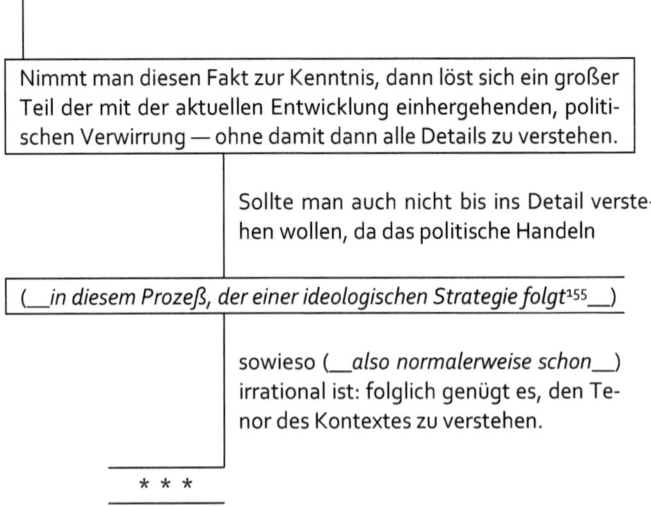

Nimmt man diesen Fakt zur Kenntnis, dann löst sich ein großer Teil der mit der aktuellen Entwicklung einhergehenden, politischen Verwirrung — ohne damit dann alle Details zu verstehen.

Sollte man auch nicht bis ins Detail verstehen wollen, da das politische Handeln

(__*in diesem Prozeß, der einer ideologischen Strategie folgt*[155]__)

sowieso (__*also normalerweise schon*__) irrational ist: folglich genügt es, den Tenor des Kontextes zu verstehen.

* * *

Die Beantwortung Ihrer 1. Frage kann demnach lediglich auf der Basis des oben Skizzierten erfolgen — da es faktisch so ist und es dazu die entsprechende Strategie gibt.

Das heißt die aktuelle Situation ist aus einer Entwicklung heraus entstanden, die dem lobbykratischen Verständnis von Staatsraison entspricht — was ein Widerspruch in sich ist.

Folglich befinden wir uns erneut in einer (__staatspolitischen__) Sackgasse — in die uns jene Politiker hineinmanövriert haben, die die lobbykratischen Interessen vertreten hatten und vertreten.

[155] Vgl. die Verweise in den Fußnoten 153 + 154.

Beispielsweise zeigt das Beharren darauf,

daß die Sanktionen gegen Rußland notwendig seien, da Rußland das Völkerrecht gebrochen habe,

das es objektiv gesehen _*nicht*_ getan hat[156], soll nicht zweierlei Maß angelegt werden, und selbst dann, legte man zur Beurteilung ein Maß an, ließe sich bezüglich der Krim von seiten Rußlands völkerrechtlich zwar eine _*gewisse*_ Fragwürdigkeit feststellen, aber dabei darf weder die Entwicklung seit dem Ende des Kalten Krieges noch, und zwar dann insbesondere auf die Krim bezogen, jene sich in der Ukraine in den ersten Monaten des Jahres 2014 ereignet habende Entwicklung außer acht gelassen werden —

zeigt also dieses „Beharren", daß man in, als opportun erscheinenden Zusammenhängen, anstatt der lobbykratischen Staatsraison, die „alte" Staatsraison (__*bürgerlichen Typs*__) angewendet sehen will. Und zwar u.a. deshalb, da man der eigenen Bevölkerung gegenüber keinesfalls zugeben darf, welche, bzw. wessen Interessen in diesem bösen Spiel letztlich bedient werden sollen, nämlich, in diesem Fall, jene der Machteliten der Nationalstaaten des „Westens" — wozu die deutsche Machtelite gewiß gehört, oder?

Denn es stimmt nicht, und zwar objektiv nicht stimmend, daß (__*behaupteterweise*__) erst jetzt, und in diesem Fall von gewissen Politikern sowie den Alpha-Journalisten der Medien_*Konzerne* hetzend behauptet, das Völkerrecht von Rußland gebrochen würde, ist dies doch, und praktiziert vom „Westen", schon in den 90er Jahre u.f.Z. der Fall gewesen —nimmt man zur Beurteilung die Zeit nach dem Ende des Kalten Krieges als Maß.[157]

---

[156] Vgl. in: a.a.O., Band I, Teilband 4, Anhang I.

[157] Vgl. a.a.O., Teilband 3, die Kapitel 14, 15, 16 und 17; und in: a.a.O., Band III, Teilband 2, Seiten 622-65: „Exkursion: Exemplarische Beispiele kontraproduktiver Konsequenzen deutscher Machtpolitik".

Nun, das opportune Switchen auf die „alte“ Staatsraison dient der Rechtfertigung für das weitere politische Vorgehen.

> Und mit dieser „alten“ ja überhaupt die ganze Sanktionspolitik gerechtfertigt worden ist, insofern könnte man übrigens davon sprechen, daß „optisch“, also bspw. in Interviews, stets auf die „alte“ Staatsraison geswitcht wird.[158] Geht es aber ums lobbykratisch Faktische, wird auf die „neue“ Staatsraison als Grundlage fürs neoliberale Tun *re*_geswitcht.

Auf diese Weise entsteht allerdings eine kuriose Situation:

Wir haben es mit einer *_zwiefachen_ Staatsraison* zu tun.

Da gibt es einmal jene, die zur Schau gestellt wird und die ihren Saft aus dem Grundgesetz zieht

> (*__scheint aber irgendwie leer zu sein__*)

und zum anderen gibt es die *„junge“*, *„dynamische“* und *„toughe“* — eigentlich zwar die alte wilhelministische,

> bei der's „rrrooobussst“ zugeht — nichts für „Weicheier“!

Es ist diese Staatsraison, die nun im marktkonformen also im *neo*_wilhelmoliberalistisch geschneiderten Gewande daherkommt.[159]

---

[158] Eins dieser Interviews ist im Dezember '14, propagandistisch „vermarktet“ worden, siehe: „Rußland nicht in die Knie zwingen“, dessen folgender Internet-Pfad am 2. März '18 erneut geprüft ist:

http://www.spiegel.de/spiegel/print/d-130967237.html.

[159] Zum „Neowilhelmoliberalismus“ siehe in: a.a.O., Band III, Tb 2, Teil vier: „Der Neowilhelmoliberalismus“.

Für welche mag sich bspw. ein Bundespräsident der lobbykratischen Ära einsetzen? Ich sag's Ihnen: für die *„toughe*".

Vor _*diesem*_ Hintergrund gewinnt Ihre 2. Frage eigentlich rhetorischen Charakter:

„Dient die Regierung dieser [__ lobbykratischen Staatsraison__] mit ihrer momentanen Politik?" —

Zumindest läßt sie sich nun sehr leicht beantworten:

_J a_!_

Neunzehnter Zwischenruf

Randständige Anmerkung zu Wahlkrämpfen und Müdigkeit

Im Juni des Jahres 2015 war in der Zeitung zu lesen, daß jene Parteien, die die Politik für Deutschland verantworten, eine gegen Wahlkrampfmüdigkeit gerichtete Werbeaktion starten wollten. Nun, das ist exemplarisch und ist deshalb Thema dieses Zwischenrufs.

Vermutlich soll bei dieser Gelegenheit den erwachsenen Menschen, also jenen, die noch anders sozialisiert worden sind, auch etwas von den zu einer marktkonformen Gesellschaft passenden Demokratie-*Vor*_Stellungen erzählt werden, wie es in den Schulen ja bereits der Fall ist, wo zu diesem Zweck, lobbykratie_*konform* aufbereitet, betriebswirtschaftliches Denken eingeübt wird — anstatt *gesamt*_wirtschaftliches, wie es gesellschaftlich richtig wäre.[160]

Nun, die Vertreter des Menschengeschlechts, d.h. der *Geschwisterschaft des Menschengeschlechts*[161], werden wohl heftig husten müssen, sollten sie von solchen *Polit-Figuren*

---

[160] Vgl. in: a.a.O., Band I, Teilband 2, Kapitel 7: „Überlegungen zum 'Wirtschaftsunterricht' an allgemeinbildenden Schulen".

[161] Deren Credo finden Sie im Zwischenruf 5 dokumentiert: „LEIT-Kultur — _*nicht*_ 'Leidkultur'".

(__*nicht zu verwechseln mit politischen Figuren*__)

tatsächlich angesprochen werden, deren Politik immerhin einer Verhöhnung unseres Geschlechtes gleichkommt. Das heißt diese *Polit-Figuren* mögen bitte erst darüber nachdenken, wohin sie

_*u n s*_

mit ihrer neoliberalen Politik seit dem Ende des Kalten Krieges gebracht haben.

Denn weiter zurück wollen wir gar nicht nachdenken lassen, sonst heißt es wieder, wir hantierten mit „ollen Kamellen".

Zudem wird, allein für diesen Zeitraum, durch ausreichend historisch folgerichtiges Denken deutlich, daß das Profitsystem, dessen alte Doktrin seit Jahrzehnten im mehr oder weniger durchsichtigen Gewande daherkommt, d.h. im neoliberalen Kostüm, für sich genommen, also _*ohne*_ es gesamtpolitisch rahmensetzend *ein*_gehegt zu haben, aus strukturellen Gründen für einen sich prozeßhaft global ausbreitenden Frieden

_*n i c h t*_

zu verwenden ist.

Nachdem die *Polit-Figuren* in diesem Sinne nachgedacht hätten, sollten diese, also vor dem Hintergrund eines solchen, adäquat historisch Nachgedachthabens, zu prospektivem Denken übergehen. Beispielsweise in dem diese Figuren, bezüglich der von _*ihnen*_ verursachten Ersetzung

(__*selbst parlamentarischer!*__)

demokratischer Entscheidungsprozesse durch tatsächlich lobbykratisch bestimmte, die entscheidende Frage reflektierten:

_*W e l c h e*_

und ob überhaupt gesamtgesellschaftsberücksichtigende Elemente zukünftige „politische 'Optionen'" noch aufweisen werden,

*so daß*

w i r (__*als Spezies*__)

dann die sich daraus ergebenen Konsequenz werden

_*e r f a h r e n*_

m ü s s e n,

hat sich aus dieser

(__*leider als realistisch anzunehmenden*__)

Prospektivität erst eine ausschließlich noch
im lobbykratischen Sinne erlaubte

(__*und dann von der Masse der Menschen selbst als „erkannt" einzig mögliche*__)

Interpretation der Wirklichkeit als Denkschablone in den

Köpfen der Masse der Menschen kollektiv verankert — aufgrund

ihrer,

im Sinne der Bedienung partikularer Interessen geleisteten politischen Vorarbeit, die zu dem geführt hat, welches man als Lobbykratie bezeichnen *muß*?

Ob in diesem Zusammenhang schon das *Hacking* der Bundestagsabgeordneten zu verstehen ist?

(__Mitte des Jahres 2015 wurde bekannt, daß die elektronische Kommunikationsanlage des Bundestags gehackt worden war.[162]__)

Denn in welche Richtung mögen sowohl die offizielle Vermutung als auch die Begründung der *Polit-Figuren* tendieren:

NSA-gesteuertes Hacking?

oder

von Putin gesteuertes?

Nun, das _*eine*_ ist eine Institution, würden solche Figuren wohl antworten, um dann aus _*ihrer*_ Perspektive folgerichtig zu ergänzen:

---

[162] Vgl. auf Spiegel Online folgenden Artikel: „Cyber-Attacke auf den Bundestag — Abgeordnete fühlen sich nach Hackerangriff alleingelassen", abrufbar über folgenden, am 2. März '18 erneut geprüften Internet-Pfad:
http://www.spiegel.de/politik/deutschland/cyber-angriff-abgeordnete-kritisieren-bundestags-verwaltung-a-1034732-druck.html.

Institutionen verdienen dann Vertrauen,
kommen sie aus dem „Westen".

Genau deshalb kann es auch nicht so schlimm sein, daß andere von solchen Institutionen eine Politik betreiben, die demokratiejenseitig agieren — wie die

„Troika-Institutionen"

eindrucksvoll belegen? Nun, wahrscheinlich antworteten solche *Polit-Figuren* darauf:

Das Dumme daran war ja bloß, daß „Troika" aus dem Russischen kommt ...

Und wie flexible überlegen der „Westen" mit einer solchen semantischen Fragwürdigkeit umgehen kann, läßt sich jedenfalls sofort belegen

(__ein schöner Beweis übrigens, wie lernfähig „unser" *selbst_*regulierendes System ist!__),

merkt man zu einer solchen Antwort an, daß genau aus diesem Grunde heutzutage nur noch „Einrichtungen" aktiv sind, die als „Institutionen" *auf_*treten.

(__Ob nun auch die betroffenen Länder als _„*Kunden*"_ zu bezeichnen sind, so wie die Arbeitslosen, die nicht mehr zum Arbeitsamt gehen, sondern, lobbykratisch gewendet, zur „*Agentur für Arbeit*"?__)

Nun, *_darauf_* würde eine *Polit-Figur* wohl antworten:

Ich sehe den Zusammenhang nicht. Als Fragesteller bemühe man sich übrigens um Sachlichkeit.

Sie haben recht! — Abschließend also die Frage: Kennen Sie Kafkas „Schloß"?

Also bitte, unsere Institutionen haben doch keinen *Schloß*_Charakter mehr!

Tja, für irgendwen scheint sich das neoliberale Treiben tatsächlich zu lohnen ...

Zwanzigster Zwischenruf

Die „politische Klasse" Deutschlands im besonderen und die der EU im allgemeinen

Dieser Zwischenruf widmet sich der ausreichenden Beleuchtung der Erbärmlichkeit der sogenannten „politischen Klasse" Deutschlands im besonderen und jener der EU im allgemeinen. Wobei in diesem Zusammenhang von „politischer Klasse" zu reden, allein deshalb ein (__*schlechter*__) Witz ist, da beide Beispiele zeigen, daß diese „politische Klasse" konzeptionslos „agiert". Es sei denn, man ist der Meinung, daß das bloße Befriedigen von *Macht*_Interessen, Ausdruck konzeptionellen Tuns einer politischen Klasse sei.

Denn Ausdruck einer Konzeption ist das durchaus, aber nicht der einer politischen Klasse, die also diesen Namen verdiente, hingegen Ausdruck einer _*politischen*_ Kaste, die somit lediglich den Charakter eines politischen *Wurm*_Fortsatzes neoliberaler Interessen hat.

*Ist* aber erst durch solch ein (__*nationalstaatlich lobbybestimmtes*__) konzeptionelles Tun die *inter*_nationale Lage ausreichend *ver*_quer, führt das früher oder später zu Krieg — ob in Form von Handelskrieg, Bürgerkrieg oder Krieg zwischen konkurrierenden nationalstaatlichen Mächten, die, über ihre eigene territoriale Größe hinaus, die Geschicke anderer Nationen versuchen zu bestimmen — gegen deren Interessen also. So etwas nannte man einst Imperialismus.

Zu dieser imperialistischen Tendenz tritt heute der Versuch supranationaler Konzerne neu hinzu, sich den Status von Nationalstaaten zu verschaffen.

> Diese Tendenzen wurden erneut augenfällig, als es um die Schaffung eines Machtinstrumentes ging, das als Freihandelsabkommen getarnt ist. [163]

Unterstützt werden die Konzerne hierbei von der bereits bezeichneten „politischen Kaste", die ich jetzt „neoliberale politische Kaste" nenne, da diese exklusiv die politischen neoliberalen Interessen bedient.

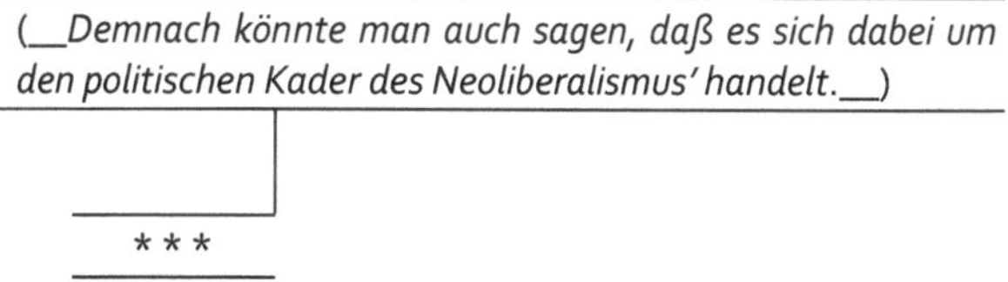

(__*Demnach könnte man auch sagen, daß es sich dabei um den politischen Kader des Neoliberalismus' handelt.*__)

* * *

Sollte mir also jemand weiterhin davon etwas erzählen wollen, daß die EU keine neoliberale Veranstaltung, keine antidemokratische und keine militaristische Organisation sei, will ich nicht sagen, daß es Zeit sei, die *wohltemperierte Contenance* abzulegen

---

[163] Vgl. hierzu die Seiten 171-77 des Ihnen vorliegenden Buches, beginnend mit: „Ein weiteres, sozusagen lobbykratie-typisches Problem ...", sowie die Seite 241, beginnend mit: „Wer allerdings glaubt, daß sich dies alles erledigt habe ..."; überdies in: a.a.O., Band I, Teilband 3, Kapitel 18, und ebenda, bezüglich der als Machtinstrumente der Lobbykratie zu verstehenden „Freihandelsabkommen", die Seiten 481 f., beginnend mit: „Daß solche (__„Freihandels-__) 'Schiedsgerichte' nicht mehr ...". Die Konsequenzen solcher Freihandelsabkommen werden am Beispiel CETA erläutert in: a.a.O., Band III, Teilband 2, Anhang II.

(__wobei „wohltemperierte Contenance" sozusagen im Sinne einer politisch gewendeten, wohltemperierten musikalischen Stimmung Andreas' Werckmeisters [__1645-1706__] zu verstehen wäre, die exemplarisch im „Wohltemperirten Clavier" Bachs zum Ausdruck kommt — wodurch „alle Tonarten schön und gefällig" klingen *mögen*__),

aber wenigstens die Bemerkung sei nun erlaubt, daß derjenige mir erst noch beweisen müßte, daß die EU dieses alles nicht wäre.[164] Oder meine Frage erst noch zu beantworten hätte:

> Wissen Sie überhaupt, was „Neoliberalismus" bedeutet — nicht aus der Sicht neoliberaler Ideologen heraus, die heutzutage in _*keiner*_ Institution der zu lobbykratisch mutierten bürgerlichen Nationalstaaten mehr fehlen, sondern tatsächlich?[165]

Es ist ja nicht so, daß es lediglich deshalb nicht tragisch wäre, aus einer solchen Unkenntnis heraus das aktuelle politische Geschehen wahrzunehmen und sich entsprechend eine Meinung _*bilden zu lassen*_

(__*die also nicht die eigene sein könnte*[166]__),

da dieses Phänomen so verbreitet ist. Nein, ganz im Gegen-

---

[164] Vgl. diesbezüglich insbesondere in: a.a.O., Band III, Teilband 2: „Der Neowilhelmoliberalismus".

[165] Zur adäquaten Beantwortung dieser Frage siehe in: a.a.O., Band I, Teilband 1: Hintergrundausleuchtung zweier ideologischer Begriffe, zu denen zwar jeder etwas meint ...".

[166] Vgl. insbesondere in: a.a.O., Band III, Teilband 1, Lesung 3: „Über den Mißbrauch der Freiheit der Meinung".

teil. Denn lediglich _*wegen*_ dieser Verbreitung ist der *selbst*_betrügende Schluß überhaupt erst möglich, daß die EU keine neoliberale Veranstaltung, keine *anti*_demokratische und keine militaristische Organisation sei!

Einundzwanzigster Zwischenruf

Kapitalismuskritik? Kritik am Kapital?
Kritik am Ismus?
Oder alles ein religionspolitisches Problem?

Nach einer langen Phase der Fesselung des Denkens, die durch die religiöse Bindung des menschlichen Geistes an eine monotheistische Glaubensvorstellung mit unbedingtem, alles andere ausschließendem Anspruch verursacht war, deren Vertreter den Menschen, unter Androhung des Todes, das Infragestellen der einfachsten *Un*_Glaubwürdigkeiten verboten, was eben genau jene, durch diese _*religio*_ des Geistes unseres Geschlechtes bewirkte Fesselung des Denkens darstellte,

drang,

bewirkt durch gewisse Wissenszirkel, die es sich

*schon damals*

vor langen Zeiten zur Aufgabe gemacht hatten, die Flamme des humanistischen, des kulturbringenden Geistes nicht verlöschen zu lassen, der sich mit der ersten *Selbst*_Bewußtwerdung des Menschengeschlechtes, _d a m a l s_

in den prähistorischen Zeiten

(__sozusagen *un*_bedingt__)

mit ausbildete, dieser Geist demnach nicht nur weit älter ist als _*jede*_ monotheistische Religion,

_*s o n d e r n*_

als jede Religion überhaupt — will man darunter die

„B i n d u n g"

an eine vom Menschen selbst geschaffene Größe verstehen — denn „religio" bedeutet zuerst nur *d i e s*.

Also _*drang*_ im Laufe der Renaissance etwas von den tatsächlichen Zusammenhängen des natürlichen wie des sozialen Geschehens erneut in die Köpfe der Masse der Menschen, was das

_*o f f e n e*_

Wiederaufleben des humanistischen, des kulturbringenden Geistes, das

_*o f f e n e*_

Wiederaufleben menschlicher Kreativität bewirkte.

_*D a s a b e r*_

führte in der Reaktion zu mehr oder weniger erfolgreichen Versuchen, die

_*n u n*_

erstmals wieder und

_*n u n*_

tatsächlich wissensgestützte Individualisierung,

_*e r n e u t*_

zu unterdrücken — vergleichbar dem Erstickungsversuch eines an verschiedenen Stellen eines ruinösen Gemäuers gleichzeitig auflodernden Feuers.

_*A b e r*_

dies versucht

(__*im Zeichen von* „Reformation" *und* „Gegenreformation"__)

mit den alten, nun mehr und mehr als obsolet erkannten religiösen *Fehl*_Interpretationen,

deren dogmenmäßig primäres Bestreben von Anfang an das _*Einbinden*_ großer Volksmassen war,

wofür exemplarisch das

Paulinische Christentum

und seine,

geradezu klassische, d.h. bis heute als Modell geltende, diesem Zweck der Beherrschung großer Menschenmassen dienende,

politische Verwendung

durch das (__*damals in „politischer Gärung" begriffene*__) Römische Reich als Weltmacht steht.

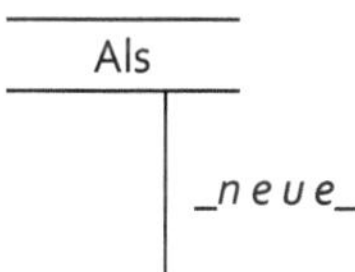

Als

_*n e u e*_

Methode aber, auf die nun sich verändernde Bewußtseinslage der sich schon individualisiert habenden Bevölkerungsteile zu reagieren, bei gleichzeitig als weiter notwendig angesehener, weiterhin repressiver Einbindung großer Menschenmassen

(__und darin dem alten „Modell der Beherrschung großer Menschenmassen auch methodisch gleich__),

_*e n t w i c k e l t e n*_

sich die ersten, erst später so genannten Nationalstaaten. Diese waren es, die sozusagen die eigentlichen „Brutstätten des Kapitalismus'" wurden. _*Das*_ war durchaus ein Fortschritt.

_*A b e r*_

das heißt auch, daß jenes, welches man als „Kapitalismus" bezeichnet, an das „Prinzip des Nationalstaates'"

*direkt*

gekoppelt ist.

Die besonderen, aus diesem *Kom*_Plex resultierenden Konsequenzen wurden spätestens dann evident, als die Industrien der einzelnen Nationalstaaten sozusagen exzessiv über ihre angestammten territorialen Grenzen hinaus expandierten, sich auf diese Weise Absatzmärkte zu erschließen suchten

(__*zwangsläufig auf Kosten anderer Nationalstaaten*__),

bei gleichzeitig stattfindender Einverleibung von Weltgegenden, die reich an Bodenschätzen, fruchtbarem Boden und reich an zum _*Verbrauch*_ gedachten Menschen waren.

Gegenden auch, die als bequeme Möglichkeit geeignet erschienen, Aufmüpfige der eigenen Bevölkerung entweder als Verbannte dorthin zu verfrachten oder als „Kolonen" dort siedeln zu lassen — stets jedenfalls zum Nachteil der einheimischen Bevölkerung solcher Weltgegenden und zum Nachteil der kolonialen *Mit*_Konkurrenten:

So ist nun einmal der Imperialismus —

*gewesen*_?_

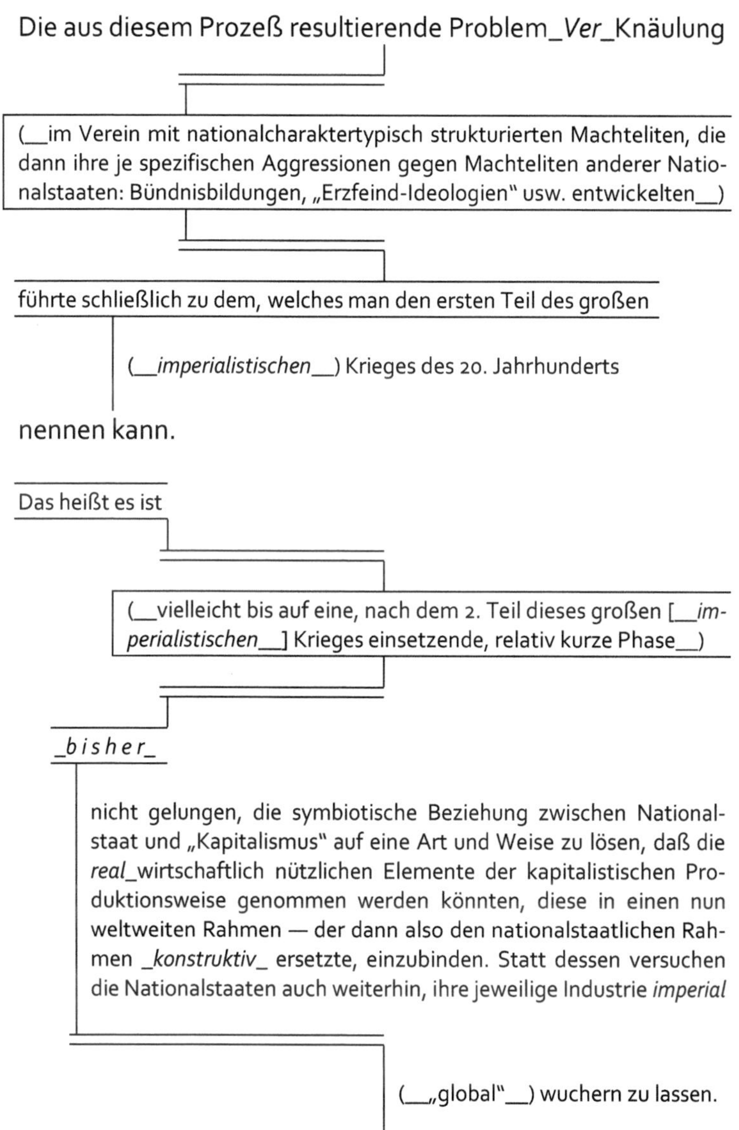

Die aus diesem Prozeß resultierende Problem_*Ver*_Knäulung

(__im Verein mit nationalcharaktertypisch strukturierten Machteliten, die dann ihre je spezifischen Aggressionen gegen Machteliten anderer Nationalstaaten: Bündnisbildungen, „Erzfeind-Ideologien“ usw. entwickelten__)

führte schließlich zu dem, welches man den ersten Teil des großen

(__*imperialistischen*__) Krieges des 20. Jahrhunderts

nennen kann.

Das heißt es ist

(__vielleicht bis auf eine, nach dem 2. Teil dieses großen [__*imperialistischen*__] Krieges einsetzende, relativ kurze Phase__)

_*b i s h e r*_

nicht gelungen, die symbiotische Beziehung zwischen Nationalstaat und „Kapitalismus“ auf eine Art und Weise zu lösen, daß die *real*_wirtschaftlich nützlichen Elemente der kapitalistischen Produktionsweise genommen werden könnten, diese in einen nun weltweiten Rahmen — der dann also den nationalstaatlichen Rahmen _*konstruktiv*_ ersetzte, einzubinden. Statt dessen versuchen die Nationalstaaten auch weiterhin, ihre jeweilige Industrie *imperial*

(__„global“__) wuchern zu lassen.

Der Imperialismus ist folglich nicht tot. —

Also ereignet sich dieser Prozeß

(__*möglicherweise blockartig modifiziert*__)

auch weiterhin auf Kosten anderer Nationalstaaten wie auch zum Nachteil jener Staaten, die man als „aufstrebende" bezeichnet. — Ganz abgesehen von den Insassen der Nationalstaaten selbst, deren „Genuß" darin bestehen mag, auf jene in den „aufstrebenden Staaten" herabschauen zu können …

Nun, alle diese Staaten weisen heute je den

Charakter von „Wettbewerbsstaaten"

auf, die, wollen diese im

„Wettbewerb der Nationen"[167]

erfolgreich mitspielen, ihre Bevölkerung markt_*konform* trimmen müssen, was sich im einzelnen Individuum durch die Reduktion seines menschlichen Potentials auf

(__als „meßbar" erachtete__)

marktkonforme Elemente ausdrückt, die sich dann im Verhalten eines so _*zugerichteten*_ Individuums spezifisch *neurotisiert* zeigen.[168]

---

[167] Vgl. in: a.a.O., Band I, Teilband 3, Kapitel 10 und 11.

[168] Vgl. in: a.a.O., Teilband 1, die Seite 73, beginnend mit: „Das Resultat dieser Reduzierung ist eine „*doppelte Neurose*" …"

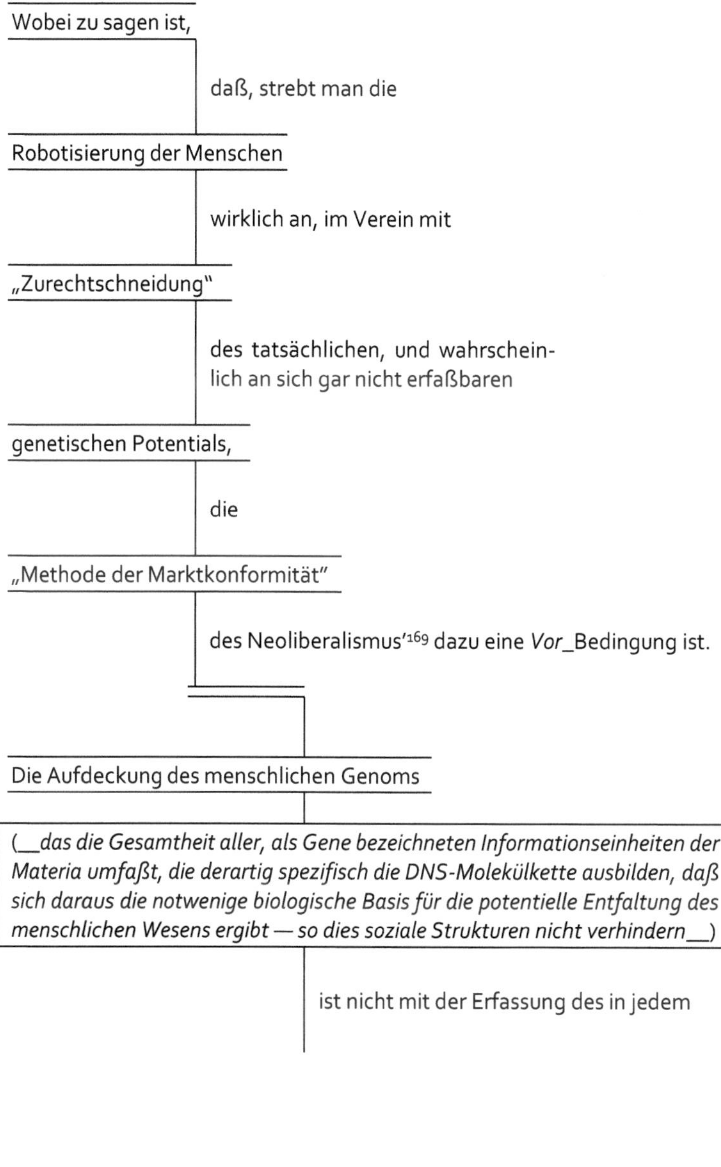

Wobei zu sagen ist,

daß, strebt man die

Robotisierung der Menschen

wirklich an, im Verein mit

„Zurechtschneidung"

des tatsächlichen, und wahrscheinlich an sich gar nicht erfaßbaren

genetischen Potentials,

die

„Methode der Marktkonformität"

des Neoliberalismus'[169] dazu eine *Vor*_Bedingung ist.

Die Aufdeckung des menschlichen Genoms

(__*das die Gesamtheit aller, als Gene bezeichneten Informationseinheiten der Materia umfaßt, die derartig spezifisch die DNS-Molekülkette ausbilden, daß sich daraus die notwenige biologische Basis für die potentielle Entfaltung des menschlichen Wesens ergibt — so dies soziale Strukturen nicht verhindern*__)

ist nicht mit der Erfassung des in jedem

[169] Vgl. a.a.O., Kapitel 1: „Erläuterung des Begriffs 'Neoliberalismus'".

Gen verborgenen Potentials zu verwechseln, das sich erst in der Kombination mit anderen Genen zeigen _*mag*_ — selbst mit solchen Genom-Elementen, denen der marktkonform konditionierte Wissenschaftler keine Funktion zuschreibt, und ihm deshalb erst in den Sinn kommen kann, gewisse Anteile des Genoms „wegzuschneiden", die aber tatsächlich andere Elemente sozusagen puffern mögen, so daß deren Funktions_*Potential* angemessen eingehegt bleibt, während das „Wegschneiden" von solchen „unverstandenen" Genom-Elementen irreparable Konsequenzen nach sich ziehen könnte.

Allgemein läßt sich „Genom" also wie folgt definieren:

Das Genom ist die Summe aller Träger _*genetisch fixierbarer*_ Erbinformationen, die jene Basis für die konkrete bio-physiko-chemische Ausprägung eines lebenden Wesens abgeben, so daß es in ein *art*_typisches Wechselspiel mit der natürlichen wie der sozialen Umwelt treten kann.[170]

_*D e n n*_

die Reduzierung des _*Denkens*_ und des _*Fühlens*_ eines marktkonform konditionierten Menschen ist die erste Bedingung für seinen Ersatz durch einen entschieden einfacher auf Marktkonformität _*programmierbaren*_ Roboter.

[170] Siehe aber auch in: a.a.O., Band III, Teilband 2, dort die Bemerkung auf den Seiten 619 f.: „*Intra*_uterine Zensur-Chip-Implantation".

Dies übrigens ein Prozeß, der sich bspw. markierend auf den Punkt bringen läßt, stellt man folgende, für sich genommen unsinnig erscheinende Fragen, die sich jedoch früher oder später, bei etablierter marktkonformer Konditionierung also, sozusagen von _*allein*_ ins Denken schleichen werden:

> Lohnt sich unter marktkonformen Prämissen der Aufwand, sich noch mit einem Menschen zu befassen, von dem anzunehmen ist, daß er sowieso in absehbarer Zeit sterben wird?

Oder:

> Sollte nicht in _*gewissen*_ Regionen der Welt endlich _*radikal*_ tabula rasa gemacht werden?

*Also* offenbar nicht so *un*_zureichend wie in Afghanistan, Libyen oder in Syrien, _*sondern*_ schon „verbessert" (__*und schon besser geübt*__) in der *Ukraine*.

> Nun, die Geschmeidigkeit fehlt dennoch: Wohl zu lange schon her die Zeit von vor dem ersten Teil des Großen Krieges?

Andererseits: _*Welch*_ ein Weg schon gegangen — vom Ende des *Kalten Krieges* bis heute!

> Mußte man nicht 1999 u.f.Z. noch von einem „robust humanitären Einsatz" sprechen, als ein *An*_Griffskrieg gegen Serbien zu führen war? _*Heute*_ hingegen kann schon offen ab-

gesondert werden, daß ein Krieg geführt werden müsse: zur *Ver*_Teidigung.

Nun, auch das in _*dem*_ Sinne nicht neu,

ließen die Machteliten der Nationalstaaten, über ihre Satelliten aus Politik, interessengeleiteter Wissenschaft und interessengeleitet schreibenden Mitarbeitern der Medien_*Konzerne*, das doch schon den je in den Nationalstaaten *ein*_sitzenden Menschen erzählen —

*vor* Beginn des besagten ersten Teils des Großen Krieges.[171]

Und was ist die Ukraine heute? Nun, es ist ein weiteres, auf besondere Weise zerrissenes Land, beherrscht von einer korrupten Schicht, die heute wohl zum „Westen" neigt — _*dies*_ der einzige Unterschied zur alten[172], wobei sich dies auch wieder ändern kann.

Und sich zu einem solchen *Tabula-rasa-machen* selbst der Abschuß eines Passagierflugzeuges zu eignen scheint, weist man (__*nachträglich und in irgendwie bekannt erscheinender Manier*__) diesen Abschuß, wie selbstverständlich, der per se bösen Seite zu, da alle propagandistisch bearbeiteten Köpfe einfach „wissen", daß diese „andere Seite", die _*gewohnt heimtückische*_ sein

---

[171] Vgl. bspw. in: a.a.O., Band I, Teilband 3, die Seite 433, beginnend mit: „Übrigens auch dies eine Parallele ...".

[172] Vgl. in: a.a.O., auf der Seite 334 den Hinweis auf zwei Untersuchungen, beginnend mit: „Und wie zwei Untersuchungen zeigen ...".

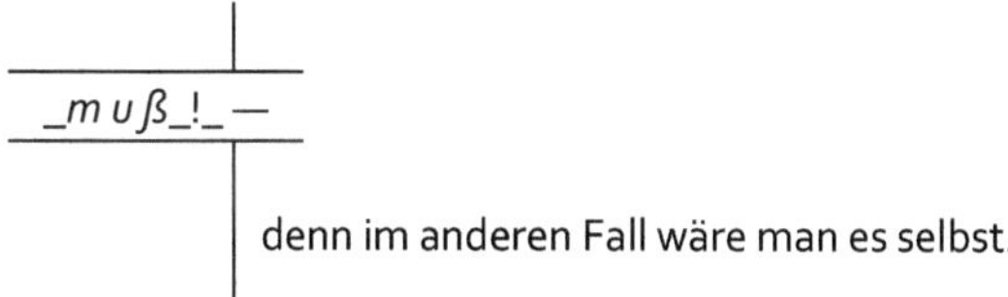

Dieser Abschuß einer Passagiermaschine also nur von jener „anderen Seite" in Szene gesetzt worden sein konnte.

> Am 17. Juli '14 kam es zu einem Flugzeugunglück, das sich über dem Bürgerkriegsgebiet der Ukraine ereignet hatte und bei dem alle Passagiere zu Tode kamen. Es kann als gesichert gelten, daß dieses Unglück von einer der direkt beteiligten Bürgerkriegsparteien verursacht worden war.[173]

Denn die Frage

d a n a c h,

welch ein Interesse diese „andere Seite" an einem solchen Abschuß haben konnte, braucht heutzutage gar nicht mehr gestellt zu werden,

ist alles so propagandistisch *ver*_klart,

wie dies von den schreibenden Mitarbeitern der Medien_*Konzerne* der Bevölkerung des „Westens" eingetrichtert wird.

---

[173] Siehe hierzu in: a.a.O., Band 1, Teilband 3, Kapitel 18: „Eine kurze Beschäftigung mit der Frage nach der neoliberalen Strategie des „Westens" und der Funktion seiner Medien bei der Vermittlung dieser Strategie", die Seiten 468-75.

Nun, diese „andere Seite" macht man aber vor allem deshalb verantwortlich, da die (__*absolut rational nachvollziehbar*__) verhindern will, daß der „Westen" sich (__*auf ihre Kosten*__) ein weiteres Stück der Erdoberfläche krallen will, es im Sinne seiner Doktrin zu „reformieren". Was, objektiv gesehen, mit Mafiaisierung der dortigen Gesellschaften einhergeht (__*bzw. einhergehen wird*__), deren Konsequenzen u.a. darin bestehen (__*bzw. bestehen werden*__), daß von dort ein *_Export_ besonderer Art* erfolgt (__*bzw. erfolgen wird*__):

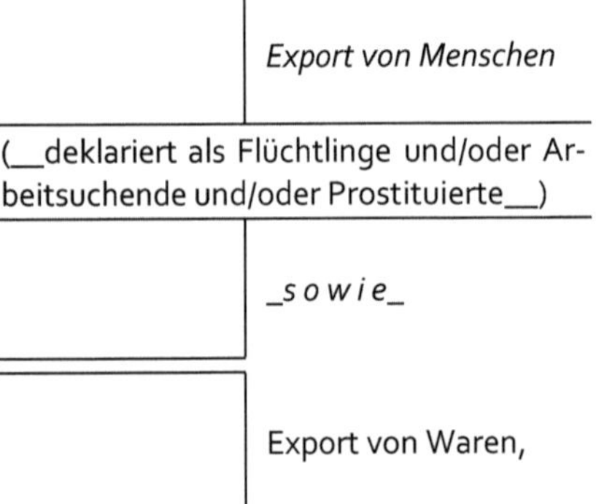

wie bspw. Drogen, die, wie zufällig, u.a., massenhaft an junge Menschen in den sich nun mehr und mehr chaotisierenden Teilen Europas verteilt werden, denn das sediert sie —

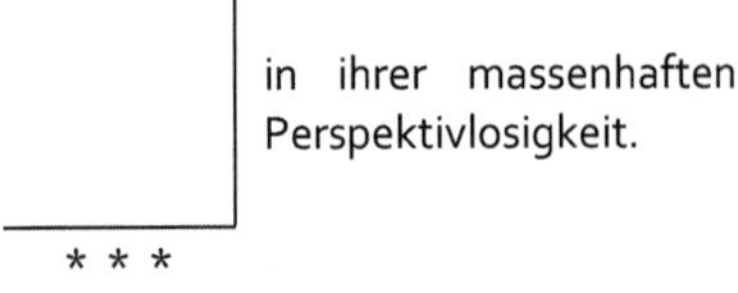

Nun, dieses *_radikal_ Tabula-rasa-machen* ist eine Notwendigkeit, wollen die „Weltelitestaaten" ihr Wirtschaftsprinzip zum weltweit einzigen gemacht sehen.

(__*Und die wollen das.*[174]__)

Dann aber muß klar sein, daß sich mit diesem Prinzip auch das der *Markt*_Konformität durchsetzen muß, welches die Menschen zu *Bio*_Funktionseinheiten

(__markt_konform gekürzt: *BioFEs*__)

reduziert. Auf diese Weise ließe sich immerhin deutlich erleichtert alles genetisch Redundante, da in seiner potentiellen Funktion nicht erkannte, elegant *weg*_schneiden:

Denn es fiele niemandem mehr auf?

Nun, dies wird früher oder später von selbst in den Köpfen der normalen Menschen gedacht werden, sind sie erst einmal die marktkonforme Konditionierung gewohnt — ist der Mensch doch ein plastisches Wesen.

Wollte man

(__und ich will schon gar nicht mehr von: *„will man"* sprechen__)

genau das nicht, wäre es zwar nicht nur etwas spät, obwohl

---

[174] Vgl. in: a.a.O., Band I, Teilband 3, Kapitel 13: „Die Welt als 'Hinterhof' der Machteliten oder Der Nationalstaat als grundlegendes Problem für Frieden", sowie dort das Kapitel 18: „Kurze Beschäftigung mit der Frage nach der neoliberalen Strategie des 'Westens' und der Funktion seiner Machteliten bei der Vermittlung dieser Strategie".

stets lobenswert, _*wollte man*_ das per Fingerschnipp geändert sehen,

_*s o n d e r n*_

es läge auch fern jeder praktikablen politischen Möglichkeit!

Oder _*wo*_

sehen _*Sie*_ die

(__!_*glaubwürdigen*_!__)

politischen Entscheidungsträger, die,

folglich glaubwürdig (__!__),

verlauten lassen könnten, ihre persönliche Qualität (__?__) zu diesem Zweck und dieser Zielrichtung verwenden zu wollen?

Nun, suchen Sie solche erst gar nicht, es gibt sie kaum. Sie werden Heuchler *en masse* finden, hingegen nur zu selten solche, die wirklich wollten, könnten sie. Das heißt unsere Zeit ist _*arm*_ an _*solchen*_ politischen Köpfen, die

_*k o n s e q u e n t*_

ihren Blick auf die sozioökonomischen Zusammenhänge gerichtet halten, also eben nicht den einzelwirtschaftlichen Einflüsterungen nachgeben, damit eine Rahmensetzung auch überzeugend propagiert werden kann, die einem anderen Gesellschaftskonzept dienlich ist.

Genau dazu fehlt es auf der _*realen*_ politischen Ebene am Verständnis und an der Bereitschaft verstehen zu *wollen* —

eingesponnen in selbstgesetzte Sachzwänge, wie die politischen Entscheidungsträger, bzw. die politischen Entscheidungs_*Vollzieher* nun einmal sind. Eingesponnen in Zwänge, erzeugt von Lobbyisten machtvoller Partikularinteressen — von denen die

wie sagt man doch gleich?

gewählten (*__politischen?__*) Entscheidungs_*Vollzieher* nun einmal umstellt sind.

* * *

Eine Lösung des selbstverursachten Dilemmas einer Ideologie vom marktkonformen Menschen mit samt seiner Gesellschaft kann ausschließlich im Heute gesucht werden, nicht in der Vergangenheit, denn die kennen wir lediglich über eine mehr oder weniger tendenziöse Geschichtsschreibung, weniger über den sich tatsächlich vollzogen habenden historischen Prozeß, von dem sich eine relativ objektive Kenntnis zu verschaffen allerdings eine Notwendigkeit wäre. Eine relativ objektive Kenntnisnahme kann jedoch ausschließlich unter der Bedingung erfolgreich *_versucht_* werden, legte man dazu die ideologischen Scheuklappen ab. Aber selbst dann könnte man nicht zurück zu dem auf diese Weise tatsächlich zu entdeckenden

„historischen archimedischen Punkt",

von dem aus nachträglich „historische Weichenstellungen" möglich würden —

zumindest solange eine

*_politische Zeitreisen-Expedition_*

als utopisch gelten muß, bzw. die Entwicklung einer entsprechenden Maschine von den Machteliten der heutigen Zeit als

*_nicht wünschbar_*

erachtet werden *kann*. Folglich sind bis auf weiteres entsprechende Weichenstellungen lediglich im Heute möglich.

(__Oder doch wenigstens im Morgen, würden dazu die Vorbereitungen im Heute getroffen.__)

Wie dem auch sei, *o h n e* Klarheit darüber, unter welchen Bedingungen das kapitalistische Wirtschaftsprinzip tatsächlich nachhaltig funktionieren könnte, und im Wissen um diesen *„historischen archimedischen Punkt"*, diesen folglich geschichtlich fixieren zu können, so daß korrekte, dann als „historisch" zu nennende, „politische Weichenstellungen" im Jetzt möglich würden, ist an eine Deblockierung des menschlichen Potentials, so daß der *„menschengeschlechtliche Zug"* erst tatsächliche Fahrt aufnehmen könnte, nicht zu denken —

w e d e r heute *n o c h* morgen.

Zweiundzwanzigster Zwischenruf

Die gesellschaftliche Bedeutung kleiner Schulklassen

Ist es unwichtig, wie viele Schüler zu einer Schulklasse gehören? Ist es wichtiger, daß Schüler von einem „guten" Lehrer oder einer „guten" Lehrerin unterrichtet werden? Ist damit zu rechnen, daß junge Menschen als ersten Berufswunsch angeben, Lehrer werden zu wollen, wenn man die Bedeutung der Arbeit eines Lehrers allgemein nicht zu würdigen weiß?

* * *

Nun, erst einmal scheint es sich um eine Abschweifung zu handeln, merke ich in diesem Zusammenhang an, daß *„Lehrerinnen"* sich genauso angesprochen fühlen *sollten*, obwohl in diesem Zwischenruf lediglich von *„Lehrern"* die Rede ist.

Allerdings ist das keineswegs ein Ausdruck für Mißachtung des weiblichen Geschlechts, beschränke ich mich in diesem Kontext auf die Schreibung *„Lehrer"*. Denn der Grund für diese Beschränkung liegt _*ausschließlich*_ darin, daß es aus meiner Sicht den Sprachfluß störte, nennte ich beide Begriffe zur grammatischen Sortierung aus

*vorgeblich*

emanzipativen Gründen, oder benutzte ich so progressiv erscheinende Wortschöpfungen wie *„LehrerIn"* — was aus meiner Sicht für etwas exemplarisch wäre, das ich

„*Pseudo*_Progressivismus"

nenne. Denn solche „Schöpfungen" sind schnell hingeschrieben, so wie einst von mir selbst, und zwar lediglich bspw.

(__und zumindest als einer der ersten__):

„mensch"

als *Ersatz*_Indefinitpronomen für *„man"*.

Hat das etwas

s u b s t a n t i e l l

bewirkt? Hat das die Gesellschaft, die Menschen freier oder weniger vorurteilsbehaftet gemacht — wenigstens

t e n d e n z i e l l

von falschen Normen befreit?

Sind bspw. Frauen in der Politik per se als emanzipiert zu bezeichnen — sieht man von ihrem Styling und eloquent schnell Dahergeredetem ab, wohl dem augenblicklichen Rechthaben dienlich, nicht aber dazu gedacht, es nachdenklich auf seine Stichhaltigkeit hin zu überprüfen — das „Thema" wäre dann nämlich schon längst ein anderes?

Objektiv gesehen: Nein.

Denn wären sie es, müßten sie sich _*gegen*_ die

(__*nicht geschlechtsgebundenen*__)

Machtstrukturen aussprechen und diese nicht noch stützen oder sogar *voran*_treiben.

Nun, ich sehe nicht, daß solche „Wortschöpfungen" etwas bewirkt hätten: Das

W e s e n t l i c h e

ist eher verhindert worden, indem man sich damit begnügte, mit der „Schöpfung von Begriffen", dem eigenen Tun und Reden den

_*A n s c h e i n*_

von Progressivität zu geben —

was wohl gut zu einem progressiv *an*_mutenden Mummenschanz passen

m a g.[175]

Etwa auf diese Weise hoffend, daß die *„Macht des gesetzten*

[175] Vergleiche zur Erinnerung den Zwischenruf 16. Was in diesem Zusammenhang gemeint ist, wird dort auf den Seiten 209-15 exemplarisch deutlich, nämlich das tatsächlich Reaktionäre und moralisch Verkommene, welches Wohlmeinende bei solchen Polit-Figuren nicht erwarten und die von solchen Figuren folglich getäuscht werden — können.

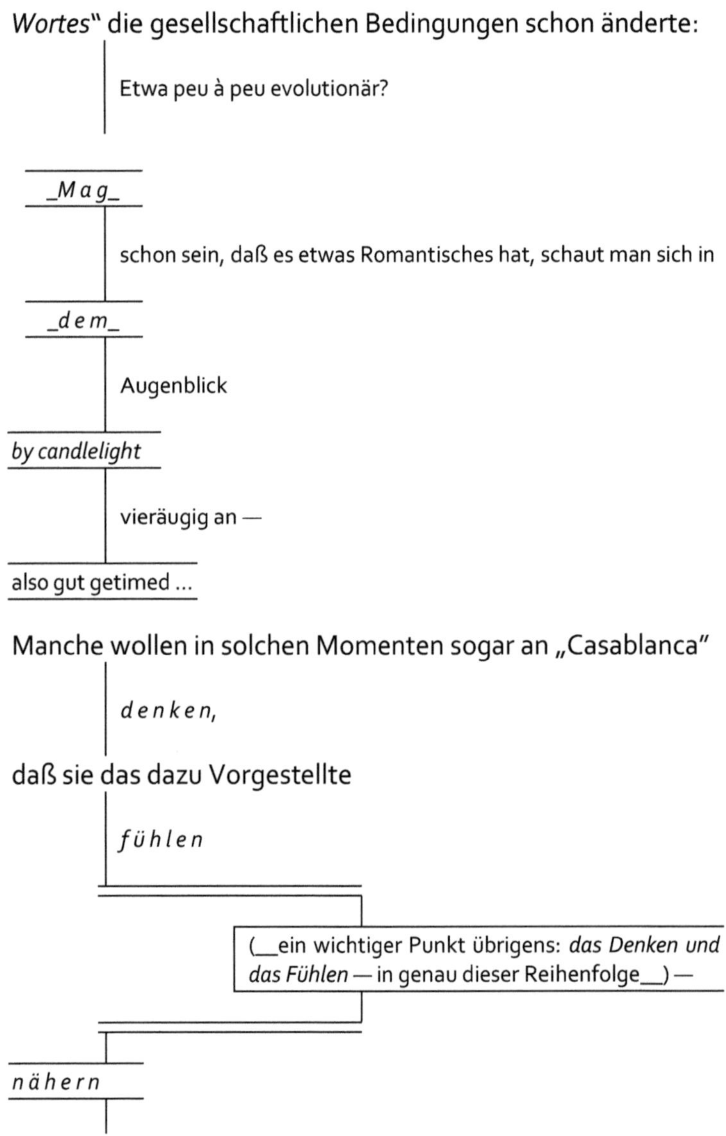

Wortes" die gesellschaftlichen Bedingungen schon änderte:

Etwa peu à peu evolutionär?

*Mag*

schon sein, daß es etwas Romantisches hat, schaut man sich in

*dem*

Augenblick

by candlelight

vieräugig an —

also gut getimed …

Manche wollen in solchen Momenten sogar an „Casablanca"

denken,

daß sie das dazu Vorgestellte

fühlen

(__ein wichtiger Punkt übrigens: *das Denken und das Fühlen* — in genau dieser Reihenfolge__) —

nähern

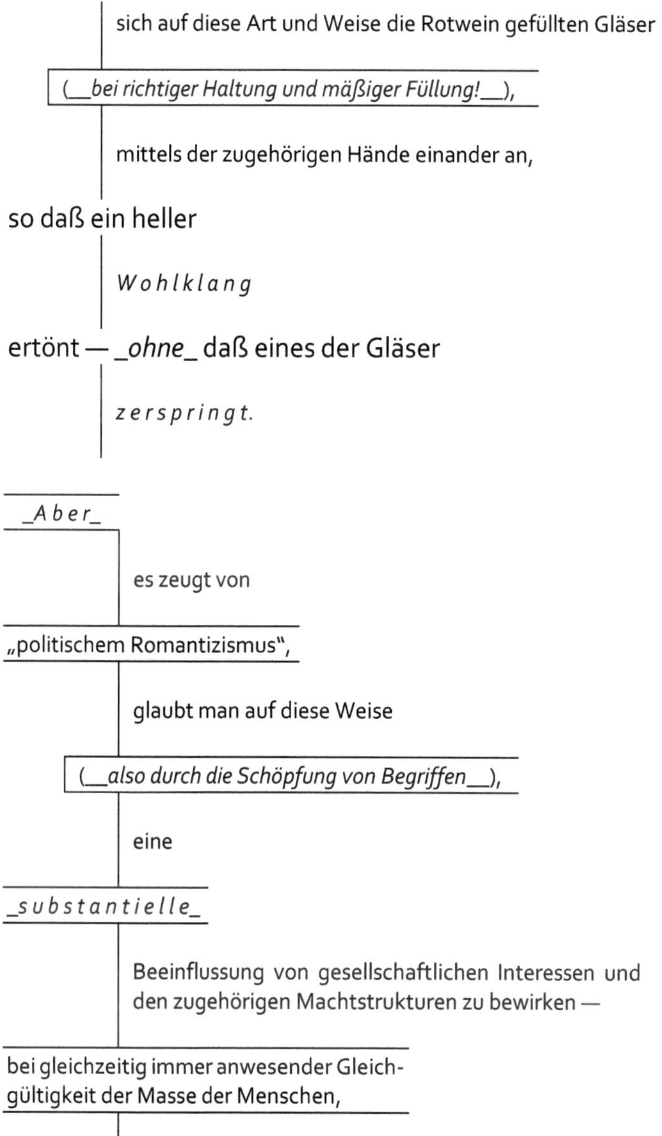

sich auf diese Art und Weise die Rotwein gefüllten Gläser

(__*bei richtiger Haltung und mäßiger Füllung!*__),

mittels der zugehörigen Hände einander an,

so daß ein heller

W o h l k l a n g

ertönt — _*ohne*_ daß eines der Gläser

z e r s p r i n g t.

_*A b e r*_

es zeugt von

„politischem Romantizismus",

glaubt man auf diese Weise

(__*also durch die Schöpfung von Begriffen*__),

eine

_*s u b s t a n t i e l l e*_

Beeinflussung von gesellschaftlichen Interessen und den zugehörigen Machtstrukturen zu bewirken —

bei gleichzeitig immer anwesender Gleichgültigkeit der Masse der Menschen, die man zudem in ihrem Grad an Selbstbewußtsein

*_bewußt_*

*un*_zureichend *ent*_wickelt bleiben läßt. —

Wozu gibt es immerhin Medien_*Konzerne* und ihre schreibenden Mitarbeiter:

Etwa die Menschen über *_ihre_* eigenen Interessen aufzuklären? *_Oder_* sie eher bequem *_steuern_* zu können

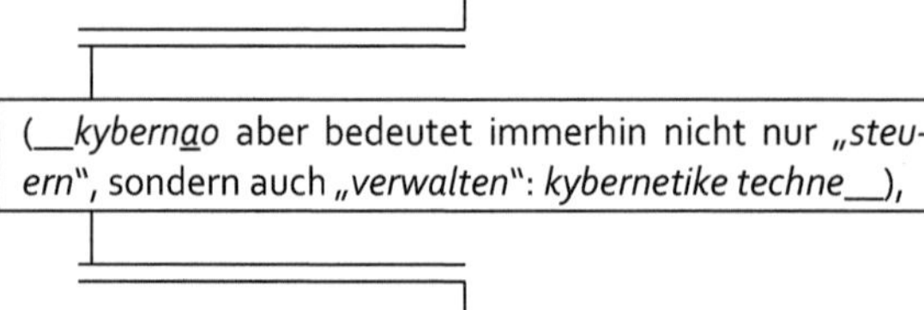

(__*kybernao* aber bedeutet immerhin nicht nur „*steuern*", sondern auch „*verwalten*": *kybernetike techne*__),

indem man sie *indirekt* (__aber *massen*_medial__) auf eine Weise *lenkt*, daß jene Interessen gewahrt bleiben, die von den bestehenden Machtstrukturen profitieren — bzw. diese es deshalb überhaupt gibt?

Wie sollte jedenfalls zu erwarten sein, daß eine der Masse der Bevölkerung dienliche Förderung des Selbstbewußtseins von Medien_*Konzernen* ausgehen könne, die *_wesentlicher_* Teil solcher Machtstrukturen sind?

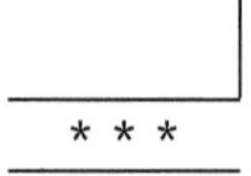

* * *

Wie dem auch sei, es mag wohl sein, daß ein „guter" Lehrer vieles schafft — egal wie viele Kinder zu einer Schulklasse *ge*_hören. Oder dieser sogar selbst der Meinung ist, es sei gleichgültig, wie viele Kinder *_zugleich_* zu unterrichten wären. Es mag aber auch sein, daß ein „schlechter" Lehrer wenig bis gar nichts Konstruktives schafft, ist er für eine „große" Klasse verantwortlich (__?__).

Was mögen also kleine Klassen nützen, wollen junge Leute in Masse in erster Linie erst dann Lehrer werden, bleibt ihnen hochschulausbildungsmäßig nichts anderes übrig? Wieso wollen viele von diesen kein Lehrer sein? Da sie falsche Vorstellungen haben? Oder da der Beruf des Lehrers gesellschaftlich nicht angemessen geschätzt wird?

Vielleicht sind diese Fragen zu bejahen
— oder auch etwas anders zu stellen?

Wie dem auch sei, es geht an dieser Stelle eben *_nicht_* darum, *mal eben* ein Modell*_Projekt_chen* zu postulieren:

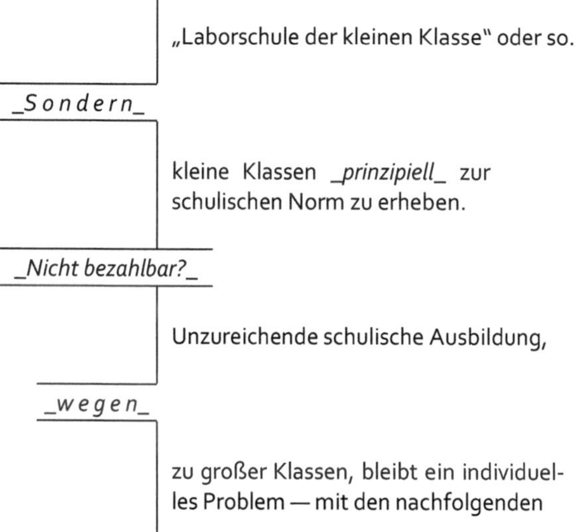

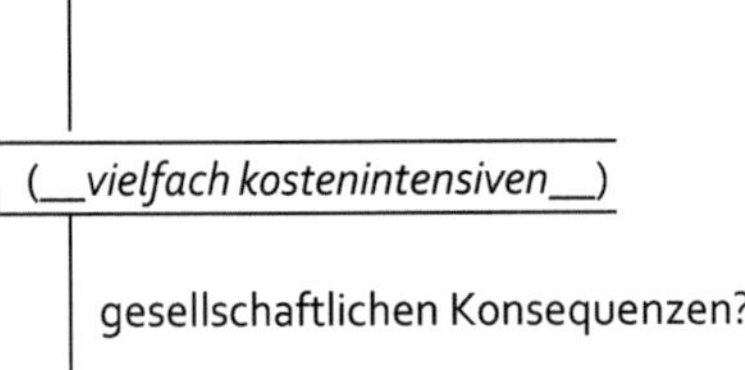

Kann man aber, vor dem Hintergrund der gesellschaftlichen Realität, große Klassen überhaupt noch gutheißen? Nun, die gesellschaftliche Realität fordert geradezu flächendeckend kleine Klassen:

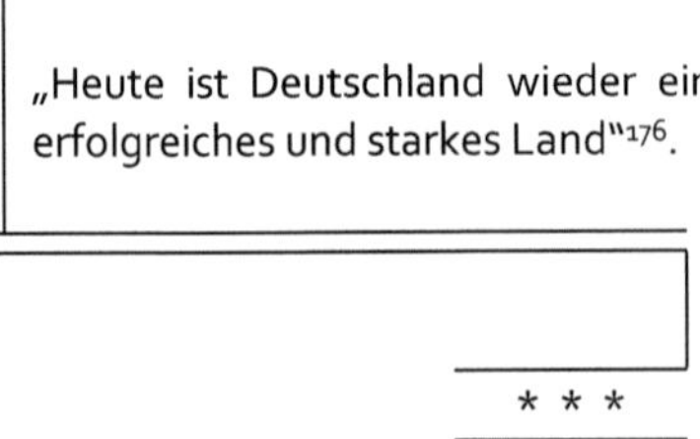

* * *

„Kleine Klasse" bedeutet was? Nun, „kleine Klasse" bedeutet, daß _*sieben*_ Schüler und ein Lehrer einen geschlechtlich gemischten _*Lernkreis*_ bilden. „*Lernkreis*" ist übrigens wörtlich zu verstehen:

[176] Der zu diesem aufschlußreichen Artikel von Stefan Dudey führende, am 3. März '18 erneut geprüfte Internet-Pfad ist folgender: https://makroskop.eu/2013/09/heute-ist-deutschland-wieder-ein-erfolgreiches-und-starkes-land/. Insbesondere die Grafik zeigt eindrücklich, wie's hier tatsächlich aussieht. Nun, zwar ist daran allein schon bedrückend genug, daß die Verantwortlichen die Folgen ihrer Politik nicht zur Kenntnis nehmen, hinzukommt aber noch die Richtung dieser Entwicklung, wie Sie unschwer selbst recherchieren können — denn gebessert hat sich daran nichts.

Sitzend im Kreis, lernen die Kinder vom Lehrer, der Lehrer lernt von den Kindern.

(__Und damit quasi nebenbei deren Nöte und Sorgen zu verstehen, die bspw. genau familiär begründet sein können, und der Lehrstoff individuell abzustimmen ist.__)

Dies ermöglicht jedem Kind sich einerseits geborgen zu fühlen, und stets vom Lehrer angesprochen werden zu können

(__der unter solchen Bedingungen *_zudem_* einschätzen lernt, welche Intention dabei im Vordergrund stehen mag__),

und zum anderen stets den Lehrer anzusprechen.

(__Selbstverständlich nicht gleichzeitig, sondern wechselseitig, was in kleiner Gruppe zudem besser einzuüben ist.__)

Denn leichter mag es sein, hinten sitzend, in einer großen Klasse von 20 bis 30 Kindern den Clown zu spielen — letztlich zum eigenen Schaden und nur begrenzt zur Belustigung der Klasse. In einer Klasse mit sieben Kindern ergeben sich hingegen ganz andere Möglichkeiten

*_f r ü h z e i t ig_*

gegenzusteuern, die Gründe für die Faxenhaftigkeit eines Kindes zu erkennen,

und tatsächlich die Eltern *_aller_* Kinder des Lernkreises mit einzubeziehen.

So, beispielsweise, die Kinder in ihrem Zuhause aufzusuchen und einen Nachmittag mit deren Familie zu verbringen:

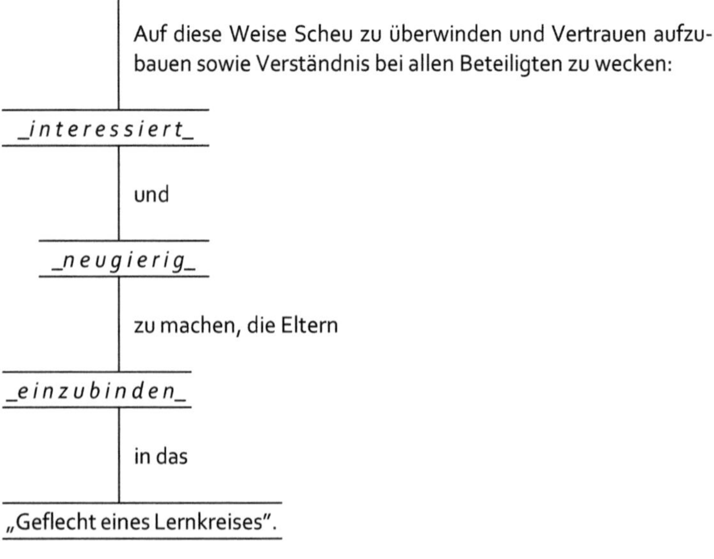

_*G e w i ß*_

es gäbe dann immer noch Gleichgültigkeit und fehlende Bereitschaft sich (__und *eigen*_charakterlich, also *in*_dividuell wie gemeinschafts_*bezogen*__)

*aus*_zu_*bild*_en.

_*A b e r*_

Animationen, die solches beförderten, hätten deutlich geringere Chancen.

_Z u d e m__:_

Hat man gesellschaftlich erst verstanden, welche Bedeutung und welches Potential in der

_f l ä c h e n d e c k e n d e n_

Etablierung eines _*Kleinklassenschulsystems*_ liegen, wäre es weniger vom Zufall abhängig, daß Schüler einen _*guten*_ Lehrer hätten, denn unter solchen gesellschaftlich

*gewollten*

Bedingungen wäre es allgemein bekannt, von welcher gesellschaftlichen Wichtigkeit dieser Beruf und eine dementsprechend

fächer_*übergreifende*

didaktische Ausbildung sind, so daß der _*erste*_ Berufswunsch _*vielfach*_ der des Lehrers würde.

Daß zu gewissen Zeiten größere Lerngruppen gebildet werden können, und im fortgeschrittenen, *allgemein*_schulischen Leben sogar wünschbar sind, weil auf diese Weise eine realistische Öffnung fürs reale oder für ein sich anschließendes hochschulisches Leben erfolgen kann, will ich nicht bestreiten.

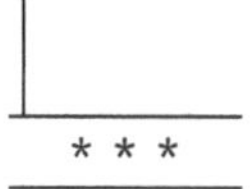

* * *

*Worum es geht* *bei dieser Forderung:* Zu erkennen, daß das Leben der Menschen nicht der Arbeit, sondern die Arbeit dem

Leben der Menschen zu dienen *_h a t_!_*

Hierzu aber ist es *_erste_* Bedingung, dem sich *aus*_bilden wollenden Menschen

(*__und irgendwie bildet sich ein Mensch zwar immer aus — ob in seinem tatsächlich eigenen und dem tatsächlich allgemeinen Interesse, ist damit allerdings noch nicht ausgedrückt__*),

als Lehrer *bei_zustehen*. Denn es liegt

in der *_Natur_* unseres Geschlechts, daß seine Mitglieder erst nach langen Jahren des *Hier*_Seins fertig *aus*_gebildet sind —

o h n e

möglicherweise tatsächlich charakterlich den eigenen

*Anlage*_Möglichkeiten

entsprechend *aus*_gebildet zu sein —

fehlt dieser *Bei*_Stand.

Folglich bedeutet ein Kleinklassenschulsystem, daß *_nicht_* ein *einzel*_interessengeleitetes Funktionieren der Masse der Menschen einer Gesellschaft das leitende Prinzip wäre,

*_sondern_*

eines, daß der Förderung

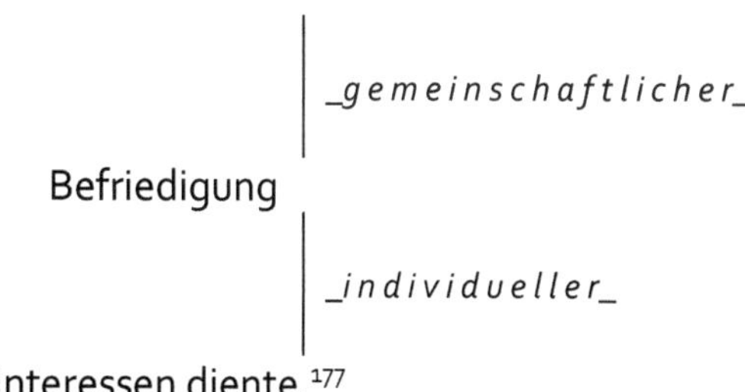

gemeinschaftlicher

Befriedigung

individueller

Interessen diente.[177]

Denn auf diese Weise hätten wir den Grundstein für eine lichte Zukunft für die Masse der Menschen gelegt, so daß nicht mehr das gesellschaftliche *Her_*Kommen, sondern das

*in_*dividuelle Werden *_in_* der Gemeinschaft *_leitend_*

würde. Das heißt, da die Menschen nun einmal *_plastisch_* veranlagt sind, und primär nicht *„gut"* oder *„böse"*, sich also der gesellschaftlichen Vorgabe (*__plastisch__*) anzupassen versuchen, bekäme die Gesellschaft als Ganzes einen

völlig anderen *_Spin_* —

als den von der neoliberalen Doktrin vorgegebenen.

* * *

Nun, ich weiß schon, daß die Etablierung eines Kleinklassen-schulsystems *un_*realistisch ist, denn der politisch gewollte,

[177] Vgl. den Zwischenruf 5: LEIT-Kultur – nicht „Leidkultur".

*neoliberale Spin* wird das nicht zulassen. Allerdings bedeutet „unrealistisch" _*nicht*_ „utopisch", denn

dieser

Spin verhindert es, daß eine solche Idee Wirklichkeit wird, _*nicht*_ irgendwelche Naturgesetze. Hingegen ist es aus meiner Sicht in der Tat *utopisch*, daß mit diesem *neoliberalen Spin* die gesellschaftliche Realität

konstruktiv

zu wenden wäre.

So zeigt sich, daß etwas utopisch Erscheinendes, erste Bedingung für tatsächlich Realistisches wäre.

> Nun, wie es um die _*hintergründigen*_ Ursachen der von Leuten praktizierten Politik bestellt ist, die alle von sich behaupten würden, Realisten zu sein, ist stetes Thema in den Bänden der *Tri*_logischen Sezierung des lobbykratischen Zeitalters. Bedenken Sie also beim Lesen vor allem die Auswirkungen dieser Ursachen auf diese von solchen „Realisten" praktizierte Politik — *deren* Auswirkungen bekommen wir nämlich alle _*real*_ zu spüren[178].

---

[178] Erinnern Sie sich folglich an die das Dadaistisch-Surreale des Lobbykratischen Zeitalters betreffenden Aussagen im ersten Zwischenruf. Empfohlen sei zudem in: a.a.O., Band III, Teilband 1, Lesung 2: „Das Gerede vom Postfaktischen dient der Verschleierung des Lobbykratischen".

Dreiundzwanzigster Zwischenruf

Statement zum offenbar unaufhaltsamen Niedergang eines sich für aufgeklärt haltenden Bürgertums

Im weniger kritischen als tatsächlich neoliberalen Wochenmagazin „Der Spiegel" — ein Blatt, das dennoch von vielen immer noch als „kritisch eingestellt" *ein*_geschätzt wird, was damit zu tun haben kann, daß allgemein unter den Menschen, insbesondere unter jungen Menschen

(__*ich betone: insbesondere unter jungen Menschen, deren neoliberale Angepaßtheit wirklich Anlaß zur Sorge sein müßte*__),

jenes fehlt, das den Namen Aufklärung trägt, und übrigens auch erste Bedingung für das ist, welches als Freiheit bezeichnet wird, das _*übrigens*_ in meiner Devise schön zum Ausdruck kommt:

„_Ohne_ Aufklärung ist Freiheit (Selbst-)Täuschung".

Dieser durch _*mangelnde*_ Aufklärung bedingte _*Mangel*_ an Freiheit, findet seine Ursache zumindest _*mit*_ darin, daß sich Prominente in Blättern à la „Spiegel" äußern, die zwar, bspw. gute Schauspieler sein können, jedoch exemplarischer Ausdruck des Niedergangs des (__*intellektuell merkenden*__) Bürgertums sind.[179] Als Beispiel sei an dieser Stelle Christoph Waltz' Absonderung im nun schon genügend genannten Blatt geboten:

> « Christoph Waltz über Nigel Farage: „Die Oberratte verläßt das sinkende Schiff" »[180]

Nun, hätte Christoph Waltz gesagt, daß die bisher in Europa praktizierte Politik solche Stilblüten überhaupt erst wachsen lassen konnte und er dann empört zum Ausdruck gebracht hätte, daß diese neoliberale Politik das eigentliche Problem, solche Referenden hingegen eins ihrer Ergebnisse seien, _*dann*_ könnte ich dieser Empörung zustimmen. So aber sehe ich lediglich folgendes: Ein Intellektueller mehr, der zu kurz denkt.

Übrigens hatten sich im Sommer des Jahres 2015, anläßlich des griechischen Referendums bezüglich der Frage, ob den Forderungen der Troika

(__die gern möchte, daß sie als „Institutionen" angesprochen wird — wohl deshalb, da sich, wie weiter oben schon angemerkt, „Troika" so russisch anhört, wobei es sich bei diesen Institutionen tatsächlich nicht um demokratische, sondern um technokratische handelt__)

nachgegeben werden sollte, um die 80 % der jungen Griechen _*dagegen*_ ausgesprochen. Damals war dieser Fakt nie Thema,

---

[179] Vgl. in: a.a.O., Band I, Teilband 1, Vorwort, dort ab der Seite XXVII: „Zur Weitung des Horizonts und zur eigenen Abgrenzung".

[180] Vgl. die Notiz in *Spiegel Online* vom 5. Juli '16, die Sie über folgenden, am 4. März '18 erneut geprüften Internet-Pfad abrufen können:

http://www.spiegel.de/panorama/leute/brexit-christoph-waltz-nennt-nigel-farage-oberratte-a-1101370-druck.html.

jetzt aber tun die Verantwortlichen für das sich nun immer weiter ausbreitende Chaos so, als wären sie a) für die „Jungen" zuständig und b) für Europa. So daß unaufgeklärte Menschen glauben mögen, daß es nicht deren Politik war (*__und ist_!__*), die solche chaotischen Entwicklungen verursacht hatte und weiterhin verursachen wird, i.d.R. von so alt wie inkompetent seienden Politikern praktiziert.

> Wem es aber an eigener Kompetenz mangelt, bedarf grundsätzlicher Beratung, die zwar auch dann unerläßlich ist, verfügt jemand über ausreichende eigene Kompetenz, schon allein deshalb, da erst im Dialog Klarheit über das bisher lediglich Gedachte zu gewinnen ist, aber bei mangelnder eigener Kompetenz bleibt einem verborgen, ob der relevante Zusammenhang vom Beratensollenden richtig erfaßt worden ist.

Nicht selten Fünfundsiebzigjährige überdies, die überhaupt lieber alle demokratischen Mindeststandards über Bord werfen und „jetzt erst recht" so richtig unabhängig von den Völkern *durch*_regieren wollen, wie bspw. nach dem britischen Referendums im Juni des Jahres 2016 der Begründer des Schäubleismus' als Antwort auf dieses Referendum *pochend* forderte — nach alter wilhelministischer Manier.

*_Solche_* Figuren wollen *_biologisch_* junge Menschen weiter politisch agieren lassen?

> Nun, zwar mögen diese biologisch junge Optik zeigen, ist bei diesen jedoch ein selektiv fortgeschrittener, das Gehirn betreffender Alterungsprozeß allein deshalb zu vermuten, da diese mangelnde Bereitschaft zeigen, ein (*__für sie selbst_!__*) entscheidendes Thema _scheuklappenfrei_ zu durchdenken — und nicht nach *schnapp*_atmigen Karriere-Gesichtspunkten, also letztlich, da die Fülle ihres menschlichen Wesen betreffend, zum eigenen Schaden nicht zu durchdenken.

Also ist, wie dem auch sei, folgendes festzustellen:

Biologisches Alter kann kein Kriterium für die Berechtigung sein, Zukunftsfragen zu stellen, bzw. an entsprechenden Referenden teilnehmen zu können, sondern _*ausschließlich*_ ein Mindestmaß an politischer Aufgeklärtheit. — Gälte das aber als Maß, sähe die Masse der biologisch Jungen verdammt alt aus. Dennoch möchte ich den jungen Menschen nicht verbieten, an solchen Referenden teilzunehmen: so *un*_aufgeklärt sie auch sein mögen, allerdings wäre es angenehm, informierten sie sich erst, bevor sie jenes absondern wollten, was ihnen gewiefte neoliberale Ideologen als _*Schleim*_ auf die Zunge gelegt hatten! — Denn es werden mitunter Diskussionen geführt, die an die weltberühmte Frau ohne Unterleib erinnern, reden diese weit am eigentlichen Problem vorbei, geht es bspw. um den „demographischen Wandel" oder ein „bedingungsloses Grundeinkommen".

Fazit:

Wenn Empörung berechtigt ist, und sie ist berechtigt, dann hat die sich gegen die Verantwortlichen in *spin*_doktorischer Wissenschaft, Politik und Medien zu richten, die die _*Vorgaben*_ der neoliberalen Ideologie *aus*_formulieren, und politisch umsetzen, bzw. dabei behilflich sind — _*nicht*_ aber (__wie im Rahmen des besagten britischen Referendums von seiten _*empörter*_ Ideologen des lobbykratischen Zeitalters__) zu fordern, die „Älteren" sollten an Referenden nicht teilnehmen dürfen, geht es um „Zukunftsfragen". — Denn woher wollten die offenbar kollektiv nicht nur zu kurz sondern auch unzureichend Sachverhalte durchdenkenden biologisch Jungen ihre Kompetenz gewinnen, sind diese nicht einmal in der Lage, die Aussagen von offenbaren Ideologen des lobbykratischen Zeitalters selbständig zu durchdenken, bspw. zur Klärung der Frage: Ob Aussagen einem gesellschaftlichen und damit grundsätzlich komplexen Sachverhalt gerecht werden können, wären diese Ausdruck einer partikularinteressengeprägten Perspektive? Mit anderen Worten: zwar „biologisch jung", also bspw. nicht 75jährig, ansonsten aber insbesondere in wirtschaftspolitischen Fragen vergleichbar inkompetent zu sein, wäre keine Alternative zum aktuellen politischen Führungspersonal. Oder anders gefragt: Seit wann ist Blendung Ausdruck von Aufklärung?

Vierundzwanzigster Zwischenruf

Der Kapitalmarkt und das « überschüssige Kapital »

Unter „überschüssigem Kapital" ist zu verstehen, daß sich ein Mehr an Geld (*__Kapital__*) *_nicht_* aus einer *real_*unternehmerischen Leistung ergibt, *_sondern_* sich wegen einer unzureichenden Besteuerung bilden kann, da das Prinzip der

(*__finanziellen__*) Belastbarkeit

nach

(*__finanzieller__*) Leistungsfähigkeit

als fiskalpolitisches Regulativ nicht zur Anwendung kommt,

*_bei gleichzeitig_*

wirtschaftspolitisch verordneter „Lohnmoderation", deren (*__falsches__*) Ziel es ist, die Masse der ausbezahlten Löhne nicht im Gleichschritt mit der Produktivitätsentwicklung steigen zu lassen, was zwangsläufig zu einer Erhöhung der unternehmerischen Profitrate (__*d.h. sich im realen Wirtschaftsprozeß verzinst habenden Geldes, also Kapital*__) führen muß,

und diese _*ideologisch*_ bedingte wirtschaftspolitische Vorgabe

bei der Masse der Unternehmer eben nicht die erhoffte Neigung fördert, in die *Real*_Wirtschaft zu investieren, da,

wie schon verschiedentlich betont,

die _*inländische*_ Nachfrage nicht steigen kann, bleibt die Entwicklung der Kaufkraft hinter der Produktivitätsentwicklung zurück — _*wegen*_ unzureichend steigender Löhne, sondern dies genau dazu führt, daß derartig verfügbar gewordenes Kapital bewußt und bequemerweise direkt auf dem Kapitalmarkt zur Renditemaximierung „angelegt" wird, anstatt es wieder dem *real*_wirtschaftlichen Kreislauf zuzuführen — vorzüglich für Investitionen, das zu tun, wie schon erwähnt, von einem Unternehmer zu viel verlangt wäre — _*fehlte*_ im eigenen Binnenmarkt die Nachfrage.

Zwar kann alternativ zum Kapitalmarkt

dann „überschüssiges" Kapital zur Erhöhung des Güter-Exports verwendet werden, allerdings führte das zu einer Wettbewerbsverzerrung, da sie ja erst wegen *un*_zureichender Lohnsteigerungen

(__die zudem mit einer Steuer_*Schenkung* verbunden sind__)

möglich wird und sich dies _*insbesondere*_ schädlich

auswirkt, wird eine solche Wirtschaftspolitik in einem Land betrieben das Mitglied in einer Währungsunion ist, da dessen Politik auf Kosten der anderen Mitglieder einer solchen Union gehen *m u ß* — es sei denn, diese Länder betrieben gleichfalls eine solche Politik. Dann allerdings würde das Ungeeignete an ihr weit schneller offensichtlich, da dies eine Spirale auslöste, die zu weltweiter Deflation, wirtschaftlicher Stagnation und Handelskrieges führte.

Beziehungsweise dieser Prozeß ereignet sich, was sich bspw. in der mangelnden Verzinsung von Bankeinlagen spiegelt.

Es ist übrigens ein Trugschluß, und das sei jetzt lediglich am Rande angemerkt, daß eine Stagnation der wirtschaftlichen Entwicklung grundsätzlich positiv für die Umwelt wäre, wie es oft von, nach Selbstbehauptung, umweltbewußten Menschen angenommen wird. Denn woher sollten unter solchen Bedingungen die Innovationen für nachhaltiges Produzieren herkommen, fehlte der Masse der Bevölkerung die Kaufkraft, solche Produkte nachfragen zu können, die schließlich *wegen* ihrer nachhaltigen Produktionsweise teurer wären?[181]

Daß der Kapitalmarkt zur Anlage von „überschüssigem Kapital" bevorzugt, dieses nämlich dem Kapitalmarkt _*direkt*_ zu-

[181] Bezüglich der Besonderheiten und der durch eine Fehlkonstruktion bedingten Auswirkungen einer Währungsunion, vgl. in: a.a.O., Band 1, Teilband 2, dort die Seiten 155 f., beginnend mit: „Was ist eine Währungsunion?"; sowie dort in Teilband 3, die Seiten 245-60, beginnend mit: „In einer Währungsunion (__WU__) entfällt ..." und erst dann (__*angereichert mit einer kleinen Phantasie*__) dort die Seiten 138-53, beginnend mit: „Eine solche Studie verdeutlichte zudem das komplexe Problem ...".

geführt wird, also unter Umgehung eigener Aktivitäten in der *Real*_Wirtschaft, findet vor allem seinen Grund darin, daß es deutlich mühsamer ist, sich mit den Notwendigkeiten und den Entwicklungsmöglichkeiten des eigenen Betriebs auseinanderzusetzen, d.h. dessen Situation im realen Wirtschaftsleben *ab*_zuschätzen.

Eine solche Abschätzung ist selbstverständlich auch eine Spekulation, allerdings eine, die nichts mit Zocken zu tun hat. Wird _*hingegen*_ „überschüssiges Kapital", das also nicht über den realen Wirtschaftsprozeß aus dem Gewinn einer unternehmerischen Tätigkeit, die in Investition und Produktion

(__*im Zusammenwirken mit den Mitarbeitern*__)

besteht, sondern, wie eingangs dieses Zwischenrufs schon angemerkt, _*ohne*_ unternehmerische *Vor*_Leistung, durch steuerliche Vergünstigung

(__bei gleichzeitig wirtschaftspolitischer Ermöglichung, Arbeitnehmer unter der von der Produktivitätsentwicklung gedeckten Grenze, sprich *Nicht*_Einhaltung der „Goldenen Lohnregel", beschäftigen zu können__),

direkt auf dem Kapitalmarkt angelegt, wird auf _*diese*_ Weise die Neigung zum Zocken *be*_fördert, d.h. ein Verhalten *ge*_fördert, das

(__*im Gegensatz zur oben auf dieser Seite erwähnten Spekulation, die man deshalb auch als „gute" Spekulation bezeichnen kann*__), zu einer „schlechten" Spekulation führt, die in ihrer Konsequenz zuerst eine Zerstörung der realen Marktwirtschaft nach sich zieht und in der *Folge*_Konsequenz die ganze Gesellschaft mafiaisiert. — Ein Prozeß, der sich ereignet.

Jeder Betrieb einer *Gesamt*_Wirtschaft ist zwangsläufig abhängig vom *gesamt*_wirtschaftlichen Umfeld, in das er eingebettet ist. Sollen also seine Existenz – und Entwicklungsmöglichkeiten realistisch abgeschätzt werden, ist einerseits ein umfassendes Verständnis von den gesamtwirtschaftlichen Zusammenhängen notwendig sowie andererseits ein entsprechendes betriebswirtschaftliches Verständnis zur Abschätzung seiner betrieblichen Bedingungen — dienen diese Abschätzungen doch der Beantwortung der _*spekulativen*_ Frage, ob eine Investition in einen solchen Betrieb mittel- bis langfristig lohnend sein *kann*. Folglich handelt es sich bei diesen Abschätzungen selbstverständlich um Spekulationen, da man nicht sicher wissen kann, ob die wirklichen Verhältnisse sich gemäß der (__*abschätzenden*__) Analyse entwickeln werden, bzw. die wirklichen Bedingungen bestehenbleiben.

Folglich handelt es sich bei dieser Art von Spekulation um eine mit einem gewissen Risiko behafteten Investition in einen Teil der Realwirtschaft. Dies ist an sich positiv und rechtfertigt eine gewisse Gewinnspanne.

* * *

Bei der Bewertung des Entwicklungspotentials eines Betriebes sind bspw. folgende Fragen (__*spekulativ*__) zu beantworten:

- Wie ist dieser Betrieb im Verhältnis zur direkten Konkurrenz „aufgestellt“?
- Wie ist der Status der Nachfrage seiner Produkte? Werden sie primär von anderen Unternehmen oder von Endverbrauchern nachgefragt?
- Wie ist dieser Status bei den direkten Konkurrenten, d.h. wie ist die Nachfrage nach deren Produkten?
- Wie sieht die allgemeine Nachfrage_*Möglichkeit* aus, d.h. wie ist der Status der *Massen*_Kaufkraft — und besteht eine _*positive*_ Erwartungshaltung (__*bei Unternehmern wie bei Arbeitnehmern*__) bezüglich der allgemeinen Lohnentwicklung?

Zwar wird „_*positive*_ Erwartungshaltung" von

(__*betriebswirtschaftlich konditionierten*__)

Unternehmern und ihren Beratern anders bewertet werden, als von der Arbeitnehmerseite.

Aber es geht hierbei um eine _*objektive*_ Erwartungshaltung.

Denn es wird mir kein Unternehmer erzählen wollen, daß es ihn gleichgültig ließe, hörte er, daß _*alle*_ anderen Unternehmer, also _*nicht*_ lediglich er selbst, *tatsächlich* geringere Löhne zahlen wollten, müßte er doch seine Erwartungshaltung, und somit seine betriebswirtschaftlichen Überlegungen, an die auf diese Weise sich abzeichnende _*geringere*_ Massenkaufkraft anpassen, und damit einhergehend, _*geringere*_ Nachfrage — zumindest im Bereich des Binnenmarktes jener Gesamtwirtschaft, deren direkter Teil sein eigener Betrieb ist. Das heißt an einer solchen flächendeckenden Lohnsenkung kann, objektiv gesehen, _*kein*_ Unternehmer Interesse haben.

Es geht also bei der besagten, „*positiven* Erwartungshaltung" um eine Massenkaufkraftentwicklung,

die über die Produktivitätsentwicklung der _*eigenen*_ Gesamtwirtschaft gedeckt ist, d.h. die Löhne steigen dann _*flächendeckend*_ gemäß der „Goldenen Lohnregel".[182]

Und weiter:

- Wie ist dementsprechend die allgemeine Nachfrageentwicklung einzuschätzen? (__*Prospektiver Blick in die Zukunft.*__)
- Wie ist der Status des allgemeinen Wirtschaftsklimas (__*binnenwirtschaftlich/außenwirtschaftlich*__)?
- Wie sind wirtschaftspolitische Maßnahmen einzuschätzen, die im Land des Sitzes eines zu analysierenden Betriebes zu erwarten sind? (__*Betreffen diese vorrangig jene Unternehmen, die binnenmarktorientiert oder jene, die primär exportorientiert sind?*__)

Und last but not least:

---

[182] Vgl. in: a.a.O., Band III, Teilband 2, Lesung 22.

- Wird die Wirtschaftspolitik von Fachleuten verantwortet, bzw. wird die Politik von gesamtwirtschaftlich denkenden Fachleuten beraten — oder sind Ideologen am Werk?

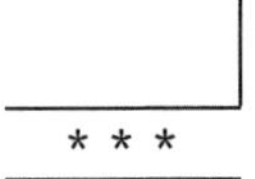

Das heißt in einer *gemeinwohl_*orientierten Gesellschaft sind lediglich solche *„Real_Investoren"* erwünscht, die nicht zuallererst darauf schauen, ob in dem Land ihres Investitionsvorhabens die Arbeitslosenrate möglichst hoch ist, so daß die Lohnkosten möglichst niedrig anzusetzen wären.

> Da in einer derartig strukturierten Gesellschaft die Wirtschaft kein Fremdkörper ist, versteht es sich von selbst, daß sich diese Gemeinwohlorientiertheit auf den wirtschaftlichen Bereich der Gesellschaft erstreckt.[183]

Was *Real_Investoren* hingegen geboten würde, wäre eine gut ausgebildete und motivierte Bevölkerung mit gutem kulturellem Niveau, klaren rechtlichen Vorgaben, stabiler politischer Lage (*__wegen allgemeiner Zufriedenheit in der Bevölkerung__*), flächendeckend gut entwickelter Infrastruktur sowie schulischem und kulturell weit gefächertem Angebot.[184]

---

[183] Vgl. in: a.a.O., Band I, Teilband 4, Kapitel 21-25.

[184] Erinnern Sie hierzu auch die Anmerkungen im Zwischenruf 10: *„Die Welt in der Realität"*, denn es geht gerade nicht darum, im Denkmuster der neoliberalen Ideologie zu verbleiben, sondern ein Gegenmodell zu entwickeln. Siehe diesbezüglich auch in: a.a.O., Band III, Teilband 1, Lesung 7: „Über die Glaubens_*Vorstellung* von der 'Effizienz der Märkte'".

Immerhin ist es nicht so, daß Marktwirtschaft lediglich auf eine Weise betrieben werden kann, legt man die Scheuklappen ab, und _*weiß*_ zudem, daß notwendige Investitionen auch über eine Zentralbank zu finanzieren sind, die an der Seite der Wirtschaftspolitik eines Landes steht — nämlich als Teil eines „öffentlichen Kapitalmarkts".

Wer jetzt argumentieren wollte, daß dann ja kein „richtiger" Preis mehr gelten würde, hat die Grunderkenntnis der destruktiven Auswirkungen des großen, im Jahre 2007 erneut aufbrechenden, bis tief in die _*reale*_ Wirtschaft, also bis tief in die _*realen*_ menschlichen Gesellschaften hineinwirkenden Desasters der Spekulationswirtschaft nicht verstanden:

Es gibt keinen vom privaten Kapitalmarkt gefundenen „richtigen" Preis.

Sondern ein Preis folgt deshalb bis zu einem gewissen Punkt einer bestimmten Richtung, da _*alle*_ Marktteilnehmer annehmen, dieser Trend sei deshalb der richtige, da sie _*alle*_ an dessen Entwicklung teilnehmen.

Hingegen ist anzunehmen, daß _*dann*_ der richtige Preis gefunden worden ist, können alle, also alle Arbeitnehmer, alle Unternehmer und alle privaten Haushalte einer Gesellschaft am normalen Marktgeschehen partizipieren.

Das wäre insofern logisch, da eine Marktwirtschaft sich gerade durch Arbeitsteilung auszeichnet, daß also alle Mitglieder einer Gesellschaft auf die eine oder die andere Art und Weise an ihrer Entwicklung teilhaben. Demnach wäre dann der richtige Preis gefunden, nähmen _*alle*_ Lohnabhängigen (__sowie alle *Ex*_Lohnabhängigen__) an der Produktivitätsentwicklung _*im Sinne*_ der „Goldenen Lohnregel" teil, entwickelte sich also das allgemeine Lohnniveau im Gleichschritt mit der Entwicklung des allgemeinen (__*erfahrungsmäßigen*__) Produktionsniveaus[185]

Wissen private Investoren (__als „*Real_Investoren*"__) um die Vorzüge der Bezahlung von, sich an der allgemeinen, erfahrungsmäßigen Produktivitätsentwicklung orientierenden Löhnen, werden sie eine stetige, wenn auch geringere Rendite für ihre Investitionen akzeptieren. Wenn nicht, nun, niemand zwingt sie zu investieren. Das heißt sie sind _*dann*_ als _*profitierende*_ Investoren eingeladen, akzeptieren sie die für richtig erkannten, gemeinwohlorientierten gesellschaftlichen Vorgaben.

* * *

Übrigens hält man die _*eigene Währung*_ vor allem dadurch stabil, daß die Verschuldung in fremder Währung möglichst geringgehalten wird und volatile Einflußfaktoren des privaten Kapitalmarktes nach Möglichkeit ausgeschlossen werden.

Abgesehen davon: Währungsspekulation ist in einer gemeinwohlorientierten Gesellschaft per se verboten.

[185] Vgl. hierzu in: a.a.O., Band I, Teilband 3, Seiten 272-78, beginnend mit: „Die Goldene Lohnregel", und weiter ausgeführt in: a.a.O., Band III, Lesung 22.

Dies ist am besten durch ein

*Währungssystem mit festen Wechselkursen*

zu gewährleisten und einer Zentralbank, die _*nicht*_ einem der beteiligten Länder gehört, wie es im Bretton-Woods-System der Fall war, sondern allen beteiligten Ländern, und in diesem System eine

*konzertierte Wirtschaftspolitik*

praktiziert wird.

Also durch eine Geldpolitik, die im Sinne eines „öffentlichen Kapitalmarktes" eine _*abgestimmte*_ Wirtschaftspolitik der beteiligten Länder unterstützt.

Dies mag wie Zukunftsmusik klingen, das Einschwenken in eine solche politische Richtung ist jedenfalls unerläßlich, wollen wir die an sich lösbaren Probleme des Menschengeschlechtes _*wirklich*_ angehen.

Man denke bspw. an die Bevölkerungsentwicklung, die Wasserressourcen, die Wüstenausbreitung, die endemischen Erkrankungen usw.

Diese Beispiele existentieller, nicht lediglich unser Geschlecht betreffenden Problemfelder, dienen der Verdeutlichung des Faktes, daß diese _*nicht*_ mit dem typischen politischen Instrumentarium von Nationalstaaten zu lösen sind, deren *ge*_updatetes Motto wie folgt zu fassen ist:

Der Markt ist das Maß allen politischen wie militärischen Eingreifens.[186]

*Sondern* daß diese nicht lediglich unser Geschlecht betreffenden Problemfelder einer zielgerichteten, also bewußt _*global*_ rahmensetzenden Wirtschaftspolitik bedürfen, sowie einer bewußt _*global*_ rahmensetzenden wissenschaftlichen wie technischen Entwicklungs_*Vorgabe*, deren Resultate als Werkzeuge bei der Lösung der gerade beispielhaft genannten Problemfelder einzusetzen sind.[187]

Solange eine solche Zielrichtung in einem Verbund von mehreren der entwickelten menschlichen Gesellschaften nicht vereinbart ist, darf die Zentralbank eines einzelnen Landes sich erst recht nicht vom privaten Kapitalmarkt dominieren lassen, sondern sie muß statt dessen einen

„öffentlichen Kapitalmarkt"

etablieren.

Dies wird um so leichter möglich sein, je größer dieses Land ist und je besser seine eigene Wirtschaft bereits entwickelt ist,

---

[186] Vgl. in: a.a.O., Band I, Teilband 3, Kapitel 13: „Die Welt als 'Hinterhof' der Machteliten oder Der Nationalstaat als grundlegendes Problem für Frieden" und Kapitel 18: „Eine kurze Beschäftigung mit der Frage nach der neoliberalen Strategie des 'Westens' und der Funktion seiner Medien bei der Vermittlung dieser Strategie".

[187] Die Wegweisung ergibt sich aus den Erläuterungen in: a.a.O., Teilband 4: „Der Lösungsweg".

sowie Lizenzen an Banken ausschließlich unter der Bedingung vergeben werden, daß sie sich an die gemeinwohlorientierten Regelvorgaben halten wollten.

Eine vergleichbare Praxis gilt dann für private Investoren.

Gewiß ist es besser, ist ein solches Land bereits Teil eines integrierten Wirtschaftsraumes, wie es bspw. die EWU einer sein

könnte,

deren Grundlagen _„lediglich"_ im gemeinwohlorientierten, also im alle Mitgliedsländer prosperierend erfassenden Sinne verändert werden brauchten. — Und diese staatsorganisatorischen Grundlagen (__*möglichst global*__) sowieso verändert werden müssen

(__da diese schon unter den aktuellen Bedingungen für das Funktionieren einer Währungsunion überhaupt nicht tauglich sind — wie sich am Beispiel der realen EWU zeigt__),

wollen die menschlichen Gesellschaften nicht weiterhin Spielball von *schnapp*_atmigen Spekulationsinteressen bleiben, deren Konsequenzen zudem so bekannt wie fatal sind.

* * *

Wie oben schon erwähnt, spekuliert auch ein Real-Investor, legt er etwas von seinem Geld _*direkt*_ in einem Betrieb einer *Real*_Wirtschaft an.

Ein „echter Investor",

also sozusagen ein „Real-Investor",

ist übrigens jemand, der deshalb in einen Betrieb etwas von seinem „Geld" einlegt, damit diesem Betrieb Investitionen möglich werden (__*die dieser ansonsten nicht tätigen könnte*__), mit

a) dem Ziel der Erhöhung seiner Produktivität, bzw. zur Realisierung von Innovationen, zur Verbesserung der Gewinnsituation,

aus der sich dann

b) eine Verzinsung des vom „Real-Investor" eingelegten „Geldes" ergibt, bzw. sich im Erfolgsfall sogenanntes Kapital gebildet hätte — von dem dann ein „Real-Investor" mit Recht profitiert.

Unter Real_Wirtschaft

ist der Teil einer jeden Gesellschaft zu verstehen, in dem alle Menschen entweder tatsächlich Güter produzieren oder diese verteilen oder andere, mit der Güterproduktion mittelbar verbundene Dienstleistungen erbringen oder in irgendeiner Form etwas vom „Markt-Angebot" konsumieren, sei es bspw. der Kauf einer Theaterkarte, eines Buches, eines Möbelstücks oder seinen es Lebensmittel usw.

Demgegenüber ist der

Kapitalmarkt als *Spekulationswirtschaft* zu bezeichnen, die man nach herrschender Ideologie-Auffassung für geeignet hält, die Geschicke der Realwirtschaft zu steuern:

bspw. ihre Versorgung sicherzustellen mit Kapital

(__*mit spekulativ festgesetzter Verzinsung*__),

sowie spekulativ die Bewertung von am Kapitalmarkt gelisteten Betrieben der Realwirtschaft (__*also Aktiengesellschaften*__) zu bestimmen, da hierbei die Annahme durch die Köpfe der politischen Entscheidungsträger geistert, ausschließlich _*auf diese Weise*_ sei freies, sich selbst regelndes Marktgeschehen gewährleistet.

_*D a s*_ aber ist so kindisch wie grotesk zugleich,

denn was ereignet sich an einer Stätte der reinen Kapital-Spekulation, kann es den Anlegern dort primär lediglich darum zu tun sein, die Rendite zu erhöhen — über kurz oder lang?

N u n,

es findet eben kein unentwegtes Suchen nach dem „richtigen" Preis des Objektes der Spekulation statt, hingegen der stetige Versuch, eine

Preisentwicklung auszulösen,

die, ist sie erst einmal ausgelöst worden, allein aus dem Grunde sich tatsächlich weiterentwickelte, da auf diese Weise bei immer mehr Teilnehmern am Kapitalmarkt eine _*Erwartungshaltung*_ bezüglich der Fortsetzung einer solchen Entwicklung erzeugt wird, die niemals aus dem Grund tatsächlich stoppte, wäre der exakte Punkt eines potentiell „richtigen" Preises getroffen — der, wie weiter oben schon angemerkt, lediglich dann richtig sein könnte, hätte er in der Realwirtschaft positive Auswirkungen. _*Sondern*_ diese Preisentwicklung bis auf die Spitze getrieben würde — ohne sich um den _*realwirtschaftlich*_ richtigen Preis zu scheren. Ist aber der Gipfelpunkt eines „falschen" Preises erreicht, kommt es zum Platzen einer sogenannten Spekulationsblase, was eine gegenteilige Preisentwicklung auslöst, auch nun wieder am realwirtschaftlich „richtigen" Preis vorbei, nur eben nach unten.

Was daran „marktwirtschaftliche Selbststeuerung" sein soll, ist lediglich ideologisch zu beantworten, d.h. man muß es _*glauben*_ — und die Folgen in der Realwirtschaft ignorieren.

Demnach sind _*marktwirtschaftliche*_ Abläufe in einer neoliberal strukturierten Gesellschaft eine _*Frage des Glaubens*_.[188]

Was in der Tat stimmt, denn eine „Marktwirtschaft" läßt sich auch völlig anders organisieren — nämlich im Sinne der Gesellschaft:

ihre Wirtschaft wäre dann ihr wertschöpfender, aber integraler Bestandteil — also _*kein*_ von der Spekulationswirtschaft gesteuerter Fremdkörper mehr, wie es für die neoliberale Marktwirtschaft typisch ist.

_*A b e r*_

ein *Real*_Investor spekuliert primär darauf, daß seine Analyse richtig ist und der Betrieb sich dementsprechend (__*mittelfristig*__) positiv entwickelt, was erst dann seinen Profit bedingt — und bis zu einer gewissen Höhe rechtfertigt.

*Hingegen*

geht es auf dem privat organisierten Kapitalmarkt spekulativ

[188] Vgl. in: a.a.O., Band I, Teilband 1, die Kapitel 1 bis 3.

in beide Richtungen zu, denn es wird auf Objekte gewettet, die am Kapitalmarkt gehandelt werden, also bspw. aufs Wachstum _*oder*_ die Schrumpfung von Betrieben _*oder*_ aufs Angebot an Rohstoffen _*oder*_ an Nahrungsmitteln.

(__*Es kann auch gegen ganze Volkswirtschaften spekuliert werden.*__)

Das heißt am privat organisierten Kapitalmarkt wird i.d.R. gezockt:

so oder so.

Genau das ist *real*_wirtschaftlich nicht brauchbar.

Nun, gerade die politisch gewollte steuerliche Entlastung der großen Unternehmen löste einen zusätzlichen Schub zur Anlage dieser „Mehreinnahmen" auf dem Kapitalmarkt aus (__*oder wurde primär zur Investition im Ausland verwendet, womit ich mich übrigens keineswegs gegen Investitionen im Ausland ausspreche*__), anstatt sie in der realen Binnenwirtschaft anzulegen, d.h. zu investieren.

Vgl. diesbezüglich die „große" oder „Jahrhundertsteuerreform" 2000 des damaligen Finanzministers Eichel, die es dem Staat „ermöglichte", sich bei denjenigen genau von dem Geld etwas zu leihen (__*gegen von Steuerzahlern zu zahlenden Zins und Zinseszins*__), das diesen vorher durch diese „Reform" geschenkt worden war.

Nun, objektiv gesehen, also scheuklappenfrei überlegt, ist das zwar nichts anderes als eine perverse Politik, die jedoch wichtiger Teil der neoliberalen Doktrin ist, denn nähme erst die Öffentliche Hand — bspw. die des erst noch zu etablierenden

Sozialen Rechtsstaats[189] das Geld bei der eigenen Zentralbank auf, führte das zu einem „zügellosen" Umgang mit Geld — so die Behauptung neoliberaler Ideologen. Wie aber die seit dem Jahre 2007/2008 wieder virulent gewordene Finanzkrise belegt, ist es gerade der privat organisierte Kapitalmarkt, der zu diesem „zügellosen" Umgang mit Geld führt — hierzu etwa von der „unsichtbaren Hand" geleitet?[190]

Wobei diese praktizierte Politik primär auf die penetrante lobbyistische Forderung der exportorientierten Unternehmerverbände zurückging und diese Forderung nach Unternehmersteuersenkung von (__*insbesondere deutschen*__) Vertretern der durch die neoliberale Ideologie *sinn*_entleerten Wissenschaft von der Volkswirtschaft unterstützt wurde.

Man muß sich klarmachen, was diese Leute forderten (__*Lobbyisten*__), unterstützten (__*Wissenschaftler*__) und umsetzten (__*Politiker*__):

> Zuerst müßten Unternehmer satte Gewinne machen, bevor sie überhaupt geneigt sein _*könnten*_ zu investieren.

Nun, das ist eine völlige Verkehrung des tatsächlichen gesamtwirtschaftlichen Sachverhaltes:

> Gewinne sind eine außerordentlich flüchtige Angelegenheit.

Ja, sie sind wohl _*jenes*_ Element in der Wirtschaft, das jeder

[189] Vgl. in: a.a.O., Band I, Teilband 4: „Der Lösungsweg".

[190] Vgl. zu dieser „Hand" in: a.a.O., Seiten 134 f., beginnend mit: „Als kindisch ist derjenige zu bezeichnen ...".

Unternehmer gern hat, aber ständig in Sorge ist, ob er es tatsächlich (__*noch*__) hat, geschweige denn, ob er auch zukünftig damit rechnen kann. Denn der Gewinn ist nicht aus sich heraus da, sondern steht immer erst _*am Ende*_ eines Abrechnungszeitraums fest — für _*diese*_

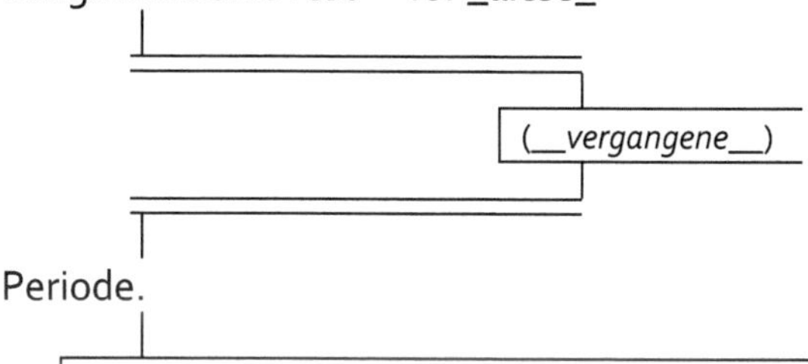

Periode.

Vielleicht kann man sagen, daß Gewinne die Unternehmerdividende darstellen, die ein Ergebnis der Vergangenheit ist, in der etwas als *Vor*_Bedingung stattgefunden haben mußte.

Diese „Unternehmerdividende läßt sich auch als Risikodividende bezeichnen. Allerdings muß der Gewinn dann in der Tat aus einem Risiko resultieren und nicht aus einer „Steuerschenkung", sozusagen als weiterer Ausdruck der gleichen politischen Sauerei: Gewinnmaximierung über die Zahlung von Dumping-Löhnen: „Alle ausgezahlten, unter der Goldenen Lohnregel liegenden Löhne sind Dumpinglöhne, denn sie erlauben, Konkurrenten vom Markt zu drängen.".[191]

Eine solche Politik wird von der deutschen Seite

seit der Einführung der Agenda 2010 systematisch

[191] Vgl. in: a.a.O., Band III, Teilband 2, Seiten 576-79: „Anmerkungen zum deutschen Dumpinglohn-Regime".

betrieben: zum Schaden aller anderen Mitglieder der EWU. Eine der sich daraus ergebenen Konsequenzen ist die Notwendigkeit von Transferleistungen an diese Mitglieder, damit diese auch weiterhin die Waren von diesem Exportüberschüßler kaufen können.[192]

Eine andere, sich aus dieser Politik ergebene, damit allerdings in direktem Zusammenhang stehende Konsequenz ist das Wiederaufleben des Nationalismus' in den EU-Mitgliedstaaten, wofür übrigens das Ergebnis des am 23. Juni 2016 abgehaltenen Referendums der britischen Bevölkerung lediglich _*ein*_ Beispiel ist.

Nun, die *Vor*_Bedingung für einen unternehmerischen, nicht auf Lohndumping basierenden Gewinn, ist eine gute Nachfrage und eine erst dadurch bedingte, gute Auslastung der Produktionskapazität.

Also lautet die erste Frage, die sich ein Unternehmer (__*spätestens*__) nach Ende dieser Abrechnungsperiode stellt:

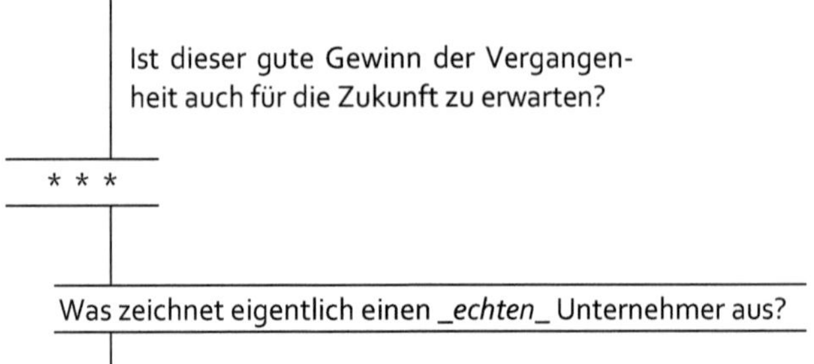

Ist dieser gute Gewinn der Vergangenheit auch für die Zukunft zu erwarten?

* * *

Was zeichnet eigentlich einen _*echten*_ Unternehmer aus?

Nun, zum Beispiel die Bereitschaft, ein Risiko _*dann*_ einzugehen, wenn er erwarten kann, daß sich das lohnen wird, d.h.

[192] Vgl. in: a.a.O., Band I, die Kapitel 5, 10 und 11.

realistischerweise ein Gewinn winkt.

Das heißt diesen schädlichen lobbyistischen Einflüsterungen politischerseits nachzugeben, war nicht nur nicht zwingend, sondern geradezu

schädlich für die _unternehmerische Mentalität_.

Aber Rot-Grün hielt das damals für geboten,

denn

Herr Schröder meinte sinngemäß, obwohl das auch vom Exstraßenkämpfer, Herrn Fischer hätte stammen können, hatte der sich doch bereits im Jahre 1998 gegen eine Regulierung der Finanzwirtschaft ausgesprochen, indem diese Figur folgende Frage an Lafontaine und Flassbeck richtete:

„Wollt Ihr _*etwa*_ etwas gegen die Finanzwirtschaft tun?"

Denn dieser Ex-Straßenkämpfer rief das keineswegs freudig aus, sondern der äußerte das _*erschrocken*_ fragend!

Dies ein wirklich gutes Beispiel, verdeutlicht es doch exemplarisch, was von Sprüchen zu halten ist, die von sich „radikal" gebenden Figuren abgesondert werden und die ihr in jungen Jahren gezeigtes seltsames Verhalten später selbst als „Jugendsünde" bezeichnen. Nun, aus meiner Sicht wird daran lediglich eines deutlich, nämlich mangelnde intellektuelle Eigenständig-

keit und das Bedürfnis dennoch das Wort zu führen.
— Und egal, welcher politische Wind gerade weht?

Nun,

Herr Schröder meinte also sinn_*gemäß*:

„Ich werde es niemals zulassen, daß etwas gegen die Interessen der Wirtschaft unternommen wird."

(__Wie kann aber jemand etwas gegen oder für die Wirtschaft tun, der gar keine Ahnung von *Gesamt*_Wirtschaft hat?__)

Also mußte ein Herr Eichel nicht daran hindern werden, eine „große Steuer-'Reform'" auf den „Weg" zu bringen.

Wobei die Grünen es übrigens waren, die als erste den Spitzensteuersatz

(__im Rahmen des „Einkommenssteuertarifs"__)

von 48,5% im Jahre 2003 auf 45% im Jahre 2004 drückten. Soweit wollte die SPD eigentlich nicht gehen. Tatsächlich wurden es dann 42% im Jahre 2005, die von der rheinlandpfälzischen FDP gefordert worden waren — sollten weitere Elemente der „Agenda 2010-Reform" den Bundesrat passieren.

Die erneute Anhebung auf 45 Prozent im Jahre 2007

war übrigens wegen der verheerenden Auswirkungen jener „Jahrhundertsteuerreform" auf die Steuereinnahmen notwendig geworden — und damit auf alle von der Öffentlichen Hand zu erbringenden Leistungen. Dies alles also kein Ausdruck von politischem Sachverstand, hingegen ausschließlich von schädlichem *Un*_Verstand.

* * *

Falls es Sie interessiert, einen

Überblick der Entwicklung dieses Steuersatzes

allein in den letzten knapp 60 Jahren, bietet die folgende Auflistung:

1958-1974 = 53 %
1975-1989 = 56 %
1990-1999 = 53 %
2000 = 51 %
2001-2003 = 48,5 %
2004 = 45 %
2005-2006 = 42 %
2007-2018 = 45 % [__geltend bei Drucklegung dieses Buches__]

Die Höhe des zu versteuernden Einkommens, ab dem dieser Streuersatz fällig wird, setzte 1958 mit 110.040 DM ein und erhöhte sich über die Jahrzehnte auf aktuell (__2018__) 260.533 EUR.[193]

Eine „Steuer-'Reform'", die vom Ergebnis her gesehen nichts von dem brachte

[193] Datenquelle: Wikipedia, Eintrag: „Einkommensteuer (Deutschland)".

(__insbesondere, wenn man auf der Gegenseite die skandalöse Festschreibung von „Hartz IV" und das Etablieren und Ausweiten des Niedriglohnsektors bedenkt__),

was sie

(__*von besagten Lobbyisten penetrant propagiert*__)

hätte bringen sollen:

Nämlich _*dadurch*_ Aufschwung der Gesamtwirtschaft (__*also Binnen- wie Exportwirtschaft*__), daß die Unternehmerseite erst einmal „ordentliche" Gewinne erzielen müßte (__*durch Steuersenkungen!*__), und dann erst, d.h. _*nachdem*_ auf diese Weise genügend Gewinne angehäuft worden seien, würde investiert, wodurch der Aufschwung käme und Leute eingestellt würden.

*Gemeinerweise*

begab es sich aber zu jener Zeit, daß „Berater" (__*des Kapitalmarktes*__) genau in dem Moment den Unternehmern massenhaft sogenannte Anlageangebote offerierten, als diese Unternehmer nicht mehr wußten, wohin mit dem Geld.

*Ausgelöst* durch die rot/grüne „Unternehmersteuersenkungsschenkung" _*u n d*_ die hierdurch sowie den durch die sogenannte „Agenda 2010" eröffneten Möglichkeiten, Dumpinglöhne für möglichst viele zahlen zu können, das zu den schon erwähnten Wettbewerbsvorteilen gegenüber den *Partner*_Ländern der EWU führte, da jene Länder diese so entstandenen Vorteile nicht mehr über Währungsabwertung ausgleichen konnten, sondern lediglich dadurch *_hätten_* ausgleichen können, wären sie dem „deutschen Pfad" gefolgt. Aber welche Spirale hätte das ausgelöst? Und welche Spirale wurde ausgelöst, daß die Partnerländer der EWU dem „deutschen Pfad" zu jener Zeit nicht folgten?

Nun, das „Zauberwort" ist erst heute „Austerität" für alle. „Austerität" aber ist tödlich für eine prosperierende, geschweige denn für eine erst gesamtwirtschaftlich prosperieren wollende Gesellschaft, die also nicht lediglich ihren Exportanteil auf Kosten des eigenen Binnenmarktanteils entwickeln wollte, sondern auch auf Kosten anderer Gesamtwirtschaften.

Wer das aber anstrebt betreibt eine Politik, die früher einmal als „Merkantilismus" bezeichnet worden ist und das genaue Gegenmodell für eine prosperierende Währungsunion darstellt, da das Prinzip des Merkantilismus' darauf basiert, mehr zu exportieren als andere, das aber führt zu dem, was als Wettbewerb der Nationen bezeichnet wird, und der ist schädlich für einen friedlich betriebenen Handel und zerstört letztlich den gemeinsamen, in allen seinen Teilen prosperieren sollenden, gemeinsamen Markt einer Währungsunion.

Dies ist das schließliche Ergebnis deutscher (*__eigentlich aber neowilhelministischer__*) Politik, die auf diese Weise eindrücklich belegt, daß sie weder friedlich noch für eine Währungsunion geeignet ist.[194]

Demnach die Unternehmer sozusagen von der

[194] Vgl. den Zwischenruf 8: „34 Cent oder Ohne einen Deuxit hat die EU keine Überlebenschance mehr". Zum „Wettbewerb der Nationen" siehe auch in: a.a.O., Band I, Teilband 3, die Kapitel 10 und 11, sowie in: a.a.O., Band III, Teilband 2, Teil 4: „Der Neowilhelmoliberalismus".

eigenen

Ideologie_*Vorgabe „gezwungen"* worden waren, dieses

„überschüssige Kapital"

lieber auf dem renditeträchtigen Zockermarkt „anzulegen". Denn irgendwie schien sich das Investieren in die eigene Binnenwirtschaft nicht zu lohnen, geschweige denn es für Sachinvestitionen in den _*eigenen*_ Betrieb zu verwenden —

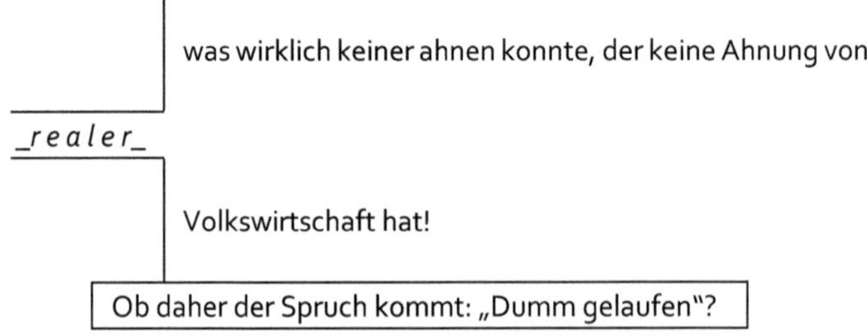

*Dummer*_weise bestimmen heute weiterhin wirtschaftspolitische Laien die politische Richtung

(__soweit man von „die politische Richtung bestimmen" überhaupt sprechen kann, wird diese Richtung tatsächlich von den Nervösen vom Zockermarkt vorgegeben, die sich primär für eine dortige *Auf*_ oder *Ab*_Richtung interessieren, die sie zudem, je nachdem, gern _*profitlich*_ initiieren__),

die offenbar _*unerschütterlich*_ fest daran glauben, ausschließlich die Förderung einzelwirtschaftlicher Interessen könne gut sein.

Nun, daran aber zeigt sich genau jene Unkenntnis von wirtschaftspolitischen Zusammenhängen, die diese fatalen Entwicklungen in der EU ausgelöst haben, denn erst ein

*_Gesamtblick_*

auf die Wirtschaft wie auch auf die gesellschaftliche Entwicklung überhaupt, erlaubte das frühzeitige Erkennen von Fehlentwicklungen, also schon im Prozeß ihres Entstehens.

Fünfundzwanzigster Zwischenruf

Die Europäische Währungsunion oder In Trauer vereint

Immer bleibt etwas zu diskutieren übrig, ist man der Meinung, die _*Funktionsweise*_ einer Währungsunion sei eine Frage der Meinung. Der Vorteil ist dann offenbar, daß man nichts von den Bedingungen fürs Funktionieren einer solchen Union verstehen muß, sondern lediglich seine eigene Meinung mit jener anderer _*„abzugleichen"*_ braucht, daß auf diese Weise _*mehrheitsfähig gemeint*_ werden kann.

Die Verwendung des hier adverbial gebrauchten Adjektivs „offenbar", findet ihre Begründung übrigens darin, daß im Zusammenhang mit der Konstruktion und der davon abhängigen Funktionsweise einer Währungsunion — d.h. einer _*jeden*_ Währungsunion — genau das zu hören ist: „Da bin ich eben anderer Meinung".

Nun, das ist insofern grotesk, da es in diesem Zusammenhang nicht auf das Meinen ankommt, sondern auf ein richtiges Durch_*Denken*, das aber die Kenntnis von den *Be*_dingungen einer solchen Konstruktion voraussetzt, so daß ihr Funktionieren gewährleistet ist. Und das ist _*ausschließlich*_ eine Frage der Logik und keine des Meinens.

Das ist übrigens vergleichbar mit dem Gewinnen von „Likes" in sogenannten *social-medialen Foren* wie Facebook:

Wer die meisten Likes bekommt, hat „recht".

Daß es dabei meist gar nicht um die „Sache" geht, sondern eher um ein kleinbürgerliches Verhalten: „den kann ich nicht leiden, deshalb 'like' ich dessen an sich sinnreiche Aussage nicht", sei jetzt lediglich am Rande erwähnt.

(__„Am Rande" deshalb, da es heutzutage doch gar keine Kleinbürger mehr gibt, und schon gar nicht auf social-media Plattformen, oder?__)

Das mag nach Demokratie aussehen, ist aber lupenreine Lobbykratie:

Das Konsensfähigmachen von

(__*machtvoller einzelwirtschaftlicher*__)

Meinung ist wichtiger als das Verständnis von den Konstruktions- und Funktionsbedingungen einer Währungsunion, die _*unabhängig*_ von den *Wunsch*_Vorstellungen der verschiedenen Lobby-Gruppen — also eben _*keine*_ Frage der Meinung sind.

Wohingegen eine Meinung haben eigentlich zu bedeuten hat, daß man sich ein (__*scheuklappenfreies*__) Verständnis von _*den*_ Zusammenhängen _*gebildet*_ haben muß, die Gegenstand einer Diskussion sind, in die man sich dann mit seiner *kontext*_bezogenen Meinung einbringt, ist man in lobbykratischen Kreisen offenbar der Ansicht, daß man _*ohne*_ Konsequenzen irgendeine Meinung zu einem _*grundsätzlichen*_ Sachverhalt _*„vertreten"*_ kann, den man demnach inhaltlich gar nicht verstehen muß, sondern lediglich seine Meinung dazu

(__*möglichst mit allen Mitteln eines Winkeladvokaten*__)

zu vertreten, also zu einem grundsätzlichen Sachverhalt eben eine _*andere*_ Meinung habe, als derjenige, der den in Rede stehenden, grundsätzlichen Sachverhalt _*tatsächlich*_ kennt.

Gesamtwirtschaftliche Grundlagen allerdings zu einer Frage der Meinung zu machen, entspricht der Vorstellung, daß es bspw. eine Frage der Meinung wäre, ob ein Elektromotor auch als Verbrennungsmotor funktioniere. Zwar kann man eine solche Ansicht „vertreten", aber der Vorteil bestände darin, daß keiner einer solchen Meinung folgen würde — und falls doch, offenbarte ein Versuch sofort das Absurde einer solchen Vorstellung.

In Fragen der Gesamtwirtschaft ist das offenbar anders, denn da kennt sich jeder aus und hat zudem eine Meinung, die alle anderen aus der _*persönlichen*_ Praxis kennen:

> Man kann _*persönlich*_ auf Dauer nicht mehr ausgeben, als man _*persönlich*_ eingenommen hat.

Das erscheint als großer Vorteil, denn eine (__*beizeiten* geführte!__) Diskussion erübrigt sich auf diese Weise — *l e i d e r*.

Der Einwand, daß der einzelwirtschaftliche Blick nicht nur den Blick aufs Ganze verstelle, sondern vor allem *un*_geeignet sei, überhaupt die richtigen politischen Konsequenzen ziehen zu können, geht es um das _*Verständnis*_ und die

_*n a c h f o l g e n d e*_

politische

_*U m s e t z u n g*_

von Konstruktions- und Funktionsbedingungen für eine Währungsunion, wird dann deshalb zu einer zu ignorierenden Meinung, da diese in der real existierenden Lobbykratie nicht mehrheitsfähig wäre.

Unter _*tatsächlich*_ demokratischen Bedingungen ginge es hingegen in gesellschaftspolitischen Fragen

*ausschließlich*

um den logisch richtigen Konstruktionsaufbau von Institutionen oder Organen, die für das gesellschaftlich friedvolle Zusammenleben notwendig sind, also insbesondere die Wirtschaft und ihre Anhänge betreffend, wie bspw. das Geldwesen. Und erst _*dann*_ (__ist also die Konstruktion korrekt ausformuliert und umgesetzt, läßt sich auf diesem Fundament verschiedenes Meinen__) unter der Voraussetzung, daß eine solche Konstruktion dann kein Thema mehr von Diskussionen ist, da sie eben _*keine*_ Frage des Meinens irgendeines Lobbyisten eines Partikularinteresses sein kann und darf.

Bezogen auf die heutige Situation ergibt sich daraus die folgende Schlußfolgerung:

Alle Lobbyisten haben bis auf weiteres ihre Klappe zu halten!

Wäre die Realisierung dieser Forderung undemokratisch?

Nun, jeder Lobbyist würde das zwar bejahen, aber da der das dann lediglich mit Blick auf die Wahrung von, i.d.R. machtvollen Einzelinteressen auf Kosten anderer,

sozusagen stillschweigend *m e i n t e* ...

Wie es in solchen Kreisen so üblich ist, inklusive derjenigen also, die sie auf regierungspolitischer Ebene sowieso in der Tasche haben.

(__*Immerhin kommt meine Bezeichnung „Lobbykratie" für das von uns allen bewohnte gesellschaftliche Gebilde nicht von ungefähr.*__)

Denn, kann der Informationstand der Masse der Bevölkerung als „aufgeklärt" bezeichnet werden, wollte in solchen Kreisen, und dann verständlicherweise, niemand die *Einzel*_Interessen anderer _*offen*_ vertreten. Oder wollten Sie etwa etwas gutheißen, das sich absehbar auf Ihre Kosten auswirkte — d.h. in diesem Fall: auf Kosten der Mehrheit der Menschen einer

Gesellschaft oder der Mehrheit der Menschen einer Gemeinschaft von Nationalstaaten?[195]

Diese Betrachtung läßt übrigens bewußt _jenen_ alten Fakt unberücksichtigt, daß in jedem einzelnen solcher Nationalstaaten zudem divergierende Interessen zwischen der Masse der Menschen dort und der entsprechenden Machtelite solcher Staaten als normal gelten, obwohl sie, objektiv gesehen, _nicht_ naturgegeben sind.

So kann es übrigens geschehen, daß die Machteliten der Nationalstaaten der EU mit dem von der deutschen Seite bestimmten Holzweg durchaus einverstanden sind. _Solange_ zumindest, bis die Insassen ihrer eigenen nationalstaatlichen Spielwiesen renitent werden — dann fangen auch diese an auf denjenigen zu weisen, der das Begehen dieses „Weges" forderte und weiterhin fordert. Das heißt _hier_ liegt einer der Gründe für das Forcieren nationalistischer Tendenzen — erscheinen diese den Machteliten als opportun.

Wäre also die Realisierung dieser Forderung: Alle Lobbyisten haben bis auf weiteres ihre Klappe zu halten, undemokratisch?

Nun, da jeder Lobbyist im Auftrag machtvoller Einzelinteressen auf Kosten der Masse der Menschen einer Gesellschaft aktiv ist und dafür sorgt, daß Abgeordnete nicht nur mit jenen Blaupausen versorgt werden, die als Grundlage für Verordnungen und Gesetze dienen, sondern auch, daß diese

[195] Vgl. im Ihnen vorliegenden Buch die Seiten 171-77, beginnend mit: „Ein weiteres, sozusagen lobbykratie-typisches Problem ...", aber auch die Angaben in der Fußnote 102 auf der Seite 168, sowie die Seite 241, beginnend mit: „Wer allerdings glaubt ...".

tatsächlich zu Verordnungen und Gesetzen werden, ist das selbst zutiefst *un*_demokratisch — d.h. genau dies ist die symptomatisch *un*_demokratische neoliberale Praxis.

Es ist nämlich so, daß Demokratie *_ausschließlich_* unter der Bedingung *_dauerhaft_* funktionieren kann, gibt es einen *_gemeinwohlorientierten_* „Schiedsrichter", der lobbyistischen Versuchen privater Machtkonzentration stetig und

*_beizeiten_*

entgegensteuert.

*_Nun_*

ein solcher Schiedsrichter ist der *Soziale Rechtsstaat*, der nicht mit dem bürgerlichen Sozialstaat verwechselt werden darf, denn dieser war lediglich eine *_temporäre_* Krücke für das angeschlagene Profitsystem.[196]

*_A l l e r d i n g s_*

hat es Konsequenzen, unterwirft man gesamtwirtschaftliche Grundsatzfragen dem Urteil von (*__machtvollen einzelwirtschaftlichen__*) Meinungsvertretern, denn die treffen ihre Entscheidungen im Prinzip nicht anders, als sie einst von abgekapselt diskutierenden Mitgliedern irgendeines stalinistischen Politbüros getroffen wurden:

Nämlich auf der „Basis" von ideologischen Annahmen

---

[196] Vgl. in: a.a.O, Band I, Teilband 4: „Überlegungen zur Überwindung der real existierenden Lobbykratie".

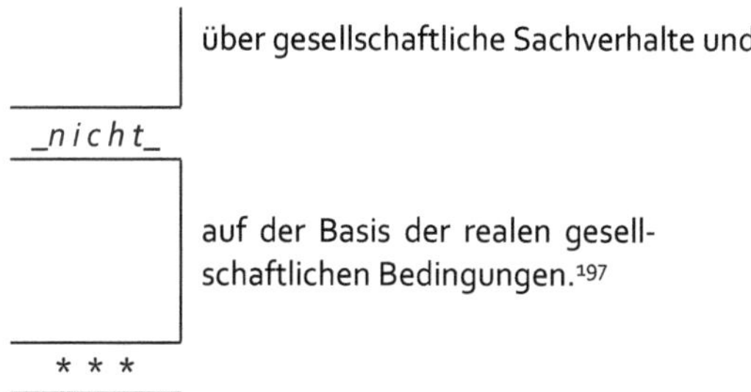

Meine Frage besteht folglich lediglich noch darin, welche Richtung die auf europäischer Ebene agierenden *Un*_Verantwortlichen einschlagen werden:

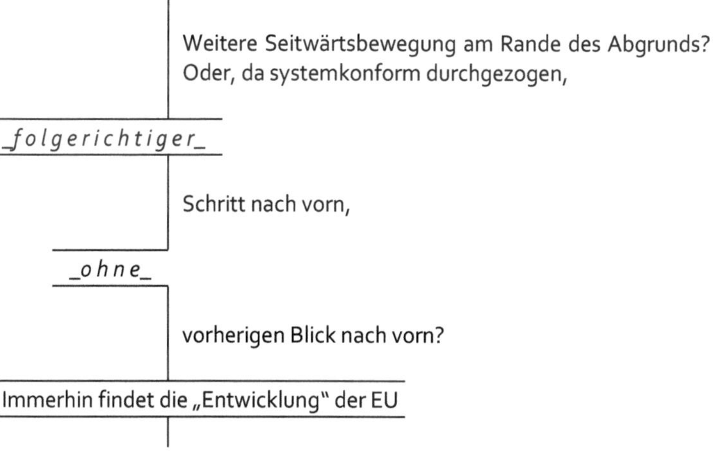

[197] Exemplarisch verdeutlicht das Heiner Flassbeck in: „Denn sie wissen nicht, was sie tun (sollen) — Das eklatante Versagen der europäischen Institutionen ist kein Zufall." Der passende Internet-Pfad ist am 4. März '18 erneut geprüft worden:

https://makroskop.eu/2015/03/denn-sie-wissen-nicht-was-sie-tun-sollen-das-eklatante-versagen-der-europaeischen-institutionen-ist-kein-zufall/.

unter deutscher „Führung" statt, und die hat, mentalitätsmäßig, die größte Erfahrung auf dem Gebiet des rücksichtslosen „Voranschreitens", und die geringste Erfahrung damit, sich _*beizeiten*_ zu korrigieren — also bevor man zuerst das Gesicht und dann den Kopf verliert.[198]

* * *

Nun, da es bereits einen ausreichend großen Erfahrungsschatz gibt, der nicht nur verdeutlichen kann, wie es sich mit dem (__*uneingehegten*[199]__) Profitsystem tatsächlich verhält, also unter welchen Bedingungen es (__*uneingehegt bleibend*__) lediglich funktioniert, sondern auch wozu dessen Machtelite und deren Satelliten in Wissenschaft, Politik und Medien bereit sind, ist deren Ratlosigkeit wieder einmal groß, wird es ohne weiteres verständlich, daß in solch einer Situation, sozusagen systembedingt, irgendein *„großes"* Ereignis _*initiiert*_ werden muß, das _*heutzutage*_ typischerweise als „robuster" humanitärer Einsatz deklariert wird.

Ein solcher „Einsatz" wäre also als _"Menschenrechtskrieg"_ *zur eigenen Verteidigung vorzustellen? Welcher Pazifist wollte da noch abseits stehen — geht es um die Menschenrechte, oder?*[200]

Ein „Menschenrechtskrieg", der dann tatsächlich und aus-

[198] Dies ist einer der roten Fäden, die den Band III der *Tri*_logischen Sezierung [...] durchziehen.

[199] Vgl. in: a.a.O., Band I, Tb 4: „Der Lösungsweg", Kapitel 21 bis 25.

[200] Vgl. Zwischenruf 28.

schließlich sowohl der Rettung der bestehenden Machtsituation der instabil werdenden bürgerlichen Gesellschaft _*diente*_ als auch dem Zweck

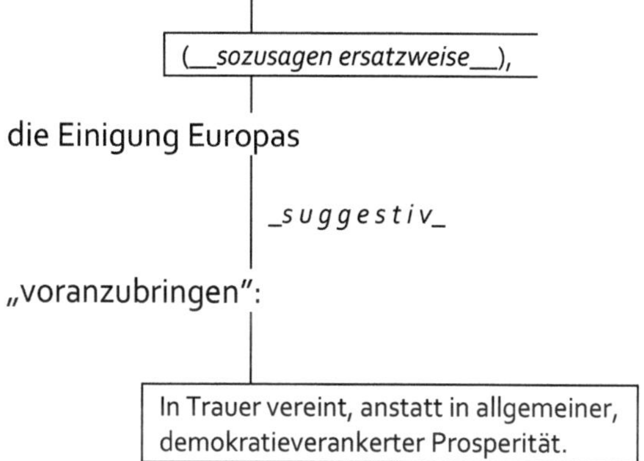

Sechsundzwanzigster Zwischenruf

Wer von Marktwirtschaft redet, sollte kurzgefaßt folgendes bedenken …

Der sechsundzwanzigste Zwischenruf sei eröffnet mit einem Zitat von Heiner Flassbeck:

ZITAT

> […] Stellen wir uns eine Welt vor, in der die Produktivitätsgewinne, die der Schumpetersche Prozeß der schöpferischen Zerstörung schafft, immer und immer vollständig in den Löhnen weitergegeben werden müssen, weil sonst gar nicht die Kaufkraft vorhanden ist, um das Mehr an Produkten zu kaufen, das die Unternehmen produzieren können. Stellen wir uns vor, jede nationale Volkswirtschaft wäre eingebettet in ein vernünftig konstruiertes Währungssystem, das verhindert, daß einzelne Länder riesige Außenhandelsüberschüsse machen und damit Merkantilismus unmöglich wird. Stellen wir uns vor, daß der Versuch der Unternehmen, ihre finanzielle Situation zu verbessern wegen der Restriktion des Währungssystems von den

Staaten verlangt, die öffentlichen Haushalte permanent im Defizit zu fahren. [...]

ZITATENDE[201]

Es mag kurios erscheinen, aber diese knappen Sätze beinhalten eigentlich alles, das, unter den gegebenen Bedingungen, die Voraussetzungen dafür schaffte, daß Handel und wirtschaftliche Prosperität immer mehr Gesellschaften sozusagen positiv spiralförmig erfassen würden — vorausgesetzt, man praktizierte das in einem ausreichend großen Wirtschaftsraum, bspw. in dem der EU, der eigentlich einer der besten Wirtschaftsräume der Welt sein _*könnte*_.

Denn was gegolten haben mag, nämlich einer der besten Wirtschaftsräume der Welt zu sein, bietet, zumindest prospektiv gesehen, lediglich noch zwei Möglichkeiten. Entweder eine irgendwie geartete Militärdiktatur (__bspw. als „modernisierten" Wilhelminismus vorzustellen__), und auf diese Weise dann weiteres Vorantreiben der Umwandlung der bürgerlichen Nationalstaaten in komplett marktkonform funktionierende *Konzern*_Staaten, oder nationalistisch dominierte Fragmentierung des

[201] Quelle: Heiner Flassbeck: „Thomas Piketty, die Neoklassik und die Realität", mit freundlicher Genehmigung. Archiviert ist dieser Artikel auf den Seiten des von Heiner Flassbeck und Paul Steinhardt herausgegebenen wirtschaftspolitischen Online-Magazins *Makroskop — Kritische Analysen zu Politik und Wirtschaft*, und dort ist er auch über folgenden, am 4. März '18 erneut geprüften Internet-Pfad abrufbar:

https://makroskop.eu/2016/08/thomas-piketty-die-neoklassik-und-die-realitaet/.

gesamten EU-Raumes. Für diese beiden, letztlich sich je katastrophisch entwickelnden Möglichkeiten, zeichnet primär die deutsche Politik verantwortlich, ist es doch das, an und für sich schon untaugliche „deutsche Modell", das nun auf den ganzen Raum der europäischen Währungsunion übertragen wird, obwohl ein solches Modell für eine Währungsunion nicht *un*_geeigneter sein kann. Hinzu tritt das sich immer deutlicher abzeichnende Begehren der deutschen Machtelite

(__*deren Mentalität jene der alten deutschen Machtelite ist, lediglich die Verhältnisse haben sich geändert*__),

weltpolitisch wieder _*imperialistisch*_ aktiv zu werden. Das allerdings ist ohne den Deckmantel der EU nicht möglich, da es an der eigenen Substanz fehlt.

(__Das heißt traditionell hat es daran _*immer*_ gefehlt.__)

Nun, dies führt aber zu dem, das ich als _*Dominanzblase*_ bezeichne, was u.a. eine Korrumpierung der Eliten

(__*also einschließlich der deutschen Eliten*__)

im gesamten, von der deutschen Politik beherrschten EU-Raum nach sich zieht, müssen immerhin die Interessen der Machteliten der verschiedenen Nationalstaaten befriedigt werden, da diese ansonsten

(__wegen des in deren Staaten rapide zunehmenden sozialen Drucks, der dann die dortigen Bevölkerungen zunehmend empörte und schließlich geneigt machte, sich gegen diese Eliten selbst zu wenden__)

gegen die, an sich ungeliebte deutsche EU_*Hegemonie*

aufbegehren würden, so daß die Fragmentierung des EU-Raumes nicht mehr aufzuhalten wäre.

Nun, es ist leider nicht nur ein Ausdruck von gefährlicher Borniertheit und *fehl*_leitender, ideologiebehafteter Beratung, daß diese Bedingungen fürs gesellschaftliche Prosperieren insbesondere von der deutschen Politik nicht zur Kenntnis genommen werden, man statt dessen an einer Politik festhält, die nicht als Modell für andere dienen kann, da es lediglich unter ganz bestimmten Bedingungen zu funktionieren *scheint*.

„Scheint" deshalb, da es tatsächlich nicht einmal unter diesen ganz bestimmten, also nicht einmal unter jenen Bedingungen funktioniert, die auf Grund der *Fehl*_Konstruktionen in der Europäischen Währungsunion gelten. Wer aber wollte von einer als Ganzes florierenden Wirtschaft und Gesellschaft der EU sprechen, fokussierte man seine Betrachtungen allein auf _*bestimmte*_ Gebiete des deutschen Raums?

Denn es kommt noch jenes hinzu, daß die charakterliche Basis der als deutsch bezeichneten neowilhelministischen Mentalität darstellt, die ihren Ursprung in dem findet, welches die Grundlage der deutschen Nationalstaatsgründung darstellt: der preußische Einheitsstaat von 1871.[202]

[202] Dies wird in: a.a.O., Band III weiterentwickelt und zum überlegungsmäßigen Abschluß gebracht.

Daß diese oben zitierten Punkte von neoliberalen Ideologen und den von diesen beratenen Politikern, die bei jeder Gelegenheit von Marktwirtschaft und Freiheit des Handels reden

(__Punkte nämlich, die genau jene sind, damit die Wirtschaft einer Gesellschaft tatsächlich als das funktionieren kann, das als Marktwirtschaft bezeichnet und in quasi jeder *Fenster*_Rede beschworen wird.__)

ignoriert werden können, ist lediglich deshalb möglich, da sie einen Zusammenhang

(__der auf betriebswirtschaftlicher Ebene bis zu einem gewissen Punkt von Bedeutung ist__)

auf eine Ebene übertragen, auf der völlig andere, nämlich gesamtwirtschaftliche Zusammenhänge gelten.

Auf diese Weise aber ergeben sich für solche Ideologen und Politiker und schreibenden Mitarbeiter der Medien_*Konzerne* beste Möglichkeiten, stets am Kern des Problems vorbeizureden. Denn durch die Ausblendung der oben zitierten Punkte, wird es erst möglich, bspw., den sogenannten demographischen Wandel als Problem hinzustellen, was er unter der Voraussetzung nicht ist, spiegelt sich die erfahrungsmäßige Produktivitätsentwicklung

(__also der „Produktivitätsfortschritt"__)

in den jährlichen Lohnsteigerungen wider.[203] Oder daß jemand davon reden kann, wir würden über unsere Verhältnisse leben —

> obwohl die Fakten etwas ganz
> anderes zu erzählen wissen.[204]

Nun, redet jemand von Marktwirtschaft, und erkennt Marktwirtschaft als das Prinzip an, wodurch sich eine Gesellschaft am besten entwickeln könne, ist es aus meiner Sicht Bedingung, daß insbesondere über folgende Fakten Klarheit herrschen muß:

---

[203] Vgl. Gerd Bosbach, „Produktivität schlägt Demographie — Was in der Rentendebatte bewußt verschleiert wird", Deutschlandradio: http://www.deutschlandradiokultur.de/produktivitaet-schlaegt-demografie.1005.de.html?dram:article_id=225987 (__dieser Internet-Pfad ist am 5. März '18 erneut geprüft worden__). Zum besseren Verständnis, welche Manipulationsmöglichkeiten sich bei entsprechender Verwendung von Statistiken eröffnen, sei auf das von diesem Autor, in Kooperation mit Jens Jürgen Korff geschriebene Buch verwiesen: *Lügen mit Zahlen — Wie wir mit Statistiken manipuliert werden*, 4. Auflage, Wilhelm Heyne Verlag, München, 2011. Zur Orientierung bietet sich auch der Blog der genannten Autoren an: „Lügen mit Zahlen. Der Zahlenblog zum Buch.", zumal dort unter „Errata" auch einige inhaltliche Richtigstellungen aufgeführt sind: http://www.luegen-mit-zahlen.de/ Dort wird auch auf das neue Buch der genannten Autoren hingewiesen: „Die Zahlentrickser — Das Märchen von den aussterbenden Deutschen und anderen Statistiklügen". (__Link gleichfalls am 5. März '18 erneut geprüft.__)

[204] Vgl. in: Die *tri*_logische Sezierung […], Band I, Teilband 2, die Seiten 229-232, beginnend mit: „Was in diesem Kapitel bisher beschrieben worden ist …".

a) Die sogenannte *unsichtbare Hand des Marktes* existiert nicht.[205]

b) Adäquat steigende Löhne — also gemäß der *Goldenen Lohnregel* [206]

(__!__*in allen Branchen*__!__)

sind für die eigene Wirtschaft und für den internationalen Handel Bedingung dafür, daß dauerhaft prosperierend und nachhaltig produziert werden kann.

c) Will jemand sparen, muß sich ein anderer verschulden. Das heißt wollen alle großen Akteure einer Gesamtwirtschaft

(__also Unternehmerhaushalte, private Haushalte und Öffentliche Hand, die es im Gegensatz zur „unsichtbaren Hand" des Marktes tatsächlich gibt[207]__)

gleichzeitig sparen, funktioniert das nicht — es sei denn, daß der vierte große Akteur zur Verschuldung bereit _*bliebe*_.

Also das Ausland, so es nicht Mitglied in derselben Währungsunion wäre, die von jener Gesamtwirtschaft dominiert wird, deren Vertreter von allen anderen Mitgliedsländern verlangen, es ihr gleichzutun.

---

[205] Was von Adam Smith übrigens auch nie behauptet worden ist. Vgl. in: a.a.O., Teilband 4, die Seiten 134 f., beginnend mit: „Wie oft verwendet übrigens Adam Smith ...".

[206] Vgl. in: a.a.O., Band III, Teilband 2, Lesung 22.

[207] Vgl. den Hinweis in der Fußnote 205.

d) Der von den Ideologen der neoliberalen Doktrin beschworene Wettbewerb, ist ein von ihnen gesetztes, also _*künstliches*_ Prinzip.[208]

e) Die Entwicklung der Produktivität einer Gesamtwirtschaft muß sich stets in den Löhnen (__vgl. Punkt „b"__) widerspiegeln, denn eine Marktwirtschaft zeichnet sich _*nicht*_ dadurch aus, daß sie von „Leistungsträgern" dominiert wird, sondern daß alle Mitglieder einer Gesellschaft daran partizipieren können, da Marktwirtschaft auf Arbeitsteilung beruht. Wohingegen „Leistungsträger" eine _*„Leistungsträgerwirtschaft"*_ benötigen, die zwar modellhaft vorstellbar, nicht aber praktikable wäre. Aber unterstellen wir einfach, sie sei es, dann wäre sie allerdings keine Marktwirtschaft mehr.

* * *

Was meinen also die neoliberalen Ideologen, wenn sie von „Leistungsträgern" und

_*z u g l e i c h*_

von „Marktwirtschaft" reden?

Nun, tatsächlich meinen die jenes, das die von ihnen unter die Leute gebrachte Ideologie überhaupt „auszeichnet",

[208] Vgl. in: a.a.O., Band I, Teilband 1, die Seiten 81-92, beginnend mit: „Demnach ist es die Aufgabe neoliberaler Politik ...".

*ohne* das allerdings wie folgt zu benennen:

Eine Modellvorstellung von der Wirklichkeit, die *fordert*, daß die _*Wirklichkeit*_ sich nach einer _*Vorstellung*_ von ihr zu richten habe — also _*nicht*_ umgekehrt. Damit das aber überhaupt möglich wird, ist gerade für die Ideologen des Neoliberalismus' der Staat absolut notwendig. Denn unter der Herrschaft dieser Ideologen wird der Staat

zu *ihrem*

Instrument, das die praktische Umsetzung ihrer von der Wirklichkeit abgelösten Modellvorstellung erst ermöglicht, so daß seine Organe die gesellschaftlichen Bedingungen schaffen können, die den Menschen keine andere Wahl lassen, als sich marktkonform zu verhalten — wollen sie in einer entsprechend zugerichteten Gesellschaft bestehen _*oder gar*_ Karriere machen. Die daraus resultierenden Konsequenzen sind tiefgreifend sowohl für das einzelne Individuum als auch für eine marktkonform getrimmte Gesellschaft als Ganzes.[209]

---

[209] Genau dies zu verdeutlichen ist insbesondere die Intention fürs Schreiben des Bandes I der *Tri*_logischen Sezierung des lobbykratischen Zeitalters gewesen.

Siebenundzwanzigster Zwischenruf

Fragmentarische Reflexion über ein politisches Dilemma

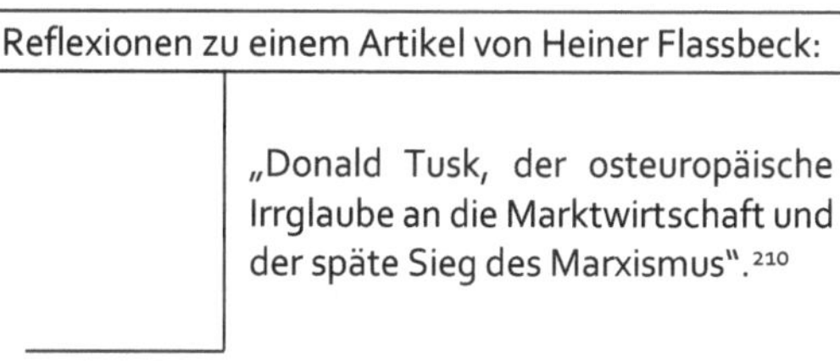
Reflexionen zu einem Artikel von Heiner Flassbeck:

„Donald Tusk, der osteuropäische Irrglaube an die Marktwirtschaft und der späte Sieg des Marxismus".[210]

* * *

Die Kritik Flassbecks bezieht sich auf eine mechanische Sicht auf die Wirtschaft, die entweder von der aktuell praktizierten neoliberalen Ideologie geprägt ist[211], und ihren Ausdruck in der Meinung findet, daß der Staat zu sparen habe, der Abbau sozialer Leistungen unabdingbar sei und daß der Markt alles von selbst regle. Oder diese mechanische Sicht auf die

---

[210] Dieser Artikel befindet sich heute im Archiv des wirtschaftspolitischen Online-Magazins *Makroskop — Kritische Analysen zu Politik und Wirtschaft* und ist abrufbar über folgenden, am 5. März '18 geprüften Internet-Pfad: https://makroskop.eu/2015/07/donald-tusk-der-osteuropaeische-irrglaube-an-die-marktwirtschaft-und-der-spaete-sieg-des-marxismus/.

[211] Vgl. in: a.a.O., Band I, Teilband 1: „Die Benennung".

Wirtschaft ist von jener, im Stalinismus praktizierten Planwirtschaft geprägt, die im Grunde nichts anderes war als eine bürokratische Verwaltung des Mangels und seiner Verteilung unter Bedingungen der permanenten Konfrontation mit dem Gegenpart, der heute allein die Geschicke des Menschengeschlechts mit Hilfe seiner „modernisierten", d.h. neoliberalen Ideologie bestimmt.

Weiter führt Flassbeck aus,

daß sowohl die von der neoliberalen Ideologie herrührenden Denk_*Reflexe* als auch jene von der stalinistischen Ideologie herrührenden, noch einmal dadurch gefördert würden, daß Politikern, wie einer Frau Merkel oder einem Herrn Tusk, beide aufgewachsen unter stalinistischen Bedingungen, eine freie Betrachtung marktwirtschaftlicher Prozesse fremd sei, sondern lediglich das _*Entweder*_ der neoliberalen Ideologie_*Vorgabe* oder das _*Oder*_ der stalinistischen Mangelwirtschaftsverwaltung kennten. Und auf diese Weise, wenn nicht verhindert, so doch zumindest ein so falsches wie schädliches „*Entweder-Oder-Reflex-Denken*" abzulegen erschwert würde, zumal hierbei von allen möglichen Ideologen unterstützt, damit scheuklappenfreies Nachdenken überhaupt erst einsetzen könnte.

Vor diesem Hintergrund entwickeln sich also meine fragmentarischen Überlegungen in diesem Zwischenruf.

Es ist Ausdruck allgemein verbreiteter, _*tatsächlicher*_ Denkblockade, wenn man

a) *„weiß"*, daß das dominierende Wirtschaftssystem Ausdruck von Marktwirtschaft wäre,

b) *„weiß"*, daß es selbstregulierende „Marktkräfte" gäbe und

c) *„weiß"*, daß der Stalinismus ein sich automatisch ergeben habendes gesellschaftliches Gebilde wäre, das seinen Ursprung in einem historischen Irrtum habe, und _*deshalb*_ (__?__) Ausdruck von Sozialismus gewesen sein müsse.

Das heißt „c" ist genauso falsch, wie es „a" und „b" sind.

Nun, in der Tat ist anzunehmen, daß die „politische Blindheit" der im *stalinistischen Imperium* aufgewachsenen, und wie auch immer dort geprägt worden seienden Menschen, sich von jener „politischen Blindheit" der im sogenannten „Westen" aufgewachsenen Menschen unterscheidet. Allerdings ist es eben nicht ohne Bedeutung, daß einige von den, seit ihrer Jugend dem stalinistischen Einfluß ausgesetzt gewesenen Menschen, heute bspw. als Politiker aktiv im Dienste der neoliberalen Doktrin stehen.

Wobei ich allerdings vermute, daß insbesondere eine Frau Merkel heute so etwas wie eine Staatsratsvorsitzende wäre, gäbe es die Ex-DDR noch, lege ich bei dieser Vermutung ihren dort auf Karriere angelegten Studiengang sowie ihr Verhalten in der akuten Umbruchsphase in der Ex-DDR zugrunde, als es noch hieß: *„Wir sind _das_ Volk!"* und noch nicht: *„Wir sind _ein_ Volk!"*.[212]

Diese zweite Parole: *„Wir sind _ein_ Volk!"*, diente übrigens schon der Ablenkung von den tatsächlichen Interessen eines *_jeden_* Volkes, wie dies noch in der ersten Parole zum Ausdruck kommt: *„Wir sind _das_ Volk!"* (__nämlich sich in Freiheit *_selbst_* zu regieren__) — also jenseits von den *Eigen_*Interessen von Machtgruppen. Immerhin ist es das typische Bestreben solcher Gruppen (__die unter dem Begriff „Machtelite" zusammengefaßt werden können__), sich die menschliche Gesellschaft in *_ihrem_* Sinne dienstbar zu machen.

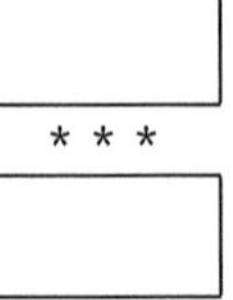

In den bürgerlichen Nationalstaaten heutigen Typs, die sich selbst als „Welt-Elitestaaten" verstehen[213], wird von diesen Gruppen zu diesem Zweck die von deren wissenschaftlichen Satelliten reich theoretisierte neoliberale Ideologie verwendet, wodurch es ihnen gelingt, die Gesellschaften des sogenannten Westens marktkonform zu trimmen. — Wobei dieser Prozeß einerseits forciert seit dem Ende des Kalten Krieges erfolgt und der andererseits seitdem derartig weltweit ausgedehnt wird, daß es zur Destabilisierung ganzer Weltregionen kommt, bei dem Versuch, dort willige Warlords oder andere politische Marionetten zu installieren. Dies entweder indirekt über entsprechende Geheimdienste zur Destabilisierung jener, im Sinne der „Elite" der „Welt-Elite-

[212] Zu Frau Merkel und ihrem Charakter, siehe in: a.a.O., Band III, Teilband 1, Seiten 287-92: beginnend mit: „... öhm ...".

[213] Vgl. in: a.a.O., Band I, Teilband 3, die Seiten 498-501, beginnend mit: „Wenn es nicht so krank wäre ...".

staaten" des „Westens", _*nicht*_ „kooperationsbereiten" Staaten praktiziert, so diese als potentielle „Konkurrenten" „angesehen" werden. Oder/und direkt mittels militärischer Eingriffe

(__die heutzutage orwellianisch „Menschenrechtskriege" heißen__) —

soweit es sich dabei um Staaten handelt, die von rohstofflicher oder/und strategischer Bedeutung sind. — Dieser Prozeß wird _*je*_ begleitet von *Fehl*_Informierung der eigenen Bevölkerung (__*daß die sozusagen bei der Stange bleibt*__) durch die schreibenden Satelliten ihrer Medien_*Konzerne* sowie durch ihre politischen Satelliten und, als Ausformulierer von Floskeln und Parolen, „Wissenschaftlern", die in entsprechenden Thinktanks einsitzen und *spin*_doktorisch tätig sind.[214]

Nun, die Ursache der stalinistisch *„politischen Blindheit"* findet sich in einer schweren kollektiven Schädigung (__*die sich selbstverständlich individuell differenziert ausdrückt*__), die allerdings nicht einer *„humanistischen Idee"* anzulasten wäre, sondern einer politischen Praxis, die nämlich genau _*kein*_ Ausdruck dieser *„humanistischen Idee"* gewesen sein kann, und auch kein Ergebnis eines (__*vermeintlichen*__) historischen Irrtums (__*gemeint ist die sogenannte „Oktoberrevolution"*__).

[214] Zu diesem, in dieser Passage zusammengefaßten Prozeß, vgl. in: a.a.O., Band I, Teilbände 2 und 3. Bezogen auf die politischen Satelliten dieser Machteliten, siehe das im Zwischenruf 16 beispielhaft Erläuterte. Bezogen auf „schreibende Mitarbeiter" von Medienkonzernen sowie *spin*_doktorischen Wissenschaftlern, siehe in: a.a.O., Band III, Teilband 1, Teil 1: „Von *Pen*_Pushern und *Spin*_Doktoren".

Auf stalinistischer Basis bildete sich die „politische Blindheit" vor allem bedingt durch die _*Ursache*_ des Stalinismus' aus: Einkapselung des mit der Oktoberrevolution eingesetzt habenden sozialen wie politischen Prozesses und dessen, durch diese Einkapselung verhinderten, progressiven Entfaltung.[215]

In den bürgerlichen Nationalstaaten bildete sich diese Blindheit

spätestens nach dem ersten Teil des Großen Krieges aus, und zwar als Konsequenz aus dem Resultat dieses ersten Kriegsteils: dem Zusammenbruch des vom Liberalismus geprägten kapitalistischen Systems.[216] Denn dieser Zusammenbruch verlangte nach einer veränderten Basis der bürgerlichen Gesellschaft. Diese Veränderung war zum einen davon geprägt, daß der Staat einmal dadurch zum wichtigen Wirtschaftsfaktor aufstieg, daß er die arbeitslos gewordenen Menschen über ein Sozialsystem auffing, und zum anderen zu einem regelrechten Wirtschaftsakteur wurde, der Aufträge an private Unternehmen vergibt und sogar Innovationen auslösen kann, wenn bspw. eine Verordnung die Reduktion von im Produktionsprozeß entstehender Stoffe oder die bessere Ausnutzung von natürlichen Ressourcen fordert. Dieses Auftreten war keineswegs Selbstzweck, sondern eine Konsequenz des Zusammenbruchs des kapitalistischen Systems, denn es ging hierbei um die Stützung des Wirtschaftsliberalismus', dessen Unternehmer von sich aus nicht genügend eigene Impulse setzten, daß nach diesem

[215] Vgl. in: a.a.O., Band I, Teilband 4, die Seiten 80-82: „Definition des Begriffs 'Stalinismus'".

[216] Vgl. in a.a.O., Band I, Teilband 3, die Seiten 350 f., beginnend mit: „Einerseits in Nationalstaaten organisierte ...".

Zusammenbruch der Wirtschaftsprozeß (__*von ihnen*__) hätte wieder „selbsttragend" belebt werden können.

(__Und dies ist bis heute so geblieben: von sich aus lösen die privatwirtschaftlichen Unternehmen keine konjunkturelle Belebung mehr aus.__)

Zum anderen wurden nun alle sozialen Schichten vom eigentlich Typischen der bürgerlichen Gesellschaft erfaßt, nämlich dem marktwirtschaftlichen Denken.

Hierin liegt die Ursache für diese Art der Blindheit, denn „marktwirtschaftlich geprägtes Denken" führt zu einer reduzierten Wahrnehmung der Wirklichkeit — also auch sozialer und politischer Prozesse.

Auf diese Weise konnten sich die Nationalstaaten erst voll zu Wirtschaftsgesellschaften entfalten. Hieraus entwickelten sich nach dem zweiten Teil des Großen Krieges die bürgerlichen Sozialstaaten — _*wegen*_ der frischen Erinnerung an den Faschismus, sowie _*wegen*_ des zu jener Zeit unter der Masse der bürgerlichen Intellektuellen grassierenden Irrtums, das stalinistische System als Alternative wahrzunehmen.

Zum anderen hatten sich in den zwanziger und dreißiger Jahren die Vertreter dieses marktwirtschaftlichen Denkens mit dem Fakt des Zusammenbruchs des kapitalistischen Systems und den Gründen dafür auseinandergesetzt. Dies ein Zusammenbruch, der letztlich durch die Ziele des Liberalismus' bedingt war:

Export auf Kosten der Konkurrenz von Betrieben in anderen, ähnlich strukturierten Nationalstaaten

und seiner spezifischen Bindungen

an den eigenen Nationalstaat.

Bei dieser Auseinandersetzung stand selbstverständlich folgende Frage im Zentrum:

Unter welchen Bedingungen ist der Liberalismus zu retten?

Die Antwort darauf bestand in einer von den wirtschaftlichen Bedürfnissen geprägten Zuweisung der Rolle des Staates als Diener für diese und als Schützer dieser Bedürfnisse. Diese Rolle,

dokumentiert im wirtschaftskonformen Rechtsstaat,

wurde dem Sozialstaat in der BRD von den deutschen Neoliberalen, den sogenannten Ordoliberalen, in die Wiege gelegt.

Daß dessen Normsetzung erst nach dem Ende des Kalten Krieges

mählich zur vollen Entfaltung kommen konnte, und erst heute ins lobbykratische System umschlägt, lag lediglich an den innerstaatlichen und internationalen Bedingungen, denn von Anfang an hatte für die deutschen Neoliberalen der Begriff der „sozialen Marktwirtschaft" einen anderen Klang, als jener, den er für die meisten heute immer noch hat.[217]

Also sind beide Arten „politischer Blindheit" ideologisch bedingt.

*Sondern* diese (__*stalinistische*__) politische Praxis findet ihre Ursache genau in der _*Verhinderung*_ eines zu jener Zeit

[217] Vgl. a.a.O., Band I, Teilband 1: „Die Benennung".

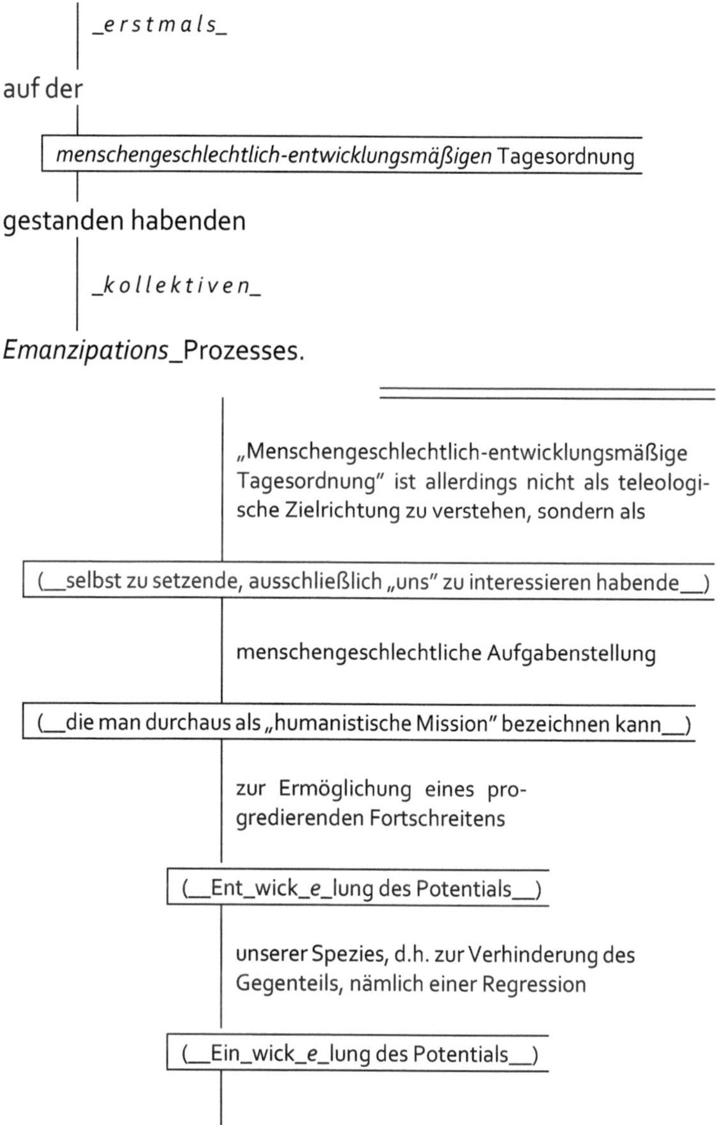

_e r s t m a l s_

auf der

menschengeschlechtlich-entwicklungsmäßigen Tagesordnung

gestanden habenden

_k o l l e k t i v e n_

*Emanzipations*_Prozesses.

„Menschengeschlechtlich-entwicklungsmäßige Tagesordnung" ist allerdings nicht als teleologische Zielrichtung zu verstehen, sondern als

(__selbst zu setzende, ausschließlich „uns" zu interessieren habende__)

menschengeschlechtliche Aufgabenstellung

(__die man durchaus als „humanistische Mission" bezeichnen kann__)

zur Ermöglichung eines progredierenden Fortschreitens

(__Ent_wick_*e*_lung des Potentials__)

unserer Spezies, d.h. zur Verhinderung des Gegenteils, nämlich einer Regression

(__Ein_wick_*e*_lung des Potentials__)

unserer Spezies.

* * *

Vor dem Hintergrund der großen desaströsen Ereignisse

des letzten Jahrhunderts bedarf es der Reflexion, wieso alle reformerischen Ansätze damals genauso gescheitert waren, wie sie nach dem Ende des 2. Teils des Großen Krieges nicht nur gescheitert, sondern genau in den Neoliberalismus aktueller Ausprägung eingemündet sind.

Und wieso nach dem Ende des _*Kalten Krieges*_

eben _*nicht*_ eine konstruktive Phase eingesetzt hatte, die von scheuklappenfreier Analyse der prägenden Ereignisse des zwanzigsten Jahrhunderts bestimmt gewesen wäre, sich hingegen die Entwicklung im Sinne der neoliberalen Doktrin seitdem sogar peu à peu forcierend ereignet.

Woraus die Konsequenz resultiert, daß sich alle ungelösten historischen Fragen erneut stellen.

Denn (__*absurderweise*__) zu behaupten, das „Ende der Geschichte" wäre erreicht, bedeutet ja nicht, es auch tatsächlich erreicht zu haben.

Nun, die bürgerlichen Intellektuellen kritisieren

heutzutage _*vielleicht*_ die schlimmen sozialen Auswirkungen der Umsetzung der neoliberalen Doktrin, nicht aber (__*überzeugend*__) deren grundfalschen Ansatz.

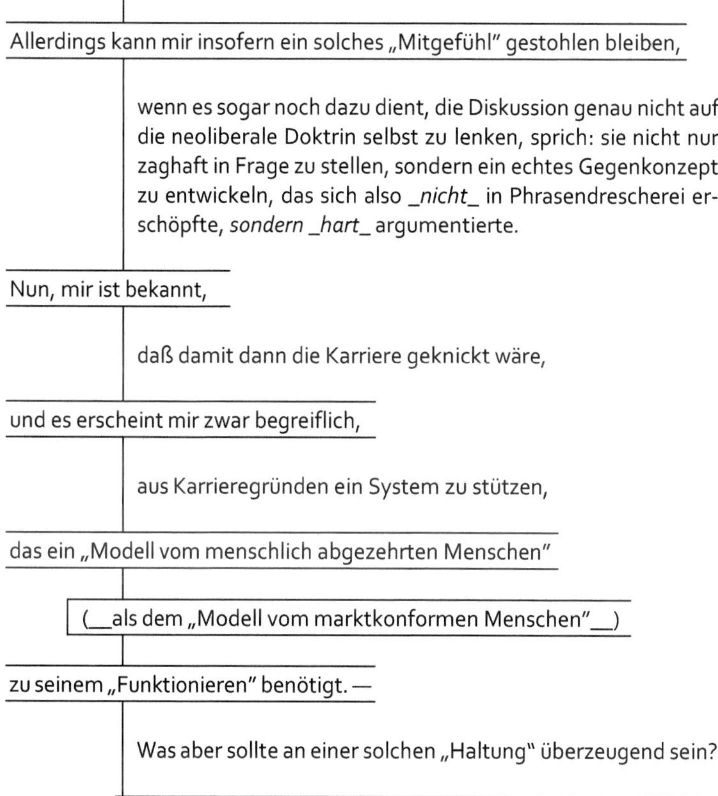

Allerdings kann mir insofern ein solches „Mitgefühl" gestohlen bleiben,

wenn es sogar noch dazu dient, die Diskussion genau nicht auf die neoliberale Doktrin selbst zu lenken, sprich: sie nicht nur zaghaft in Frage zu stellen, sondern ein echtes Gegenkonzept zu entwickeln, das sich also _*nicht*_ in Phrasendrescherei erschöpfte, *sondern _hart_* argumentierte.

Nun, mir ist bekannt,

daß damit dann die Karriere geknickt wäre,

und es erscheint mir zwar begreiflich,

aus Karrieregründen ein System zu stützen,

das ein „Modell vom menschlich abgezehrten Menschen"

(__als dem „Modell vom marktkonformen Menschen"__)

zu seinem „Funktionieren" benötigt. —

Was aber sollte an einer solchen „Haltung" überzeugend sein?

Das heißt von der bürgerlichen Geschichtsschreibung wird die Faktenlage jener Zeit, die zum Ausbruch des ersten Teils des Großen Krieges geführt hatte, _*nicht*_ adäquat ausgeleuchtet. Leuchtete man diese Faktenlage nämlich entsprechend aus, zeigte sich, daß genau dieses System, das als Neoliberalismus die politische Ausrichtung der entwickelten menschlichen Gesellschaften bestimmt, aus dem hervorgegangen ist, das zu diesem ersten Teil des Großen Krieges, zu seinem zweiten Teil und zum Kalten Krieg geführt hatte — und der Stalinismus ein Produkt _*dieses*_ Prozesses war.

Nun, was aus _*objektivierter*_ Sicht heutzutage absolut notwendig ist, soll an dieser Stelle nicht wiederholt werden, findet es sich doch im vierten Teil des Bandes I der *Tri*_logischen Sezierung des lobbykratischen Zeitalters erläutert, aus den darin freigelegten Fakten ich zur Abstützung der, in dem Ihnen hier vorliegenden Band II dieser Trilogie entwickelten, *realen Betrachtungen dadaistisch-surrealer Phänomene in der Lobbykratie* reichlich schöpfen konnte. — So kann Ihnen beispielsweise im Rahmen der dort erfolgten „Hintergrundausleuchtung" u.a. ohne weiteres deutlich werden, was der Stalinismus war — *vorausgesetzt,* Sie legten die Scheuklappen ab[218], die bisher die eigene politische Orientierung *„sichergestellt"* hatten.

---

[218] Wobei ich vermute, daß Sie das bereits getan haben, denn immerhin ist das allein wegen Ihrer offenbaren Bereitschaft anzunehmen, diesem Ihnen hier vorliegenden Text bis zu dieser Stelle gefolgt zu sein.

Achtundzwanzigster Zwischenruf

Wie das fürchterliche Wort „Flüchtlingspolitik" erst seine eigentliche Bedeutung bekommt

Sollte man vielleicht die von der deutschen Seite insbesondere im Jahr 2015 gezeigte Großzügigkeit gegenüber in Syrien massenhaft ins Laufen geratener Menschen im Lichte jener aufgeführten Berichte verstehen, die in der gegen Ende dieses Zwischenrufs stehenden Fußnote 233 zu finden sind? Nun, erst sei aber ein eigenes Zitat vorangestellt, da es um die Aufhellung von Zusammenhängen gehen muß, will man die Ursachen fürs aktuelle, sozusagen _*symptomatische*_ politische Geschehen erkennen:

ZITAT

> [...] Man will nicht nur nicht das Scheitern des neoliberalen Projektes wahrhaben, sondern es weiter gen „Osten" vorantreiben, und nach Möglichkeit Konflikte schüren à la Ukraine, die der Ablenkung bzw. der Verschleierung des vom Neoliberalismus produzierten Chaos dienen — überall dort, wo dessen Ideologen die Völker drangsalieren können, was soziale Reaktionen auslöst, meist zur Destabilisierung vorher noch gefördert, um dann eine Marionettenregierung oder parzellierte Länder mit je Warlords zu dulden, so auf dem

Balkan der „Mafiastaat“ Kosovo, oder das fragmentierte Libyen, das ins Chaos gestürzte Syrien.

Syrien, in dem der „Westen“ jede Menge oppositioneller Gruppen förderte, deren Vertreter jeweils behaupteten, mindestens 70 % der Bevölkerung zu vertreten — und man bloß nicht den Vertreter einer anderen von diesen mindestens 149 weiteren Gruppen zu ihnen schicken solle, da sie den dann erschießen würden.[219]

Das heißt wer sich über Flüchtlingsströme empört, sollte sich zuerst fragen: a) welche Ursachen es dafür gibt und b) wer dafür _*primär*_ verantwortlich ist. — Bei objektiver Betrachtung wird man jedenfalls nicht umhinkommen, eine _*grundsätzliche*_ deutsche Mitverantwortung festzustellen. [...]

ZITATENDE[220]

Nun, wenn man um die Versuche weiß, die seit dem Ende des Kalten Krieges von den Vertretern deutscher Machtpolitik unternommen werden, sich weltpolitisch wieder in „Position“ zu bringen, bleibt nicht viel von der behaupteten und sogenannten Willkommenskultur.

---

[219] Quelle: „Alle vertreten die Mehrheit“; der folgende, am 5. März '18 erneut geprüfte Internet-Pfad, führt zu einem Eintrag auf der Online-Nachrichtenseite *NachDenkSeiten.de*:

http://www.nachdenkseiten.de/?p=18769#h12.

[220] Vgl. in: a.a.O., Band I, Teilband 3, die Seiten 431 f., beginnend mit: „Nein, das ist alles kein Zufall“.

Beginnend mit dem Vorpreschen auf dem Balkan

durch, bspw., die faktenschaffende Anerkennung Sloweniens und Kroatiens:

ZITAT

Die Bundesrepublik hat Europa die Geschwindigkeit der Anerkennung Kroatiens auferlegt, ohne durchdacht zu haben, wie man einen freiheitlichen, neuen souveränen Staat schafft, der sich mit seinen Minderheiten abfinden muß. Es gab keine Garantie für diese Minderheiten, und man hat Kroatien dennoch anerkannt. Als dann im ehemaligen Jugoslawien Menschen sterben mußten, durfte natürlich kein Deutscher dabeisein, die Franzosen und die Italiener sollten ruhig sterben [...] Die Bundesrepublik wird in Frankreich inzwischen gesehen als ein Staat, der sagt, wir sind natürlich da, wenn es gilt, zu bestimmen, welche Politik gemacht werden sollte, wenn daraus aber Risiken entstehen, sind wir nicht dabei.

ZITATENDE[221]

Tatsächlich aber hätte damals die erste Aufgabe sein _*müssen*_, dort eine absolut im Rahmen des Möglichen

[221] Alfred Grosser in: *Die Woche*, Ausgabe vom 13. Juli '93.

gelegen habende föderale Ordnung zu schaffen.[222]

*Allein* eine solche, von deutscher Seite _*aktiv*_ verfolgte Politik

(__*und das dann wirklicher Ausdruck _verantwortungsvoller_ Politik*__),

wäre übrigens Beleg dafür gewesen, daß die deutsche Machtelite aus zwei entscheidenden Fehlern der Geschichte gelernt hätte. _*Nicht*_ aber, daß ein Herr Genscher

(__*offenbar im Auftrag solcher „Elite"*, denn insbesondere auch die beiden Oppositionsparteien SPD und Bündnis '90/Die Grünen drängten darauf__)

eine Situation beförderte, die

*erst im folgenden*

jene Probleme wieder virulent werden ließ, die nach dem Ende des ersten Teiles des großen Krieges des 20. Jahrhunderts bereits einer konstruktiven Lösung bedurft hätten.

Immerhin ist seit den Ereignissen des ersten Teils des Großen Krieges insbesondere auf dem Balkan die Nationalitäten-Frage ungelöst,

hingegen heute eine Gegend, wo ein „Mafiastaat" Kosovo existiert und die anderen

[222] Vgl. bspw.: „Ein Friedensplan für Jugoslawien" von Robert M. Hayden, in: *Die Zeit*, Ausgabe vom 7. August '92. Siehe zu dem ganzen Komplex in: a.a.O., Band III, Teilband 2, die Seiten 622-65: „Exkursion: Exemplarische Beispiele kontraproduktiver Konsequenzen deutscher Machtpolitik".

Staaten dort kaum mehr sind als politische Spielbälle von nicht zuletzt der deutschen Machtelite und ihren Satelliten.

Und in diesem Sinne bekäme das fürchterliche Wort „Flüchtlingspolitik" wohl erst seine _*eigentliche*_ Bedeutung.

Wobei die „Willkommenskultur" von vielen im Land

tatsächlich so gemeint gewesen ist, das stelle ich nicht in Frage, im Gegenteil. Aber ich stelle in Frage, daß das von den politischen Entscheidungsträgern und ihren Thinktanks so gemeint gewesen war.

Nun, wie dem auch sei,

damit ist sowieso seit der zweiten Hälfte des Jahres 2016 Schluß — da heißt es lediglich noch unisono: „Rückführung, Rückführung, Rückführung" —

in die von der deutschen Seite für Flüchtlinge mitverursachte Gefahr.

* * *

Man nennt es „Migrationsmanagement",

sozusagen ein wichtiges Element dessen, das selbst jenen locker über die Lippen kommt, die stolz verkünden, sie würden diese anders betreiben: „Flüchtlingspolitik". Die sie wohl derartig betreiben würden, wie der ihnen als Vorzeigelinker geltende Herr Tsipras sie in Griechenland betreiben läßt[223], d.h. gleichfalls moralisch *grenzen*_los verkommen. Folglich sollte niemand überrascht sein, daß eine Pseudolinke sozusagen als „linke Ausputzer-Partei"

(__deren Aufgabe es dann u.a. wäre, tatsächlich linke Politik fordernde Menschen ins gesellschaftliche Abseits drängen zu helfen__)

in eine Bundesregierung einträte, die jenes praktizieren läßt, was dieses fürchterliche Wort „Flüchtlingspolitik" tatsächlich bedeutet.

Nun, _*das*_ entscheidende Element dieser Politik hat konsequenterweise einen gleichfalls so fürchterlichen wie orwellianisch verschleiernden Namen bekommen:

„Migrationsmanagement".

Wie aus dieser Bezeichnung hervorgeht, sieht die Regierung des Hauptstaates der Europäischen Union, und somit deren Politik entscheidend bestimmend, ihre Aufgabe nicht darin, die Ursachen von kollektiven Fluchtbewegungen zu beseitigen, sondern

(__und hierin kommt das Verschleiernde solcher Begriffe wie „Flüchtlingspolitik" und „Migrationsmanagement" zum Ausdruck __),

in einer, als „verbessertes „Migrations_Management" bezeichneten Flüchtlings_*Abwehr*: Damit nach Möglichkeit

[223] Vgl. den Zwischenruf 7.

keine Bilder mehr von im Mittelmeer kollektiv absaufenden Menschen auf der Flucht über, nicht der Propaganda unterliegenden Informationskanälen in die Wohneinheiten der Insassen der neoliberalen Nationalstaaten gelangen, so daß also Frontex schon weit im Vorfeld entlastet wird. — Da ansonsten bei den eigenen Insassen Zweifel aufkommen könnten, ob denn überhaupt die

(__*nach altem Propaganda-Muster verbreiteten*__)

Behauptungen stimmen könnten, daß die praktizierte Politik der eigenen Regierung als „menschlich" zu bezeichnen wäre, wohingegen, bspw., die von der russischen Seite oder von der syrischen Seite betriebene Politik „unmenschlich" sei, was sich ja an der Bombardierung Aleppos zeige

wie der Bevölkerung seit 2016 versuchsweise eingebleut wird.

Daß es dabei selbstverständlich nicht um das Töten von unschuldigen Bewohnern geht, _*sondern*_ die Abtrennung eines von islamistischen Gruppen beherrschten Gebietes Syriens unbedingt zu verhindern ist, das ihnen dann zur Etablierung eines islamistischen Staates dienen soll, und dessen Hauptstadt eben dieses Aleppo wäre, wird den Insassen der neoliberalen Nationalstaaten des „Westens" bewußt verschwiegen. Immerhin sind es genau diese Islamisten, die durch die Etablierung eines solchen Staates, ganz andere Möglichkeiten bekämen, Terrorakte planen und umsetzen zu können, bspw. in Syrien, im Irak oder irgendwo in Europa. Zumal dieser Staat ihnen als „zweite Blüte" jenes, im Jahre 2014 sich im nordirakischen Mosul etabliert habenden „Islamischen Staates" gelten würde, von dessen Niederkämpfen in den Tagen des Oktobers 2016 quasi schon *hurra*_patriotisch in den westlichen Propaganda-Medien berichtet wurde.[224]

Wobei klar ist, daß in solchen Kämpfen, im Gegensatz zu jenen um Aleppo, keine unschuldigen Kinder zu Tode kommen, oder etwa nicht? In den westlichen Propaganda-Medien gab es dazu jedenfalls keine Bilder.

Allerdings _*ohne*_ zugleich angemessen davon zu berichten, was aus solchem Etablieren und solchem Niederkämpfen noch erwachsen wird:

Nämlich die Legung einer Erinnerungsspur

auf der Basis einer faschistoiden Ideologie,
die insbesondere bei jungen Menschen

(__*oft arbeitslos und überhaupt die Welt und andere Menschen ohne sonderlich lebensfrohe Perspektive betrachtend*__)

eine Identität erzeugen wird, die ihnen
sich gegen „die anderen aus dem Westen"
abzugrenzen erlaubt, die ihnen ihr

„gesellschaftliches Gangbild"

aufzwingen wollen, so daß sich daraus ein Prozeß ewigen Unfriedens entfaltet — wesentlich erzeugt

---

[224] Hiervon siehe sozusagen die Fortsetzung in: a.a.O., Band III, Lesung 14: „Lediglich als fürchterlich zu bezeichnende Taten wurden und werden begangen".

und geschürt von westlichen Machtgruppen, die die Animositäten unter Menschen in jenen Regionen der Welt befördern, auf die deren begehrliches Auge fällt.

Nun, wenn aber gerade die westlichen neoliberalen Hauptstaaten, inklusive der daran _*wesentlich*_ mitbeteiligten politischen Vertreter des deutschen neoliberalen Nationalstaates und Hegemonen Europas, in Syrien _*genau diese*_ islamistischen Gruppen förderten?

Was wäre dann von einem Geschrei wie: „Schlächter Assad!" oder „Schlächter Putin!" zu halten? Und vor allem: Was wäre dann von der Politik des „Westens" — also vor allem auch von der deutschen Politik zu halten.[225]

Nun, damit ein solches „verbessertes Migrations_Management" praktiziert werden kann, müssen bestimmte Bedingungen geschafft werden. Hierzu gehören bspw. mit hochmoderner Überwachstechnik

(__wozu Kameras, Scanner, Datenbanken zur Erfassung von elektronisch speicherbaren, also biometrisch erfaßbaren persönlichen Merkmalen gehören__)

ausgestattete Grenzanlagen für die als „Flüchtlingspuffer" dienenden Staaten Mittelafrikas und Ostafrikas, wozu u.a. die

[225] Siehe hierzu die in der Fußnote gegen Ende dieses Zwischenrufs aufgeführten Berichte.

bettelarme Republik Niger, Äthiopien, der Südsudan, aber auch der Sudan gehören.

ZITAT

Die EU profitiert bei Maßnahmen zur Flüchtlingsabwehr in Ostafrika vom Einsatz sudanesischer Milizen, mit deren mörderischen Aktivitäten sie vor Jahren die Unterstützung einer Klage gegen den sudanesischen Präsidenten vor dem Internationalen Strafgerichtshof begründete. Dabei handelt es sich um die einstige Janjaweed-Miliz, die schwerster Verbrechen im Bürgerkrieg in Darfur beschuldigt wurde und heute als Rapid Support Forces an der sudanesischen Grenze Jagd auf Flüchtlinge macht. Beihilfe bei der „Aufnahme" festgenommener Flüchtlinge will laut Berichten die deutsche Gesellschaft für Internationale Zusammenarbeit (GIZ) leisten. Die EU stellt sogar dreistellige Millionensummen für die Flüchtlingsabwehr im Sudan zur Verfügung — obwohl die sudanesischen Repressionsapparate für ihren brutalen Umgang mit Migranten berüchtigt sind. Die Kooperation bei der Flüchtlingsabwehr ist eingebunden in eine allgemeine Wiederannäherung zwischen den westlichen Mächten und Khartum, die unter anderem geheimdienstliche Zusammenarbeit umfaßt.

ZITATENDE

Quelle: German Foreign Policy, 2. Februar 2018: „Nützliche Milizen", der entsprechende Internet-Pfad ist am 5. März '18 erneut geprüft worden: https://www.german-foreign-policy.com/news/detail/7521/

Wobei Äthiopien eine zentrale Rolle zukommt, nicht nur wegen der über dessen Territorium führenden Hauptfluchtroute aus dem quasi zerstörten Somalia, sondern genauso wegen der schon seit langen Jahren zu dem dortigen Terrorregime bestehenden, „guten" Beziehungen der politisch Verantwortlichen Deutschlands — die ja zugleich die politischen Hauptverantwortlichen der EU-Politik sind, immerhin ist Deutschland der Hegemon dieser Union.

Ein anderer Aspekt dieses Managements besteht darin, abgeriegelte Flüchtlingslager quer durch Afrika zu etablieren.

Nun, da dieses „Migrations_*Management*" Teil der (__*verdeckten*__) offiziellen Politik der EU ist[226], und bedenkt man dies vor dem Hintergrund der Geschichte der Kolonialzeit im allgemeinen als auch im besonderen vor dem Hintergrund der von der deutschen Seite, seit der Zeit des Wilhelminismus'[227] praktizierten *Ostafrika*_Politik

(__auf der Basis eines mit seiner Soldateska „Verträge" mit afrikanischen Häuptlingen ausgehandelt habenden Herrn Dr. Carl Peters [__1856-1918__], der übrigens insofern als „Vater des Nazismus'" gelten kann, daß er den

---

[226] Vgl. in: a.a.O., Band I, Teilband 3, Kapitel 18: „Eine kurze Beschäftigung mit der Frage nach der neoliberalen Strategie der 'Westens' und der Funktion seiner Medien bei der Vermittlung dieser Strategie". Daß diese in diesem Kapitel erläuterte Strategie explizit die der EU ist, wird übrigens durch die unter deutscher Führung _*praktizierte*_ Machtpolitik der EU bewiesen — wenn auch unter letztlicher Führung der USA. Da also bei machtpolitischen Fragen stets die Einbeziehung der USA notwendig ist, sollte das Kapitel 13 noch hinzugezogen werden, so daß sich ein volles Verständnis vom aktuellen wie prospektiven Geschehen erschließen kann: mit allen _*möglichen*_ Konsequenzen. — Sprich: Denken Sie genau jenes, welches _*Ihnen*_ als undenkbar erscheint — legen Sie _*endlich*_!_ Ihre Scheuklappen ab!

[227] Zur dessen Entstehung siehe in: a.a.O., Band III, Teilband 2, Lesung 16: „Die Ursprünge des Wilhelminismus' und seine Konsequenzen".

„Alldeutschen Verband" [__1891-1939__] begründet hatte, zu dessen Mitgliedern auch ein Herr Emil Kirdorf und enger Vertrauter eines gewissen Herrn Hitlers gehörte[228], daß nämlich in diesem Kreis die Keime dieser Ideologie ihren Ursprung finden__),

bekommt bei näherer Betrachtung etwas zunächst als schräg gedacht Erscheinendes realistische Züge. Denn da diese geschlossenen Lager

(__wobei solche Internierungslager gewiß überall sonst noch errichtet werden, wo sie den neoliberalen Hauptstaaten bei der Ausübung ihrer, dem Ausbau und der praktischen Festigung Ihrer profitorientierten *Symptom*_Politik als hilfreich erscheinen__)

bei ihrer Fertigstellung mit gefängnisgleichen Einrichtungen, aber auch mit Werkstätten und Sportanlagen und dergleichen ausgestattet sind, dürfte es vermutlich nicht zu schräg gedacht sein, sich solche abgeschlossenen Komplexe als der Selektion ihrer Insassen dienend vorzustellen:

„marktkonform brauchbar *ver*_brauchbar" oder lediglich „marktkonform unbrauchbar *ge*_brauchbar".

So daß es Lager-Komplexe geben könnte, wo „marktkonform brauchbar *ver*_brauchbare" Flüchtlinge entweder Waren direkt für den Weltmarkt produzieren oder von dort zur Arbeits-

[228] Vgl. in: a.a.O., Band I, Teilband 3, Seiten 380-83, beginnend mit: „Was Bernhard von Bülow in seinen 'Denkwürdigkeiten' ...".

aufnahme in einem Betrieb in Deutschland oder in einem anderen Land der EU ausgeflogenen werden —

hat dort jemand _*mal eben so*_ Bedarf nach willig billigen, zum *Ver*_brauch gedachter Menschen.

Wohingegen die

„marktkonform unbrauchbar *ge_brauchbaren*"

Flüchtlinge in hermetisch abgeschlossenen Lager-Komplexen bleiben werden —

bis auf jene Momente ihrer *Ge*_Brauchbarkeit,

die u.a. darin bestehen könnte, sie für irgendwelche Terroraktionen

(__*an der langen elektronischen Leine bleibend*__)

aus solchen Lagern an die Orte ihres *Ge*_brauchs zu bringen.

Diese Orte könnten durchaus in den neoliberalen Hauptländern liegen, daß dort die Bevölkerung *dauerhaft* „begreife", wieso ihre Freiheitsrechte weiter eingeschränkt werden, bzw. es bleiben müssen.

Dies übrigens eine Überlegung, die deshalb vorstellbar ist, da das heute schon praktiziert wird — zumindest vom Ergebnis her. Denn es ist so, daß durch die Art und

Weise der vom „Westen" praktizierten Politik „Terroristen" quasi gezüchtet und u.U. über eigene Geheimdienste gefördert oder zur Beseitigung unliebsamer Regime unterstützt werden, wie es bspw. in Syrien der Fall ist.

Daß solche „Züchtungen"

ihr Betätigungsfeld auch in europäischen Städten finden, erscheint insbesondere _*dann*_ keineswegs als abstrus gedacht, bedenkt man die von Machteliten von jeher verwendeten Methoden zur Aufrechterhaltung oder zur Erweiterung der eigenen Position.[229]

Sind von diesen dann diese Terroraktionen erfolgreich ausgeführt, brächte ihnen das Privilegien ein in solchen sich als größere Siedlungen mit Land drum herum vorzustellenden Lager-Komplexen, in denen auch „normale", aber _*irgendwie*_ mißliebig gewordene Bevölkerung wohnt, die mit solchen „marktkonform Unbrauchbaren" alleingelassen wird, sie zu ernähren und mit allem anderen zu versorgen.

(__Im Bedarfsfall können gewiß Güter des täglichen Bedarfs auch per Helikopter abgeworfen werden, _*will*_ man die Insassen noch nicht ganz sich selbst überlassen.__)

Damit sich das Potential einer an den Symptomen herumdokternden „Flüchtlings_Politik", bzw. jenes eines solchen „Mi-

---

[229] Vgl. in: a.a.O., Band I, Teilband 3, Seiten 375-84, beginnend mit: „Man muß sich vor Augen halten …".

grations_*Managements*" voll entfalten kann, ist in den oben, lediglich bespielhaft genannten Ländern noch viel Geld in den Bau oder Ausbau von Flughäfen, in die Lieferung von Militärfahrzeugen sowie in alle möglichen anderen Mittel und Gegenstände zu stecken. Wobei einer der Gipfelpunkte dieser *Symptom*_Politik die Etablierung eines Netzes von Militärstützpunkten in Afrika ist — denn Kontrolle muß sein.

Nun, diese „Flüchtlings_*Politik*" mit ihrem „Migrations_*Management*" bedingt zwingend die Zusammenarbeit mit Terrororganisationen, die u.a. selbst die Regierung stellen, wie es bspw. in Äthiopien der Fall ist. So geht diese dortige Organisation gegen Demonstranten vor, die bspw., wie im Jahre 2005, friedlich gegen eine gefälschte Parlamentswahl protestierten. Und seitdem dort ein „Anti-Terror-Gesetz" seit dem Jahre 2009 in Kraft ist, müssen kritische Journalisten allein deshalb mit langen Haftstrafen rechnen, berichten sie über die Arbeit der äthiopischen Opposition, während dieses Terror-Regime nun brutal gegen die Bevölkerung vorgeht, deren Unmut immer größer wird. So sind innerhalb des Zeitraums von Ende des Jahres 2015 bis Anfang Oktober des Jahres 2016 unter den Oppositionellen mindestens 1.200 Opfer zu beklagen, wobei von diesen Toten allein 700 bei einem friedlichen Erntedankfest zu Tode gekommen sind, da von den Schergen genau jener Terrororganisation unter den Festteilnehmern eine Panik ausgelöst worden war, mit deren Anführer Frau Merkel am 11. Oktober des Jahres 2016 ein Zusammentreffen hatte — zwecks Absprache des weiteren Vorgehens bei der Organisierung des „Migrations_*Managements*" im Rahmen solcher „Flüchtlings_*Politik*", während diese, die äthiopische Regierung stellende Terrororganisation noch am 9. Oktober den Ausnahmezustand verhängt hatte, so daß nun niemand mehr in der Bevölkerung vor den Häschern dieser, von der deutschen Politik hofierten und mit deutscher Militär- und Finanzhilfe ausgestatteten, gegen die eigene Bevölkerung kämpfenden Organisation sicher ist.[230]

Nichts, zumindest nichts Ungeschminktes liest man davon oder von Vergleichbarem in den „großen" deutschen Medien, die demnach als gleichgeschaltet einzuschätzen sind. Ich entdecke nicht eine Silbe, in der zum Ausdruck käme, daß die Ursachen sozialer Spannungen und politischer Fehlentwicklungen scheuklappenfrei thematisiert würden — zumindest spätestens dann nicht mehr, näherte man sich dem Kern des Problems.

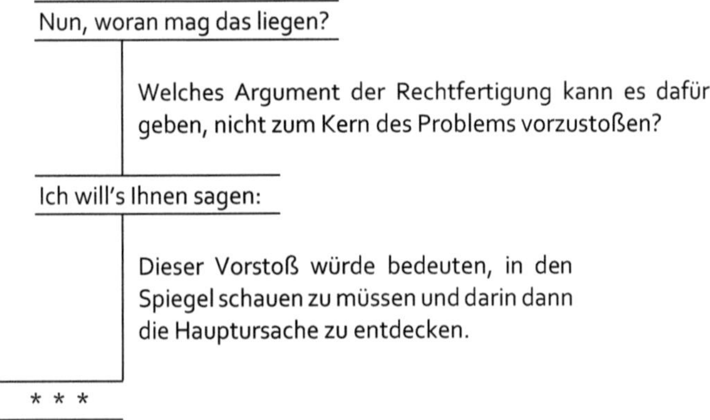

Es sei an dieser Stelle ergänzt, daß es eine glaubwürdige Umfrage unter der syrischen Bevölkerung gibt, von der in einem am 16. September 2016 auf der Website der unabhängigen

---

230 Quelle: German Foreign Policy, „Besetzen und abschotten II", der entsprechende Internet-Pfad ist am 5. März '18 erneut geprüft worden: http://www.german-foreign-policy.com/de/fulltext/59458.

Online News Organisation „Middle East Eye“ erschienenen Bericht die Rede ist:

> „Poll suggests Syrians believe civil war resolvable despite social strife“.[231]

Diese Umfrage zeichnet ein differenziertes Bild von der Einschätzung der sozialen und der politischen Lage durch die syrische Bevölkerung *selbst*, und deren Ergebnis zum einen deutlich macht, daß es in der syrischen Bevölkerung eine differenzierte Haltung gegenüber der eigenen Regierung gibt, die von einem deutlichen Pro bis zu einem deutlichen Contra reicht, sowie sie nicht glaubt, daß die vom Westen unterstützten Gruppen geeignet sein könnten, ihnen und ihrem Land nützlich zu sein. Zum anderen verdeutlicht diese Umfrage, daß die Masse der Syrer davon überzeugt ist, daß es eine

> _*eigene*_

Lösung für die Chaotisierung ihres Landes gibt — verursacht primär von elenden Eliten aller möglichen Nationalstaaten, deren Streben _*primär nichts*_ mit Humanität zu tun hat, sondern _*alles*_ mit im eigenen Interesse ausgeübter Machtpolitik. Eliten, von denen eine in erster Reihe stehend zu nennen ist: Die deutsche Machtelite mit ihren Satelliten, bestehend aus sogenannten Wissenschaftlern,

---

[231] Der ebenfalls am 5. März '18 erneut geprüfte Internet-Pfad ist folgender

http://www.middleeasteye.net/news/new-poll-suggests-syrians-believe-civil-war-resolvable-despite-social-strife-1647775093.

die in Thinktanks alles Machtpolitische ausformulieren,

sogenannten Journalisten,

die ebenso um den tatsächlichen Sachverhalt wissen müssen, denn die Quelle der gegen Ende dieses Zwischenrufs angegebenen Berichte ist ihnen allen bekannt

(__andernfalls wäre das Beleg ihrer journalistischen Stümperhaftigkeit__) —

und folglich ist es ihre Aufgabe, die Masse der Bevölkerung bewußt im Unklaren zu halten, ja sie sogar in dem Glauben zu wiegen, sie praktizierte eine ganz besondere Art von „Willkommenskultur" — dies tatsächlich aber

(__nach alter Tradition__)

der kollektiven Selbsttäuschung dient: nämlich zur Deckung einer Politik, die erst Menschen massenhaft ins Laufen gebracht hatte: _also_ Politik mit Hilfe von Menschen auf der Flucht — vor dem von solcher Politik angerichteten Chaos,

und sogenannten Politikern,

aller im Bundestag vertretenen Parteien, deren Aufgabe es offenbar ist, der je potentiellen Klientel eine politische Verpakkung zu präsentieren, daß ihr das Wesen des deutschen

(__prinzipiell unveränderten, also vom Wilhelminismus geprägten, sich lediglich an die gewandelten Bedingungen angepaßt habenden__)

machtpolitischen Strebens verdeckt bliebe.

Denn es kann _nicht_ sein, daß deren Führungskräfte nicht um den tatsächlichen Sachverhalt wissen und all jene Abgeordneten es genauso wissen müssen, die sich mit Fragen der Außenpolitik per se beschäftigen, während der einfache Abgeordnete es nicht zwingend wissen müßte, aber ebenso wissen könnte, so er das nur wollte, immerhin sind meine diesbezüglichen Quellen allgemein zugänglich.

So ergibt sich,

daß es in den verschiedenen Fraktionen der im Bundestag vertretenen Parteien zwar Unterschiede in der außenpolitischen Bewertung geben mag, aber _keine_ grundsätzliche Infragestellung der seit dem Ende des Kalten Krieges von der jeweiligen deutschen Regierung praktizierten Politik —

und dies zeigt,

daß a) die deutsche Machtelite nicht mit der wilhelministischen Politik-Tradition gebrochen hat und daß b) alle bürgerlichen Parteien, also alle (__im Jahre 2018__) im Bundestag vertretenen Parteien, diese letztlich bei der Verfolgung dessen unterstützen und unterstützen werden, das nur als imperialistisches Machtstreben bezeichnet werden kann.

Da möge ein größtmögliches Phrasendreschen einen gegenteiligen Eindruck erwecken.

Hingegen läßt ein _nicht_ von schreibenden Mitarbeitern

der Medien_*Konzerne*, ein _*nicht*_ von sogenannten Wissenschaftlern und ein _*nicht*_ von entsprechenden Politikern verhülltes, sondern ein *un*_verhülltes Bild eine völlig gegenteilig praktizierte Politik erkennen.

Das heißt es ist nach dem Ende des Kalten Krieges,

als also die ersten Ansätze von zurück_*gegebener* nationalstaatlicher „Souveränität" eine freiere deutsche Politik möglich machten, dieses Quentchen mehr an Souveränität

*sofort*

genutzt worden, dort weiter zu machen, wo die deutsche Politik mit dem Ende des ersten Teils des Großen Krieges aufhören mußte: im wilhelministischen Sinne aktiv eigene *Macht*_Politik zu betreiben.

Folglich waren und sind alle gegenteiligen Reden,

insbesondere, wenn sie mit Begriffen wie „Verantwortung" gespickt sind, kein Ausdruck dafür, daß man tatsächlich eine andere, ausschließlich auf Frieden ausgerichtete Politik betreiben wollte, sondern sie dienen der Verschleierung einer Politik, die maximal _*jenes*_ im eigenen *Macht*_Interesse praktiziert, was ihr andere zugestehen: auf Kosten dieser anderen noch zudem!

Vor dem Hintergrund des in diesem Zwischenruf Dargelegten, ist eine andere Schlußfolgerung schwerlich möglich — zieht man diese scheuklappenfrei.

Also ist mit der deutschen Machtelite lediglich dann „Frieden" denkbar, versagt man ihr den Zugriff auf relevante

Hebel der Macht: und zwar in ihrem eigenen Interesse — und sowieso im Interesse der Insassen _ihres_ Nationalstaates:

Denn man „muß […] in diesem Zusammenhang daran erinnern, daß die Führungsschicht dieses Staates noch _nie_ etwas Konstruktives mit ihrer Souveränität anzufangen wußte […]".[232]

Nun, da diese Machtpolitik letztlich Ausdruck nationalstaatlicher Politik ist, also tendenziell für _jede_ Macht-Elite eines Nationalstaates gilt, sei an dieser Stelle noch einmal hingewiesen auf: a.a.O., Band I, Teilband 3, das Kapitel 13: „Die Welt als 'Hinterhof' der Machteliten oder Der Nationalstaat als grundlegendes Problem für Frieden" sowie das Kapitel 15: „Menschenrechte, Völkerrecht und das Konstrukt des Nationalstaates".

Folglich sind die diesen Zwischenruf eröffnende Zitierung und die weiter oben erwähnte, in Syrien unternommene Umfrage für folgendes Beleg und Forderung genug:

Wenn die Syrer davon überzeugt sind, daß sie ihre politischen Probleme selbst lösen können, haben sich _alle_ nationalstaatlichen Eliten herauszuhalten und sich um ihren eigenen politischen Dreck zu kümmern, anstatt weiterhin _ihre_ als „Oppositionsgruppen" bezeichneten Marionetten zu füttern!

Daß aber _nicht nur_ in diesem Zusammenhang insbesondere die deutsche Machtelite und ihre Satelliten zu nennen sind, belegen zur Genüge die Anmerkungen in diesem Zwischenruf

---

[232] Diese Zitierung findet sich auf der Seite 193.

sowie die lediglich beispielhaft angeführten Berichte in der folgenden Fußnote. [233]

---

[233] „Wie man Jihadisten fördert (I)"
(__https://www.german-foreign-policy.com/news/detail/7064/__)

- „Wie man Jihadisten fördert (II)"
(__https://www.german-foreign-policy.com/news/detail/7082/__)
- „Kampf um Syrien (I)"
(__https://www.german-foreign-policy.com/news/detail/6894/__)
- „Kampf um Syrien" (II)"
(__https://www.german-foreign-policy.com/news/detail/6897/__)
- „Kampf um Syrien" (III)"
(__https://www.german-foreign-policy.com/news/detail/6904/__)
- „Kampf um Syrien" (IV)"
(__https://www.german-foreign-policy.com/news/detail/6914/__)
- „Deutschlands Kriegsbilanz (I)"
(__http://www.german-foreign-policy.com/de/fulltext/59435__)
- „Deutschlands Kriegsbilanz (II)"
(__https://www.german-foreign-policy.com/news/detail/7081/__)
- „Deutschlands Kriegsbilanz (III)"
(__https://www.german-foreign-policy.com/news/detail/7091/__)
- „Ordnungsmächte"
(__https://www.german-foreign-policy.com/news/detail/7078/__)
- „Die europäische Rechtsgemeinschaft
(__https://www.german-foreign-policy.com/news/detail/7090/__)
- „Zauberlehrlinge (I)"
(__https://www.german-foreign-policy.com/news/detail/7086/__)
- „Zauberlehrlinge (II)"
(__https://www.german-foreign-policy.com/news/detail/7093/__)
- „Zauberlehrlinge (III)"
(__https://www.german-foreign-policy.com/news/detail/7102/__)
- „Raketen für den Jihad"
(__https://www.german-foreign-policy.com/news/detail/7095/__)

(__Die Internet-Pfade der oben genannten Artikel sind am 5. März '18 erneut geprüft worden.__)

* * *

Und so zeichnet sich bei scheuklappenfreier Betrachtung immer deutlicher ab, welch gefährlicher Kurs von der deutschen Seite verfolgt wird — aus rein machtpolitischen Interessen.

Denn nicht einmal mehr die in Nationalstaaten organisierten Gesellschaften Europas sind in einem Zustand, der es der deutschen Politik noch erlaubte, einen konstruktiven Neuanfang im Rahmen der EU, geschweige denn im Rahmen der EWU auf den Weg zu bringen — zu sehr sind nationalistische Gefühle schon genährt worden. Und zwar sowohl durch das von deutscher Seite Geforderte

> (__wie die Übernahme des _*objektiv*_ gesehen *un*_übertragbaren und für andere *un*_tragbaren deutschen Modells, nach dem Motto: „Europa spricht Deutsch"__),

als auch durch das gezeigte Verhalten und die abgesonderten Sprüche in Richtung Griechenland, Belgien oder gar Frankreich oder Großbritannien. Und dann behauptet man noch, daß es eine gemeinsame europäische Verteidigungspolitik unter deutscher Führung geben müsse, obwohl doch die Ergebnisse der jetzigen Politik schon zur Genüge belegen, daß eine solche „gemeinsame europäische Verteidigungspolitik" tatsächlich nur zu Leid und Zerstörung überall dort führen muß, wo deren Vertreter glauben aktiv werden zu müssen — zur Verteidigung, wird man erzählt bekommen, denn wer in der Bevölkerung wollte solche „Machtspiele" schon gutheißen?

Tatsächlich dient solche Politik ausschließlich der „Verteidigung" eigener machtpolitischer Interessen, bzw. ihrer Stärkung.[234]

Daß übrigens Herr Steinmeier von gern abgedunkelt

agierenden Gruppen in der deutschen Polit-Szene zum Nachfolger eines Herrn Bundespräsidenten Gauck ausgeguckt worden ist, hat genau hierin seinen Grund:

Ein Quer-Einsteiger bzw. ein tatsächlich unabhängiger,

nicht von eigener Fragwürdigkeit gezeichneter Präsident, würde nicht nur seinen Widerstand anmelden, wird es zukünftig noch um ganz anderes gehen, bspw., das Grundgesetz marktkonform zu trimmen

(__und _*dann*_ erst als auf Ewigkeit unveränderbare „Verfassung" geltend__),

sondern diesem müßten auch die Haare zu Berge stehen, erführe er dann als Präsident dieses Staates davon, was von deutscher Seite seit dem Ende des Kalten Krieges bereits an Politik betrieben und seit den 2000er Jahren vorbereitet worden ist, daß für jenes System die Bezeichnung „Demokratie" lediglich noch als Hohn gelten könnte, dem Herr Steinmeier seit Februar 2017 präsidial vorsteht. Immerhin kennt diese Figur sich bestens aus, wie ein gesellschaftlicher Diskussionsprozeß zu verhindern wäre, in dem, bspw. folgende machtpolitische Frage reflektiert würde:

[234] Siehe in: Die *tri*_logische Sezierung des lobbykratischen Zeitalters, Band III: „'Ich stimme nicht zu!' Gesellschaftspolitische Lesungen über den Neowilhelmoliberalismus und seine Konsequenzen".

Welche Art von Politik ist seit dem Ende des Kalten Krieges _tatsächlich_ von deutscher Seite praktiziert worden?[235]

Nun, man läßt sich zum Kanzlerkandidaten aufstellen, so am 18. Oktober 2008, damit erst gar keine Diskussion über die Agenda 2010 auflebe, und verliert man im Jahre 2009 diese Wahl (__*mit dem bis zum Wahlkrampfergebnis im September 2017 schlechtesten Ergebnis für die SPD*__), macht man sich quasi selbst zum Fraktionsvorsitzenden, anstatt den Rückzug aus der Politik zu erklären. Wie anders wäre in der SPD dann noch eine Diskussion zu verhindern gewesen, endlich Tacheles zu reden über die von Herrn Steinmeier wesentlich verfaßte *Agenda 2010* (__d.h. von ihm verfaßt — gemäß der Vorgabe der *Bertelsmann-Stiftungs-Blaupause*__)? — So etwas geht natürlich nicht — in einer, die Welt in Unordnung bringenden Lobbykratie. — Und das geht schon gar nicht, wenn Deutschland diese herrschende Unordnung in der Welt aufrechterhalten will, wie eine Frau Merkel am 17. November 2016 Herrn Obama versprochen hatte — anläßlich seiner Abschiedstour.

Nun, davon aber offen zu reden, erscheint nicht einmal sich „links" gerierenden Politikern opportun zu sein:

Warum denn blues?[236]

[235] Siehe in: a.a.O., Band III, Teilband 2, Seiten 622-665: „Exkursion: Exemplarische Beispiele kontraproduktiver Konsequenzen deutscher Machtpolitik".

[236] Vgl. in: a.a.O., Band I, Teilband 4, die Seiten 156-60: „Kleiner politischer Aufguß aus dem neoliberalen Jetzt".

Anstatt eines Abgesangs

Ein *Ab*_Ruf

Wie, allein in der Zeit vom Ende des Kalten Krieges an gerechnet, die Erfahrungen gezeigt haben, geht „mehr" Europa lediglich dann, geht das mit „weniger Kauderwelsch sprechen" (__*à la* „Europa spricht Deutsch"__) einher. Davon ist die deutsche politische Kommando-Truppe allerdings unendlich weit entfernt.

> Wie bspw. vor dem britischen Referendum Mitte des Jahres 2016 erneut bewiesen worden ist, als ein Herr Schäuble seine Rat_*schläge* gegen die Briten austeilte, denen er übrigens auf diese Weise beste Zusatz-Argumente für ein Austrittsbegehren geliefert hatte. Eine Politik eben, deren Fortsetzung nach diesem Votum wohl eine Frage kauderwelscher, also einer _*Jetzt-erst-recht-Ehre*_ ist.[237]

Sie ist so weit davon entfernt, daß sie nicht einmal mehr erkennt, daß dieses Kauderwelsch sprechende Europa tot ist.[238]

---

[237] Vgl. hierzu in: a.a.O., Band I, Vorwort, Seiten L-LII: „Am Beispiel der *Panama Papers Affaire*.".

[238] Vgl. in: a.a.O., Teilband 4, Anstatt eines Nachworts: „Griechenland in der Chancenlosigkeit oder Das bürgerliche 'Projekt Europa' ist tot".

Es wäre lediglich noch über eine militärisch verstärkte Zwangsjacke *zu „retten*". Das heißt ein Träumer

(__*oder ein deutscher bürgerlicher Intellektueller*__)

ist in der Tat derjenige, der _„mehr"_ Europa will, _*ohne*_ das ursächliche Problem anzusprechen, das an der Basis auch des Mitte des Jahres 2016 abgehaltenen Referendums der britischen Bevölkerung auszumachen ist. Und da das so ist, also keine Bereitschaft erkennbar, die Politik des

(__unübertragbaren und für sich allein, also _*ohne*_ den Kokon einer falsch konstruierten EWU, nicht funktionsfähigen__)

„deutschen Modells" zu ändern, kann es erst dann *mehr Europa* geben, wird dieses sich *neo*_wilhelministisch entwikkelnde Deutschland aus der EU hinauskomplimentiert.[239] Zumal folgende drei Beispiele ausreichend verdeutlichen, was von den bürgerlichen Intellektuellen zu erwarten ist und was nicht, erfolgt eine solche Hinwendung zum Neowilhelminismus.

_* * *_

Verpackt ein bürgerlicher Intellektueller ein paar der durch die merkeleske Politik sich ergebenden Folgen zu einem Artikel, dessen offenbare Aufgabe es ist, die aufgeregten bürgerlichen Gemüter zu beruhigen, und ein anderer vorgibt, das Er-

---

[239] Vgl. den Zwischenruf 8: „34 Cent oder Ohne einen Deuxit hat die EU keine Überlebenschance mehr".

gebnis dieser Politik kritisch zu bilanzieren, sowie ein dritter mit seltsamen Worten eine befremdlich zelebrierte Betroffenheit zum Ausdruck bringt, muß in Zukunft von seiten der bürgerlichen Intellektuellen mit allem möglichen gerechnet werden, nicht aber mit Aufklärung.

So bspw. ein Herr Polke-Majewski, der ressortmäßig „investigativ" bei der Wochenzeitschrift *Die Zeit* beschäftigt ist und offenbar deshalb dem unbedarften Leser etwas von „Flüchtlingswanderungen" und den Fehlern beim Berichten über solche „Wanderungen" sowie dem dabei zu groß geratenen „Kontrollverlust" deutscher Behörden erzählen *darf*.[240]

Nun, der geneigte Leser sei jetzt um Entschuldigung gebeten, aber ich habe es nicht so gern, will mir jemand in die Tasche lügen, und ich will mich in diesem *Ab*_Ruf auch kurz fassen, denn zu durchsichtig und üblich seicht wird es, will ein schreibender Mitarbeiter der Medien_*Konzerne* etwas tun, das gar nicht seine Aufgabe sein *kann*: Aufklärung zu betreiben. Denn wäre es seine Aufgabe, dann müßte er beispielsweise davon berichten, daß (__laut UNHCR__) am 22. September 2016 im Mittelmeer schon fast so viele Menschen auf der Flucht elendig verreckt sind (__3.358__) wie im gesamten Jahr davor (__3.771__), was einen echten Journalisten spätestens dann dazu bringen würde, den Menschen im Land von der

_*o r i g i n a l e n*_

[240] Vgl. „Merkel war's nicht", am 6. März '18 ist der nachfolgende Internet-Pfad erneut geprüft worden:

http://www.zeit.de/politik/ausland/2016-10/fluechtlingspolitik-fluechtlinge-angela-merkel-balkanroute-offene-grenze.

Verantwortung einer Frau Merkel und der von ihr zu verantwortenden Politik _*sowohl*_ in Europa

(__immerhin verlangt insbesondere diese Person nun vehement auch von den großen Mitgliedern der Währungsunion, daß sie endlich in ihren Ländern das betreiben müßten, was diese Frau Merkel, nach eigener Aussage, als Begriff vor einigen Jahren noch nicht gekannt hatte, nämlich „Austerität", ein Begriff übrigens, den sie, ebenso nach eigener Aussage, irgendwie „schön" findet[241], bzw. dem _*für sich genommenen*_ nicht funktionsfähigen deutschen Modell unbedingt zu folgen hätten.__)

als auch, und zwar _*dramatisch*_ verantwortlich, für die sich *un*_vermindert fortsetzende Entwicklung in Syrien, insonderheit in Aleppo, zu berichten.

Haben Lügen also kurze Beine? Nun, dann nicht, geht es um Machtpolitik.[242]

Anstatt sich also in einer, den ganzen Sachverhalt verniedlichenden Symptomatik zu ergehen, müßte ein tatsächlicher Vertreter der vierten Gewalt, diesen oben angerissenen Gesamtkomplex politischer Ursachen benennen. Denn, was wir in Europa sowie im Nahen Osten erleben müssen,

aber nicht erleben müßten — dies ist übrigens eine sehr wichtige Bemerkung —,

---

[241] Zum Begriff der „Austerität" siehe im Ihnen vorliegenden Buch die Seiten 53-62: „Über den austeritären Charakter".

[242] „Raketen für den Jihad". (__Der Link-Pfad zu diesem Bericht ist der folgende, am 6. März '18 erneut geprüft wordene: https://www.german-foreign-policy.com/news/detail/7095/.__) Vgl. auch den Zwischenruf 28.

sind schließlich „lediglich" Symptome einer falschen Politik, und diese wird auf EU-Ebene _*wesentlich*_ von der deutschen Machtelite und ihren Satelliten *mit*_bestimmt. Aber die Aufgabe eines schreibenden Mitarbeiters eines Medien_*Konzerns* ist eben eine andere.[243] Und abgesehen davon, daß immer wieder Wahlkrämpfe drohen und aus Sicht der maßgeblichen Interessenvertretungen stets möglichst viel Watte zwischen der tatsächlich praktizierten Politik und jener, von der in Fensterreden und entsprechenden Artikeln gefaselt wird gepackt bleibt:

> Daß keine _*richtigen*_ Fragen an die _*richtig*_ Verantwortlichen gestellt werden, bzw. daß eigenes *Nach*_Denken in der Bevölkerung _*nicht*_ kollektiv einsetze.

* * *

Was die von einem bürgerlichen Intellektuellen geleistete *Bilanzierung* der deutschen, von Frau Merkel seit langen Jahren zu verantwortenden Politik anbelangt, sei nebenbei noch auf einen Artikel eines Herrn Dittberners eingegangen, der in einem Gastbeitrag für das Düsseldorfer *Handelsblatt*[244] behauptet, eine Bilanz der Merkelschen Politik zu ziehen, was aber

[243] Vgl. in: a.a.O., Band III, Teilband 1, Teil 1: „Von *Pen*_Pushern und *Spin*_Doktoren".

[244] Vgl. den in der Online-Ausgabe des Handelsblatts erschienen Artikel: „Wie Merkel das Erbe Deutschlands verspielt", dessen am 6. März '18 erneut geprüfter Internet-Pfad folgender ist: http://www.handelsblatt.com/politik/deutschland/gastbeitrag-wie-merkel-das-erbe-deutschlands-verspielt/v_detail_tab_print/14455286.html.

nicht stimmt. Vielmehr setzt er etwas in Opposition, das bei nüchterner Betrachtung gar nicht in Opposition zu setzen ist. Denn es liegt weit mehr Kontinuität in der deutschen Politik[245], als man den Menschen im Lande bereit ist mitzuteilen. Das heißt, bspw., daß die von Frau Merkel verantwortete Politik schon in den 50er Jahren u.f.Z. praktiziert worden wäre, hätten die nationalen und die internationalen Verhältnisse das erlaubt.[246]

So erzählt Herr Dittberner den Lesern bspw. etwas vom sogenannten „Wirtschaftswunder", das auf der von Herrn Erhard initiierten „sozialen Marktwirtschaft" beruht habe. Von diesem Mythos haben auch Sie gewiß schon gehört, denn auf den berufen sich alle, die, wie Herr Dittberner, von einem „geläuterten Neoliberalismus" reden. „Geläuterter Neoliberalismus"?

> *Was soll das sein?*[247]

Nun, jedenfalls ist in irgendwelchen Wahlkrampfreden oder anderen Beschwörungen oder entsprechenden Artikeln regelmäßig der Mythos „Wirtschaftswunder" Thema. Mit anderen Worten: Herr Dittberner verwendet seinen Intellekt nach der Art bürgerlicher Intellektueller, nämlich

---

[245] Vgl. in: a.a.O., Band III, Teilband 2, Teil 4: „Der Neowilhelmoliberalismus".

[246] Vgl. im Ihnen vorliegenden Buch den Gedankengang auf den Seiten 342-44, beginnend mit: „Auf stalinistischer Basis bildete sich ...".

[247] Was es mit dem Begriff „Neoliberalismus" auf sich hat, wann mit dessen Umsetzungsversuchen erstmals und wo begonnen worden, ist Thema in: a.a.O., Band I, Teilband 1, Kapitel 1: „Erläuterung des Begriffs 'Neoliberalismus'".

im Sinne einer Als-ob-Aufklärung,

was sich sogar gefährlich deutlich zeigt, setzt er das Grundgesetz nicht mit einer Verfassung gleich. Denn selbstverständlich ist es eine: In ihm spiegelt sich die grundgesetzlich verfaßte Gesellschaftsvorgabe wider, die deshalb auch vom Verfassungsgericht zu hüten ist. Aber ich verstehe schon: So richtig marktkonform sind die im Grundgesetz verankerten Grundrechte ja nicht. Falls ich also den Menschen weismachen kann, daß das Grundgesetz gar keine Verfassung sei, dann lassen sich die nicht änderbaren Grundrechte _*doch*_ marktkonform neu formulieren, wenn dann überhaupt noch, ist aus Sicht der deutschen Machtelite die Zeit reif, _*ihrem*_ Staat eine schnittig marktkonform konstruierte Verfassung zu geben: erst _*dann*_ darf daran niemals mehr noch etwas geändert werden —

bis in alle Ewigkeit.[248]

* * *

Ob es etwas zu bedeuten hat, schreibt jemand in einem Beitrag zwar nichts Überzeugendes, bspw. zu Detonationen von Sprengsätzen am 27. September 2016, die offenbar gegen die

[248] Vgl den Zwischenruf 18: „Die zwiefache Staatsraison neoliberaler Staaten alten Typs"; aber siehe auch in: a.a.O., Band I, Tb 2, Kapitel 4: „Eine Verfassung ist die Grundlage einer entsprechend grundgesetzlich verfaßten Gesellschaft", sowie in: a.a.O., Band III, Teilband 1, Teil 3, Lesung 10: „Es bedarf schleunigst der Änderung des Grundgesetzes — zur Deckung der praktizierten Politik".

muslimische Gemeinde in Dresden gerichtet waren, hingegen auf dem *social-medialen* Facebook darin einen „übertriebenen Nationalismus" (__sic!__) „erkennt", den er dann „beklagt"?

Was mag dieser Autor damit gemeint haben, hätte „Nationalismus" schon völlig genügt hätte und präsentiert dieser auf seiner FB-Seite stolz den (__*hier sinngemäß zitierten*__) Slogan:

> „Tue lediglich jenes, das du mit deinem Gewissen vereinbaren kannst"?

Nun, der Slogan läßt auf Kant schließen. Das sagt übrigens mehr darüber aus, was Kant so wundersam abgehoben von allen Alltäglichkeiten des realen Lebens der Menschen, sozusagen als vom hohen Gipfel herableuchtend theoretisiert ausformuliert hat und, formulierte er es fromm um, diesem Autor im täglichen Leben eine verläßliche Größe zu seien scheint:

Das Gewissen.

Das Gewissen, unbeeinflußt vom realen Sein?

Nun,

entweder stimmt es mit dem realen Leben überein oder es ist abgehoben und jeder, der _*diesem*_ Gewissen folgen wollte, käme in größte Not, denn das _*reale*_ Sein, in das er hineingeboren und eingebettet existiert und also nicht *mal eben* verlassen kann, will er sich nicht allein ins Unbekannte begeben, sich also isolieren, bestimmt nicht nur sein Tun.

Stimmt es aber mit dem realen Leben überein,

was, so man ins reale Leben auf eine Weise hineingeboren worden ist, daß vom sozialen Umfeld keine Infragestellung des Verhaltens im realen Sein erfolgt, zu einem Gewissen führt, das dem Geschehen und Vorkommen im realen Leben entspricht, man somit mit seinem Gewissen im Einklang mit dem realen Sein wäre. Dann wäre es lediglich noch die Frage, _o b_ das Geschehen und das Vorkommen im realen Leben,

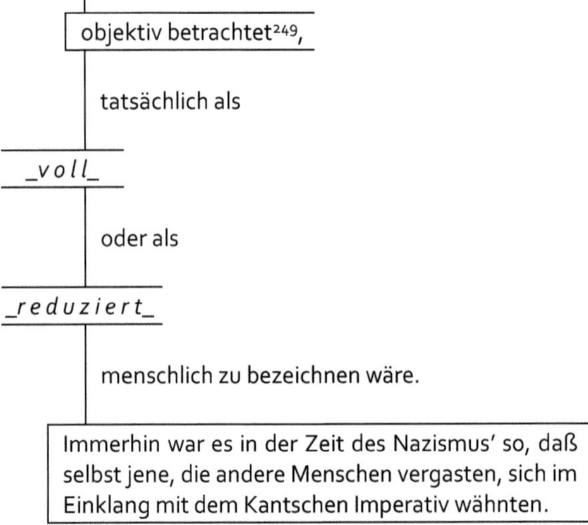

Also ist das eigene Gewissen eher vom sozial Gewohnten bestimmt, als daß es eine unabhängige innere Instanz wäre, die

---

[249] „Objektiv betrachtet" bedeutet, das Verhalten eines anderen Menschen oder einer ganzen Gesellschaft in einer konkreten Situation aus der Perspektive eines emotional unbeteiligten, zur Abstraktion befähigten, nicht in die zu _beurteilende_ reale Situation eines anderen Menschen oder einer ganzen Gesellschaft eingebunden seienden Menschen zu beobachten.

*_mir_*

STOP

geböte, liefe schief, was in einer Gesellschaft von Menschen *_nicht_* schieflaufen darf — und ein *_anderer_* mit einem solchen Gewissen,

sozusagen kantisch symptomatisch,

dann einerseits nichts Überzeugendes zu einem abstoßenden Verhalten niederzuschreiben wüßte und, bspw., zugleich die Stilblüte von einem „übertriebenen Nationalismus" verwendete.

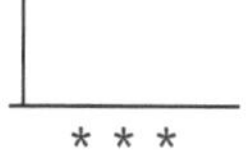

* * *

Gegriffen aus dem quellenden Füllhorn dadaistisch-surrealer *Begriffs*_Gewohnheiten des lobbykratischen Zeitalters, belegen diese drei Beispiele die Verseichtung bürgerlicher Intellektualität anschaulich —

zumindest für mein Verständnis.

Tja, wenn ich daran denke, daß vor Jahrzehnten noch meist durchaus selbst bürgerliche Intellektuelle schreibend oder/und photographisch dem bürgerlichen Publikum vom gesellschaftlichen Geschehen zu berichten wußten, bspw. in einem bürgerlichen Gesellschaftsmagazin wie *Vanity Fair* in den zwanziger Jahren des letzten Jahrhunderts u.f.Z.:

Hierbei sich *selbst*_verständlich *eigen*_ständig *aus*_drückend, also je ihr eigenes Format hatten, aber einen

*_gemeinsamen Ton_*

der Aufklärung[250],

dann wird das mit dem Aufstieg des Nazismus' eingesetzt habende Siechtum bürgerlicher Intellektualität erschreckend deutlich, denn es stoppte nach dessen Ende nicht nur nicht, sondern ist heutzutage in marktkonformem Denken versiecht. Und so „veranstaltet" man heute seichtes Tamtam fürs Fenster, während innen alles für den Coup vorbereitet wird. Folglich war die „Willkommenskultur" eine temporäre Aberration, die immer noch als Erinnerungsspur durch die Köpfe marktkonform *ab*_gerichteter, also menschlich reduzierter Wesen spuken mag, aber nichts anderes als Deckmantel übler Politik war und ist — betrachtet man das politische Geschehen scheuklappenfrei.[251]

Nun, während 1999 ein Exstraßenkämpfer mit seinem elenden Ausspruch: „Auschwitz verpflichtet uns" den gegen Serbien geführten Angriffskrieg nicht nur legitimierte, sondern die ganze Friedensbewegung lahmlegte, und auf diese Weise erst ermöglichte, daß das „Zeitalter der Menschenrechtskriege" seinen Anfang nehmen konnte[252], scheint es

---

[250] Vgl. in: a.a.O., Band I, Vorwort, ab der Seite XXVII: „Zur Weitung des Horizonts und zur eigenen Abgrenzung".

[251] ... wie allein schon ausreichend im Zwischenruf 28 belegt ist.

[252] Vgl. in: a.a.O., Band I, Teilband 3, Kapitel 14: „Die Politik bürgerlicher Nichtversteher".

sich mit der Begriffsbildung der „Willkommenskultur" so zu verhalten, daß nun sogar ein ganzes Volk paralysiert zu sein scheint, noch nennenswerten Widerstand gegen eine Politik zu leisten, in der nicht nur politische Niedertracht zum Ausdruck kommt, sondern auch in wessen Namen sie ausgeübt werden kann.

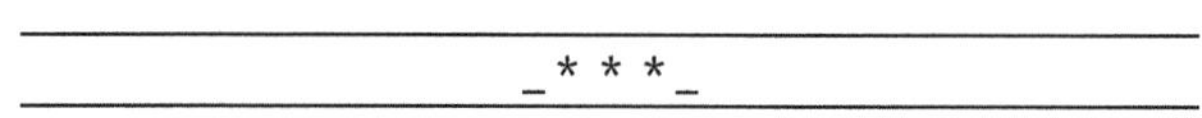

Wie dem auch sei, seit dem Erscheinen der ersten vier Bände der Edition !_*scheuklappenfrei_*! im Juni 2016, und durchaus nicht unterbrochen, sondern mit diesem Ihnen hier vorliegenden fünften Band dieser Edition noch forciert fortgesetzt, bekomme ich eine Steilvorlage nach der anderen, ob von irgendwelchen Politikern, Wissenschaftlern, schreibenden Mitarbeitern von kleineren oder größeren Medien_*Konzernen* oder in Kommentarspalten sogenannter *social-medialer* Internet-Seiten. Und das nicht nur quasi täglich, sondern die Argumentationsführung bekommt nun deutlich dadaistisch-surrealen Speed.

> Wobei die darin zum Ausdruck kommende Denk- und Gefühlsreduktion, jeden aufrecht gehenden Dadasophen und Surrealisten empören muß — war das unbewußte Element ihrer Bewegungen immerhin nicht dazu gedacht, die Masse der Menschen erneut zu knechten.[253]

[253] Wie Sie sich erinnern, bieten hierzu die Seiten 29-32 des Ihnen vorliegenden Buches einen gewissen Aufschluß: „Dadaismus ≠ Dada = Neoliberalismus".

Dies übrigens einer der Gründe für den Titel des Ihnen hier vorliegenden Buches. —

Das schafft keine redliche Satire!

Deshalb an dieser Stelle vielleicht noch ein sozusagen offenbarendes Beispiel solcher Realsatire, zumal es schon deutlich auf das im abschließenden Band III der *Tri*_logischen Sezierung des lobbykratischen Zeitalters zu Behandelnde hinweist?

Die Steilvorlagen des Establishments

Insbesondere mit einer ihrer, die deutschen Exportüberschüsse betreffenden Behauptungen hat Frau Zypries, als Interims-Wirtschaftsministerin von Januar 2017 bis März 2018, etwas offenbart, und auf diese Weise definitiv jenes bestätigend, das übrigens schon seit langen Jahren die Geschichtsklitterer beständig bemüht sind zu verschmieren, daß nämlich von deutscher Seite seit 1870 quasi ununterbrochen eine international problemgeladene Politik verfolgt wird.[254]

Nun, damit wäre von so unberufener Seite wie nicht gewollt

*_einmal mehr_*

bestätigt, was in der *Tri*_logischen Sezierung [...] auf bisher

[254] Siehe zu dieser ganzen Peinlichkeit die Kritik von Heiner Flassbeck: „Jahreswirtschaftsbericht — oder wo Frau Zypries die Unwahrheit sagt“, der entsprechende Internet-Pfad ist am 6. März '18 erneut geprüft worden; https://makroskop.eu/2018/02/jahreswirtschaftsbericht-oder-wo-frau-zypries-die-unwahrheit-sagt/.

nicht dagewesene Weise aufgedeckt und ausgeleuchtet worden ist. — Denn es war um jene Zeit, daß sich nicht nur der deutsche Nationalstaat begründete, sondern zugleich auch eine gewisse charakterliche bzw. mentalitätsbestimmende Ausprägung mählich kollektiv dominant wurde — die sich übrigens seit dem Ende des Kalten Krieges so erneut wie nun beschleunigt im deutschen Triple-Neo offenbart.[255]

Da aber der damit einhergehende, Merkantilismus sozusagen die wirtschaftspolitische Basis des sich damals gegründet habenden preußischen Einheitsstaates wurde, findet sich darin die Begründung für die sich zugleich ausgebildet habende und in diesem Prozeß dann kollektiv dominant gewordene Mentalität.

Mag es vor diesem Hintergrund zwar auch folgerichtig sein

(__*da offenbar dem nationalstaatlichen Bewußtsein entsprechend*__),

eine solche Politik seit nunmehr ca. 150 Jahren zu betreiben

(__*sie vom eigenen Selbstverständnis her gesehen für richtig, also für alles andere als falsch haltend — und das, obwohl diese Politik schon seit über 200 Jahren anerkanntermaßen tot ist, was durchaus weder von Merk- noch von Lernfähigkeit zeugt, so daß folglich anzunehmen ist, daß es wohl _daher_ kommt, daß in der deutschen Volkswirtschaftslehre eine gewisse* Wissenschafts_*Leere vorherrscht*__),

erlaubt hingegen eine scheuklappenfreie Beobachtung des

---

[255] Zum „Triple-Neo" siehe in: Die *tri*_logische Sezierung des lobbykratischen Zeitalters, Band III: „'Ich stimme nicht zu!' — Gesellschaftspolitische Lesungen über den Neowilhelmoliberalismus und seine Konsequenzen", Teilband 2, Seiten 543 f.

politischen Geschehens wie des Verhaltens der Verantwortlichen klar zu erkennen, daß den Vertretern des deutschen Establishments das Bewußtsein dafür fehlt, daß sich über das fortgesetzte Betreiben merkantilistischer Politik eine grundsätzliche Unverträglichkeit offenbart. —

Immerhin ist es Fakt,

d.h. wie die Erfahrung gelehrt hat, daß merkantilistische Politik weder zu allgemeiner Prosperität beitragen kann noch auf Dauer in Frieden mit benachbarten, in Staaten organisierten Gesellschaften zu leben geeignet ist, da diese Art von Politik dem entspricht, welches man als

beggar thy neighbour

bezeichnet und das tatsächlich ein sich auf Kosten anderer Bereichern ist, geht diese Politik doch mit dem stetigen Streben einher, anderen Marktanteile abzujagen.

Nun, persönlich finde ich es allerdings ärgerlich, daß dieses kollektive Strukturproblem als „deutsch" bezeichnet wird, da es tatsächlich „lediglich", wenn auch dominant geworden, wilhelministisch ist. Aber, und hierin liegt mehr Tragik als so mancher Zeitgenosse noch beizeiten begreifen wird, dieses „wilhelministische Bewußtsein" mutiert heutzutage zu einem Staatsverständnis, das ich als *neowilhelmo*_liberalistisch bezeichne. —Dies übrigens so ausgebreitet wie bequem nachzulesen in:

Die *tri*_logische Sezierung des lobbykratischen Zeitalters, Band III: „Ich stimme nicht zu!" — Gesellschaftspolitische Lesungen über den Neowilhelmoliberalismus und seine Konsequenzen.

Nun also, und wie es schon bei den jetzt in einer zweiten, revidierten Auflage vorliegenden beiden ersten Bänden dieser *Tri*_logischen Sezierung der Fall war und ist

> (__*immerhin beständig weiterhin über das genau in dieser Richtung sich bewegende politische Tun sowie das es propagandistisch begleitende Tamtam gewisser journalistischer Leithammel und anderer Mietmäuler bestätigend*__),

nun also fortgesetzt eine Steilvorlage nach der anderen für die im dritten Band dieser *Sezierung* verschrifteten Aussagen über das praktische Tun und Reden des politischen, *spin*_doktorischen und meinungsmachenden Personals des lobbykratischen Establishments —

> dem übrigens nicht anzugehören eine Frage des Charakters ist.

Und zwar auf eine geradezu seltsam treffgenaue Art und Weise die Aussagen in diesen Bänden bestätigend, als seien diese die dramaturgische Skizzierung des gesellschaftspolitischen Prozesses — beginnend im Abgedunkelten der Vergangenheit der deutschen Nationalstaatsgründung und bis in die Düsternis der, vom deutschen Hegemon dominierten Zukunft Europas reichend.

> ... Falls Sie mich aber fragen wollten, ob ich mich über die Vielzahl an beständig gelieferten, je mit einer Zitierung aus einem dieser Bände versehbaren, realsatirischen Steilvorlagen freute, wäre meine Antwort: *Fragen Sie mich lieber nicht — immerhin ist es so, daß Realsatire nicht per se lustig oder witzig oder wenigstens nicht grausam wäre ...*

Ende von: „Die Steilvorlagen des Establishments"

Welch eine preiswerte Promotion, nicht wahr?

Da bei mir allerdings keine Freude über eine solche Promotion aufkommt, denn viel lieber hätte ich mich geirrt, habe ich keine Veranlassung, mich dafür bei all jenen zu bedanken, die *_realerweise_* surreale Politik praktizieren, oder helfen, daß sie praktiziert werden konnte und kann — gemeint sind damit insbesondere *spin_*doktorische Wissenschaftler und schreibende Mitarbeiter der Medien_*Konzerne*.

Noch weniger habe ich allerdings die Absicht, mich auf deren Diskussions-Niveau einzulassen. Das Maß für weitere Diskussionen, sind *_nicht_* solche Artikel oder Bücher ähnlichen Tenors, die sich in Einzelaspekten einer Ideologie ergehen, die als Ganzes in den Fokus zu setzen ist. Denn ich bin zwar zurückhaltend, aber nicht unbescheiden: Es sind die von mir thematisch ausgeleuchteten Ursachen des aktuellen *Ist_*Zustands der marktkonformen Gesellschaften und ihre inner- wie außerstaatlichen Konsequenzen, die das Diskussions-Niveau zu bestimmen haben! Das heißt es ist jenes geboten, das eigentlich normal sein sollte — nämlich im Sinne der Aufklärung zu diskutieren und zu handeln.

Deshalb sei nun abschließend noch die *_rein_* rhetorische Frage gestellt und *_sofort_* richtig, also nicht rhetorisch beantwortet:

> Haben Lügen kurze Beine? —
> Nicht, geht es um Machtpolitik. [256]

---

[256] Vgl. bspw. „Raketen für den Jihad". Der folgende, am 6. März '18 erneut geprüfte Internet-Pfad führt Sie zu dem benannten Bericht: https://www.german-foreign-policy.com/news/detail/7095/.

Wie also wollte man das Inhaltliche des in diesem
*_Buch der Zwischenrufe_*
Erläuterten nennen, wenn nicht verwerflich und
moralisch *grenzen_*los verkommen?